ADN DEL FÚTBOL OFENSIVO

EL LEGADO DE GUARDIOLA, BIELSA, VAN GAAL, CRUYFF Y MICHELS

JORGE ANDRÉS BERMÚDEZ H.

Bermúdez Hernández, Jorge Andrés
    ADN del fútbol ofensivo / Jorge Andrés Bermúdez Hernández. - 1a ed. -
LIBROFUTBOL.com, 2020.
278 páginas; 15,2 x 22,9 cm.

    ISBN 978-987-3979-38-5

    1. Fútbol. I. Título.
CDD 796.334

ADN DEL FÚTBOL OFENSIVO
de **Jorge Andrés Bermúdez Hernández**

Diseño de cubierta: Luciano Medvetkin
Diagramación interior: Luciano Medvetkin
Foto del autor: © Jorge Andrés Bermúdez Hernández

LIBROFUTBOL.com
Olga Cossettini 1112 - oficina 8F - Ciudad de Buenos Aires - Argentina
ediciones@librofutbol.com - whatsapp +54 9 11 2215 1982

ISBN 978-987-3979-38-5

CONTENIDO

Paso 1

Ingresar a Google Play o Apple Store y descargar la App lectora de QR.

Paso 2

Instalar y abrir la App en tu dispositivo móvil.

Paso 3

Escanear el código QR para poder acceder al contenido exclusivo.

INTRODUCCIÓN

Extrapolando el pensamiento de Aristóteles (las historias son finitas pero el modo de contarlas es infinito), el fútbol apenas cuenta con tres resultados, sin embargo la forma de alcanzarlos también es ilimitado. Uno puede apostar al pelotazo y capturar el rebote; hacer una rápida combinación de pases entre los mejores jugadores para llegar al área rival o vivir de centros para que el centrodelantero tenga la suerte de cabecear uno y lograr la victoria, por ejemplo.

Sin embargo, hubo directores técnicos que fueron pioneros de un juego ofensivo, de buen gusto y que marcaron una historia en el deporte más popular del mundo. Rinus Michels, Johan Cruyff, Marcelo Bielsa, Louis Van Gaal y Pep Guardiola. Cada uno con un método bien trabajado y entrenado a la perfección se metió en el Olimpo, más allá de los resultados obtenidos, que por cierto fueron muy buenos.

A finales de la década del 60 y a principios de los 70, Michels revolucionó el fútbol holandés y mundial al eliminar las transiciones de defensa-ataque de los rivales. Con la mayoría de sus jugadores en campo rival, el técnico ganador de una Copa de Europa con el Ajax y la Euro de 1988 con Holanda patentó el sistema de fútbol total, que tenía como máxima herramienta el juego asociado.

"Mi sistema se basa en acosar sin tregua ni respiro al adversario para recuperar la posesión del balón, y no ceder a ningún precio la iniciativa del ataque al contrincante, contando con dos requisitos básicos: un espíritu de lucha inquebrantable y una perfecta preparación física, sin los cuales el esquema se derrumba irremediablemente", explicaba el General.

Cruyff, quien mamó la filosofía de Michels como jugador en el conjunto de Ámsterdam y en el seleccionado, también adoptó una propuesta innovadora cuando le tocó desarrollarse en el banquillo. Su idea de asociaciones colectivas apuntaba a formar una estructura exitosa, que requería de mucho tiempo de trabajo (etapas de construcción y afirmación). Su mejor versión se dio en el Barcelona, equipo al que llevó a consagrarse en la Liga de Campeones de 1992.

"No prometo títulos, sino espectáculo. Mi reto es ver el Camp Nou lleno y no vacío, como este año. Tengo la intención de marcar una época excepcional de este gran club que, como digo, es mi casa", dijo previo a asumir en el equipo catalán. Cumplió con lo propuesto con creces y sentó las bases para la transformación del conjunto blaugrana.

Quien 'enloqueció' al fútbol desde los 90 fue Bielsa. El argentino, que comenzó su carrera como entrenador en Newell's, adoptó un antiguo modelo para hacerlo propio: línea de tres defensores y el juego con wines. Éstos son extremos que desbordan o llegan al área, llevando riesgo al contrario. Sin tantas copas como Michels o Cruyff (apenas ganó dos títulos con Newell's, uno con Vélez Sarsfield y fue medalla de oro con la selección argentina en los Juegos Olímpicos 2008), su legado va más allá de sus resultados.

"Prefiero el protagonismo con la pelota antes que la especulación, y estar en el campo rival antes que en el propio. Más tiempo en posesión de la pelota antes que intentando recuperarla; utilizar el reglamento para que el juego sea mejor y no para sacar ventaja. Y, en la medida de lo posible, anticipación de todas las líneas en el desarrollo del juego. Me siento en la obligación de salir a ganar en cada partido", desarrolla el Loco.

Uno de los sellos que identifican a Van Gaal es el juego de posición y la fórmula PCP (posición/control/pase), esquema con el que el director técnico logró innumerables éxitos (fue campeón en los cinco clubes que dirigió: Ajax, Barcelona, AZ Alkmaar, Bayern Munich y Manchester United). Su juego frontal también dejó una marca, no sólo en el fútbol de su país, sino en la historia.

"Hay mucha gente que sólo se queda con lo que pasa en las líneas, yo prefiero estudiar lo que sucede entre las líneas, cuando el juego está en evolución y lo que surge de la interacción de las propias líneas", expresó.

Guardiola, quien fue entrenado por Cruyff y Van Gaal, de los cuales se nutrió, es el último gran director técnico que dio el fútbol. Aleccionó a propios y extraños, e hizo escuela con su Barcelona. Luego fue el turno de lograrlo con el Bayern Munich y actualmente transita el camino del Manchester City. Entre sus mayores logros se destaca haberle cambiado la posición a Lionel Messi, al que volvió un goleador nato, y la obtención de dos Liga de Campeones y tres Mundial de Clubes.

"Si no corremos, no somos nada. Si pedimos el balón al pie y no al espacio, nos volvemos intrascendentes. El tiquitaca es una mierda, es intrascendencia pura", les explicó Pep a sus jugadores, como muestra de una de sus máximas.

Michels, Cruyff, Bielsa, Van Gaal y Guardiola, con distintos métodos, esquemas y modelos, decidieron hacer historia. Decidieron regalarnos el 'buen fútbol'.

CAPÍTULO I.

RINUS MICHELS

"Es un arte en sí componer un equipo"

Rinus Michels

"Procurábamos recuperar la pelota lo más cerca del arco rival, para tener el objetivo a la vista y marcar una diferencia. Esto no se puede hacer los 90 minutos, por lo tanto había que generar y concretar goles para luego ceder la iniciativa al rival y contragolpearlo"

Rinus Michels

Sembrador y constructor

Sentar las bases y construir proyectos no es tarea sencilla. Cuesta tiempo. Es desgastante. Se requiere amor, pasión, paciencia, inteligencia, esfuerzo, abnegación, denuedo.

Si bien es cierto que Rinus Michels apenas conquistó una Copa de Europa con el Ajax de Ámsterdam, por dos de su sucesor en el banquillo, Stefan Kovacs, el mundo del fútbol debe atribuirle al General (así fue conocido Michels) la construcción de aquella máquina que revolucionó en los albores de la década del 70 al fútbol europeo, a través del Ajax, y al fútbol del mundo, gracias a la selección holandesa.

Sí, Michels fue el constructor. Esto de ninguna manera le quita méritos al rumano Stefan Kovacs, que perfeccionó el juego de aquel maravilloso equipo al que llevó a su tope máximo de rendimiento conquistando dos Copas de Europa más; en total fueron tres consecutivas para aquella generación dorada que vistió los colores rojiblancos.

En el fútbol, y me imagino que en otras actividades, suele pasar que hay entrenadores que se saltan los tiempos de siembra y construcción (aparecen o llegan en los momentos de perfeccionamiento y cosecha). Caso Kovacs. Y, de igual manera, hay entrenadores que son partícipes de la siembra y construcción y abandonan el proyecto, o los destituyen, en el tiempo de perfeccionamiento y cosecha. Caso Michels.

Tras conquistar la Copa de Europa de 1971, Rinus se fue, por voluntad propia, para el F.C. Barcelona.

Michels asumió como entrenador del Ajax en enero de 1965. Llegó a un equipo en ruinas, perdedor. Al poco tiempo, Rinus sacó al rojiblanco de Ámsterdam de las posiciones de descenso y lo llevó a la punta de la liga holandesa hasta convertirlo en campeón hegemónico tras la consecución de tres títulos ligueros seguidos.

Entrar a un club cuando está fatal es ideal para un entrenador, porque todo lo conseguido en cuanto a juego y resultados se valora más. Sin embargo, para conquistar la Copa de Europa, la obsesión del Ajax (a nivel doméstico había dominado y ganado repetidamente), Michels invirtió cinco años. Al sexto de gestión, el DT levantó el trofeo. Fue un lustro de victorias locales, muchas horas de exigente entrenamiento, un sinnúmero de partidos disputados, disciplina, profesionalización, modelación y modulación de la idea de juego, aprendizaje, maduración individual y colectiva, y demás múltiples detalles que le permitieron a un equipo prepararse para la graduación a nivel continental, que no es otra que levantar la copa y gritar campeón, en el caso del Ajax, de Europa.

Pero es bien sabido que para conquistar la gloria, y graduarse, hay que tragar veneno, perder (y feo), llorar y pasar por el desierto. El equipo holandés no fue ajeno a esta realidad que tiene todo proceso/proyecto de vida, empresa y, naturalmente, el fútbol. Antes de la conquista de 1971, el Ajax de Michels. Cruyff, como jugador referente, y compañía, sufrió. Más bien, lloró. Se tragó una profunda decepción europea.

En 1969, la Orejona se le extravió al Ajax en la final de Madrid. Pero ese, precisamente, fue el último obstáculo salvado por aquel maravilloso equipo antes de conquistar el tricampeonato europeo, que le convirtió en una poderosa marca futbolística a nivel mundial y en un equipo leyenda.

La piedra angular

Para dominar Europa (repito, ya lo había hecho en Holanda), una de las primeras tareas del Ajax de finales de los 60 e inicios de los 70, orientado en el banquillo por Rinus Michels, fue eliminar las transiciones defensa-ataque (contragolpe) del rival.

Podría decir que uno de los fundamentos de juego de aquel equipo hegemónico en Europa entre 1971 y 1974 estuvo en el mecanismo utilizado para evitar y eliminar los contragolpes de los rivales. Esta ulterior solución aplicada por Michels al modelo de juego del gran Ajax presentó, con anterioridad, una dificultad tan mayúscula como decepcionante.

El hecho ocurrió en 1969, durante la final de la Copa de Europa de aquel año, disputada en el estadio Santiago Bernabéu de Madrid, España, entre el Milán de Italia y el Ajax de Ámsterdam. Aquel 28 de mayo, el equipo italiano, orientado por Nereo Rocco, alzó la Orejona tras vencer por 4-1 al 'inocente' equipo holandés, que cayó durante todo el partido en la mortal trampa del contraataque.

Magistral demostración de los italianos. Decepcionante final del protagónico y valiente Ajax.

Estructuralmente el Ajax del 69 ya era revolucionario, además de arriesgado. En la final de Madrid, los holandeses utilizaron la estructura 1-3-3-4, con un centrodelantero y un falso nueve (Johan Cruyff). Ese 1-3-3-4 variaba muchísimo debido al movimiento permanente e intercambio posicional de los jugadores.

A continuación, graficamos la estructura táctica utilizada por el Ajax durante la final de la Copa de Europa de 1969, en Madrid, ante el Milán de Italia.

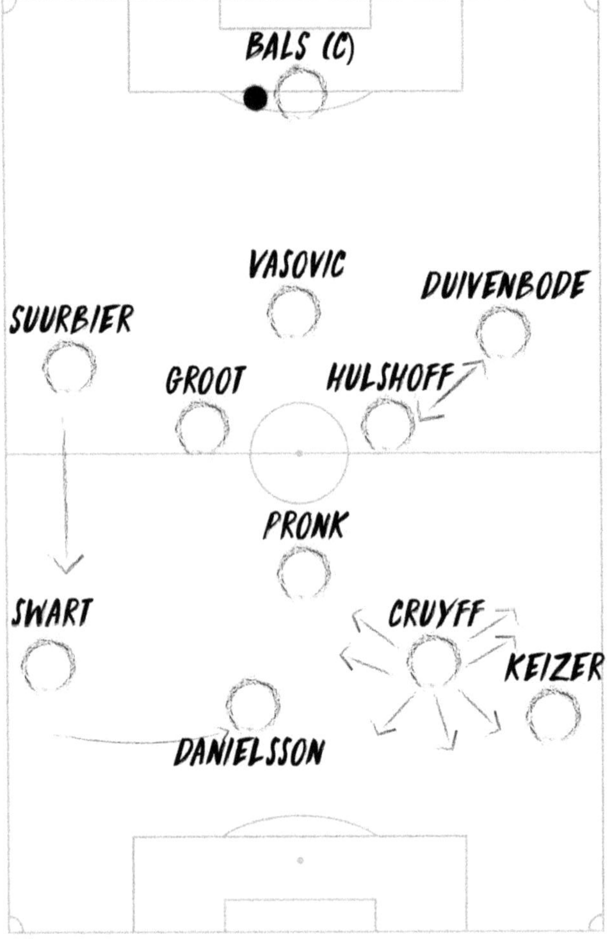

La propuesta del Ajax: agresiva, protagónica, valiente, arriesgada, llena de entusiasmo y derroche.

La exhibición del Milán: implacable, eficaz y cínica para sacar jugo de los espacios del rival en propio campo; *contropiede*, como le llaman en Italia al contragolpe, en su estado más puro.

El Ajax de Michels mostró todas sus cartas: dos extremos, Sjaak Swart, por derecha, y el fino zurdo Piet Keizer, por izquierda. Un punta, Inge Danielsson. Y un falso nueve, Cruyff, con libre albedrío para ir, venir y moverse. Además, Wim Suurbier era un lateral profundo y peligroso, que vivía en campo contrario. Velibor Vasovic, un central largo, sacador, conductor y llevador de balón a zona enemiga. Vasovic era un fenómeno, un auténtico cartero; llevaba el balón, por dentro, a campo rival con un descaro descomunal.

En escena, el equipo tenía un juego muy prolijo. Con jugadas exageradamente colectivas, que iniciaban con el guardameta y capitán Gert Bals, los holandeses contabilizaban 13 pases ininterrumpidos, con una fantástica circulación de balón a ras de suelo dentro-fuera/izquierda-derecha que los hacía anchos y angostos a la vez. Exhibición simplemente maravillosa para la época.

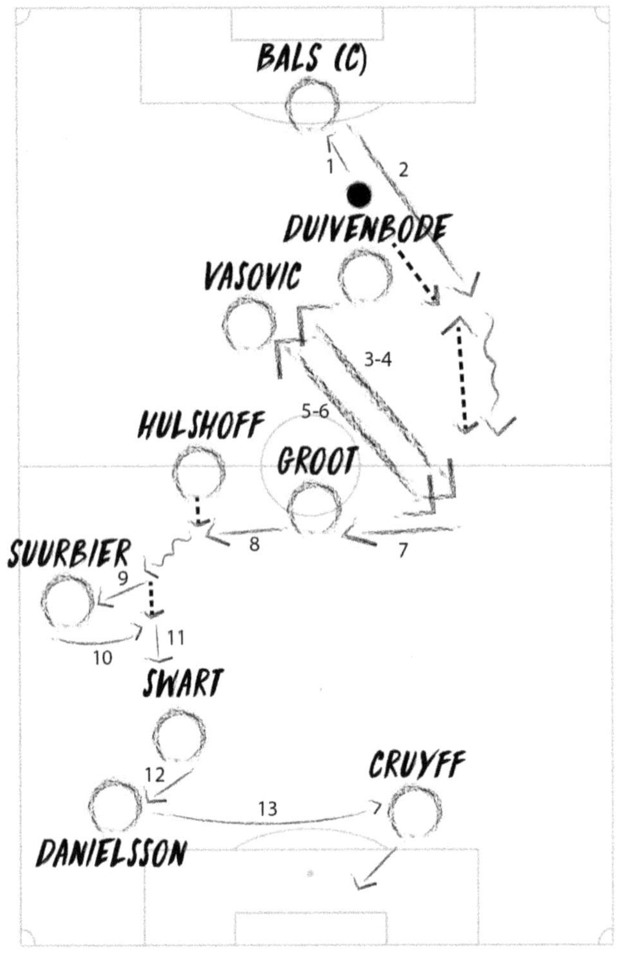

Secuencia de pases:
1. De Duivenbode a Bals
2. De Bals a Duivenbode
3. De Duivenbode a Vasovic
4. De Vasovic a Duivenbode
5. De Duivenbode a Vasovic
6. De Vasovic a Duivenbode
7. De Duivenbode a Groot
8. De Groot a Hulshoff
9. De Hulshoff a Suurbier
10. De Suurbier a Hulshoff
11. De Hulshoff a Swart

12. De Swart a Danielsson

13. De Danielsson a Cruyff

Sin embargo, la plasticidad del Ajax sucumbió ante el cinismo del Milán, que aferrado al contragolpe, le marcó cuatro goles y lo dejó con una profunda amargura.

No obstante, aquella muerte en Madrid, a punta de contragolpes, le sirvió muchísimo a Michels. Rinus y los suyos aprendieron la lección e 'inventaron' (lo pongo entre comillas porque puede ser que ignore que otro(s) entrenador(es) haya mostrado ese camino en el pasado) un mecanismo para eliminar las transiciones defensa-ataque del oponente.

Hago un paréntesis para decir que hay quienes manifiestan que el método y el modelo empleado por Michels, el director técnico lo aprendió del inglés Jack Reynolds, que por muchos años dirigió al Ajax.

Retomo. En los años sucesivos, el gran Ajax y la gran selección holandesa no concedieron, o muy pocas veces, contragolpes a los rivales, especialmente en los partidos más parejos, de decisión o cuyo dominio no fuera tan exagerado. Es decir, eliminaron las transiciones adversarias mostrando una tremenda evolución en su jugar, que les llevó a la cima del fútbol europeo y mundial.

Pero ¿cuál fue el mecanismo? ¿Cómo lo hicieron? ¿Qué hicieron? La respuesta es una sola: achicar el campo y defender hacia delante.

Achicar el campo y defender hacia delante

Que once jugadores cubran un espacio aproximado de 100 metros de largo por 70 de ancho no es tarea fácil. Estamos hablando de, más o menos, 7.000 metros de área o superficie. En realidad, un espacio muy grande, un montón de metros no fáciles de cubrir y operar por once futbolistas, especialmente para determinadas tareas y demandas que presenta el juego del fútbol, por ejemplo, la transición defensa-ataque (o contragolpe) del adversario. Pocos hombres para tanto espacio.

La solución entonces fue achicar el campo para cubrir menos metros en amplitud pero, fundamentalmente, en profundidad. Y, como consecuencia de esto, defender hacia delante.

Michels y los suyos entendieron que su carácter protagónico los invitaba, o mejor dicho, los obligaba, a desproteger en exceso las inmediaciones de su portería. El central Vasovic, el más cercano al portero, invadía continuamente el campo rival para llevarle el balón, o ayudar a llevarlo, a sus compañeros más avanzados; los laterales Suurbier y Ruud Krol vivían en campo adversario; el mediocentro, Barry Hulshoff, también se soltaba el pelo y se liberaba de las posiciones retrasadas para ocupar las avanzadas. Es decir, los más cercanos a Bals y a Heinz Stuy, los guardametas del Ajax de la época, jugaban a muchos metros de distancia de su puerta.

El Ajax sacaba mucha gente de atrás, por no decir toda, para llevarles adelante, razón por la cual los espacios y metros (más o menos 50, los de la mitad defensiva) concedidos al oponente eran enormes. Para los equipos contragolpeadores, se multiplicaban en aquella época, según cuentan los propios protagonistas. Esa cantidad de espacios y metros eran una mina llena recursos para explotar y sacar el máximo jugo, como aconteció en la final del Bernabéu en 1969.

Pues bien, a partir de ese momento, y atendiendo/entendiendo todos estos elementos, Michels y los suyos diseñaron un programa de acción para evitar los letales contragolpes de los rivales, de los que fueron víctimas en el pasado. Eso sí, sin perder el objetivo principal y, sobre todo, genuino, de su jugar: posesión, protagonismo y ataque, buscando convertir goles para ganar los partidos y las copas.

La fórmula empleada por el Ajax para contrarrestar los contragolpes letales de los rivales fue las tres P: posición, posesión y presión. Ésta última se llevaba a cabo el mayor tiempo posible y en campo rival. El campeón europeo achicó el campo y defendió hacia delante.

Para los equipos de Michels, el terreno de juego pasó a tener unas dimensiones distintas a las reglamentarias. Cambiaron los 100x70 por los 50x70. En eso, el Ajax y su director técnico fueron revolucionarios. Podríamos decir, contraculturales, innovadores, reinventores del espacio para jugar y hacer táctica.

El campo evidentemente seguía teniendo las mismas dimensiones, pero en el cerebro de los jugadores y el entrenador del Ajax se hizo más pequeño; apenas tenía 50 de largo por 70 de ancho. Cincuenta metros de largo es un decir; en realidad, la distancia entre el último defensor (no el portero), o sea, el más retrasado, y el punta, el más avanzado, no superaba los 25-30 metros. Hacerlo más corto, achicarlo, permitió gestionar y trabajar mejor el momento de transición defensa-ataque del rival ante la propia pérdida del balón.

Así pues, los más retrasados marcaban posición (la primera P) en el centro del campo, a 50 metros de su portería. El resto, como efecto dominó, tiraba para delante. Todo el equipo se instalaba, excepto el guardameta, de la mitad hacia delante, en campo rival. Allí (en la mitad ofensiva), y con la posesión (la segunda P), registro que gobernaba el Ajax casi siempre, el objetivo era llegar al gol, convertir, la esencia del juego holandés. Por cualquier circunstancia que no fuera posible finalizar la jugada ofensiva (virtud del rival, fallo propio), en el momento de la pérdida o recuperación del balón por parte del rival, la presión (la tercera P) sobre el jugador oponente con balón era de uno, dos, tres y hasta cuatro hombres. Este accionar era inmediato y agresivo: el objetivo era reducirle tiempo y espacio al poseedor, que no dispusiera de estos elementos vitales en el juego para acomodarse, perfilarse y/o jugar-pasar el balón a un compañero.

Los de rojo y blanco estaban juntos y cercanos, por tal motivo no defendían demasiado espacio. Estaban entonces muy cerca entre sí y, además, muy cerca del rival(es), por lo que llegaban o caían inmediatamente.

Esa reducción del espacio, al jugador rival con balón lo obligaba a controlar el cuero con un elevado nivel de perfección. El control del balón del jugador oponente tenía que ser preciso y perfecto, de lo contrario, fácilmente lo perdía. Aunque la verdad es que así el control tuviese un alto grado de perfección y precisión, igual la pérdida de la pelota en la primera, segunda o tercera presión era inevitable.

Como estaban juntos y las distancias eran tan cortas, a la presión sobre el poseedor del balón rival saltaban dos, tres e incluso más efectivos. El primero atacaba (o presionaba) la pierna hábil del portador, con la que habitualmente controla y juega. El segundo llegaba a agredir la pierna no hábil, para evitar que en un cambio de balón de pies éste lo pudiese jugar con soltura. Y el restante o los restantes llegaban a respaldar por si había algún sobrepaso a los dos agresores iniciales. Era un trabajo colectivo, con ayudas y apoyos permanentes, hecho con agresividad. Si la presión no es colectiva, mejor no hacerla.

Vale la pena señalar que la presión sobre el portador del balón rival de uno, dos, tres o todos los jugadores del Ajax era intensa, vehemente, voraz y feroz. Los jugadores del Ajax saltaban como caníbales por su adversario y el balón. Querían siempre tener la pelota. Y en campo rival.

El producto de dicho *pressing* generalmente era la recuperación del balón de manera casi instantánea. Esto, en resumidas cuentas, era defender hacia adelante. Y defendiendo así, con esa colocación y distribución colectiva, corrían menos y casi nunca para atrás, que es extenuante y quita mucha energía. Los metros recorridos para recuperar el balón y armar el ataque, es decir, para defender primero y atacar después, eran menores. Una manera diferente de concebir el juego.

En otras palabras, adelantamos las líneas, adelantamos los hombres, los concentramos en campo rival y ahí hacemos todo, atacamos y defendemos. Visto lo visto, corremos menos y muy poco hacia atrás, que es muy desgastante y difícil. Y, como si fuera poco, jugamos con la bola más cerca a la portería rival y buscando gol más tiempo.

Eso sí, este tipo de tarea demandaba tres cosas: la primera, convicción/seguridad/confianza; la segunda, elevada atención mental (concentración máxima), y, la tercera, un tremendo esfuerzo físico. Aquel Ajax lo tenía todo.

De esta manera, los holandeses alejaban muchísimo al adversario de su portería y le quitaban todas las posibilidades de iniciar, construir y desarrollar contragolpes. A su vez, se sostenía con todos sus efectivos en campo rival, para dar rienda suelta a un nuevo ataque, siempre cerca geográficamente del objetivo: la portería oponente.

Achicando el campo, el Ajax y la Holanda de 1974 arrinconaban, encerraban y encarcelaban a los rivales.

Detalle 1. Cuando achicas el campo debe haber simetría entre hombres y líneas en la mitad ofensiva. No es poner los jugadores de mitad hacia delante y ya. Debe haber buena distribución y los jugadores deben guardar correctamente las distancias. Las distancias de relación (es decir, los metros que hay entre dos o más jugadores de un mismo equipo) son determinantes para presionar, pasar, asociar. Esto se da (buena distribución en amplitud y profundidad, correctas distancias de relación), entre otras cosas, por intuición y memoria.

Detalle 2. Cuando pretendemos defender hacia delante, los defensores deben ser arriesgados, valientes y rápidos.

Detalle 3. ¿Por qué ir en manada a presionar al poseedor? Porque robar el balón individualmente no es fácil. Aunque hay especialistas en este registro, el uno contra uno defensivo es tarea compleja, más si el poseedor tiene la habilidad de la gambeta.

Achicar el campo gracias al reglamento

El reglamento te indica cómo jugar, qué hacer desde lo táctico, estratégico y técnico. Por ejemplo, si en mi equipo cuento con buenos pateadores de tiro libre, buenos lanzadores a balón parado y cabeceadores de lujo, la regla 13 (tiro libre) y la 17 (saque de esquina) me pueden servir para sacar ventaja y hacer determinadas cosas tácticas y estratégicas. Por ejemplo, provocar faltas que como consecuencia generen tiros de esquina y tiros libres directos/indirectos a través de jugadores con gambeta, dribling y habilidad.

De igual manera, si tengo buenos gambeteadores les pediré que gambeteen y se jueguen decididamente el uno contra uno en el área de penalti rival. Una infracción en esa zona provoca un tiro libre directo sin barrera. Así puedo sacar jugo de la regla 14.

Pero voy más allá... Regla 11, la del fuera de juego. La regla del fuera de juego permite modificar el espacio de juego en profundidad o longitud; en otras palabras, achicar el campo hacia delante o comprimir el espacio. Así las cosas, el campo de juego, gracias a la regla 11, podría ser más ancho que largo (50 de largo por 68 de ancho) si un equipo lo conoce, lo trabaja y se decide.

Si el penúltimo defensor (el último, en teoría, será el portero) se coloca en la mitad del campo, el jugador más avanzado del rival se verá obligado a situarse a la misma altura (del penúltimo defensor), es decir, en la mitad del campo. Entre más avance el penúltimo defensor, más deberá retroceder el atacante del rival. Si el defensor (generalmente un central) se coloca a 47-48 metros de su propia puerta, el atacante más avanzado del rival deberá situarse a 47-48 metros de la portería rival; esto significa mucha distancia.

Ahora, como sé que la regla dice que se está en fuera de juego en la mitad de campo adversaria (no en la mitad propia), el penúltimo defensor(es) puede(n) sacar jugo si avanza(n) hasta la mitad del campo para alejar al atacante más avanzado del rival (estará a 47-48 metros, aproximadamente, del objetivo) y propiciar un fuera de juego (si el rival recibe por delante de la línea central). En otras palabras, adelantar la última línea para alejar a los rivales e invitarlos a caer recurrentemente en fuera de juego.

Templar alta la última línea o al penúltimo defensor alto (en la mitad del campo) permite sacar provecho de la regla 11, la del fuera de lugar, en dos escenarios:

1- En el momento de aplicar un *pressing* ultraofensivo (que los más avanzados del equipo sin balón busquen a los defensores con balón del adversario).

2- En el momento en el que se esté construyendo o armando un ataque y se pierda el cuero: transición ataque-defensa.

Todo esto excepto en saque de meta del rival porque recuerden que la regla 11 dice que no se está en fuera de juego en saque de meta, tiro de esquina o saque de banda.

Partidos memorables: el funcionamiento de la máquina

El Ajax tricampeón de Europa y multicampeón de Holanda, construido por Michels y potenciado por Kovacs, tuvo jornadas futboleras inolvidables, en las que se jactó de aplicar un juego plástico, revolucionario y de vanguardia para la época. Decidí elegir algunos de esos partidos memorables (auténticos manuales) y poner en papel para los lectores de esta obra, gracias a las letras, el juego que aplicaron y dejaron sobre el césped los integrantes de aquella generación maravillosa que vistió los colores de uno de los mejores equipos de la historia del mundo del fútbol.

De cada partido no hablaré ni del resultado, ni de las estadísticas o cosas similares. Hablaré única y exclusivamente del juego, del jugar. De movimientos, relaciones, interacciones, haceres individuales y colectivos con y sin balón. De conceptos. De esto hablaré teniendo en cuenta que esa es la temática de este libro.

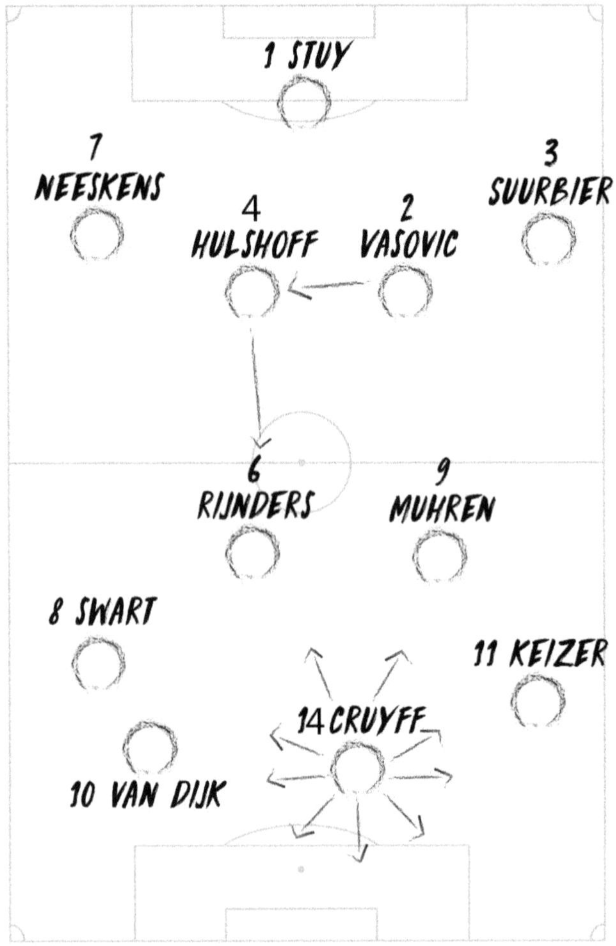

Match 1. Ajax-Panathinaikos. Innovador.

Tres aspectos, no comunes en el juego de los equipos de la época, se destacaron y reprodujeron en esa jornada de los rojiblancos del Ajax frente a los griegos del Panathinaikos:

- Combinaciones al primer toque. Pases cortos a un toque para dinamizar la circulación y dejar al rival a mitad de camino.
- Gran demostración de Velibor Vasovic, el defensa libre. Pases interiores para romper líneas de presión hablan de su calidad y aporte en el juego de cons-

trucción. El 2 era el capitán de campo, el conductor, el pasador (pases de riesgo más que de seguridad).

- Puesta en escena del doble falso nueve: Dick Van Dijk y Johan Cruyff. Van Dijk usualmente era más posicional que Cruyff, pero ninguno con características de 9 clásico. Para Cruyff, libertad total de movimiento: iba a la izquierda, derecha, delante, atrás... El 14, 'anárquico'.

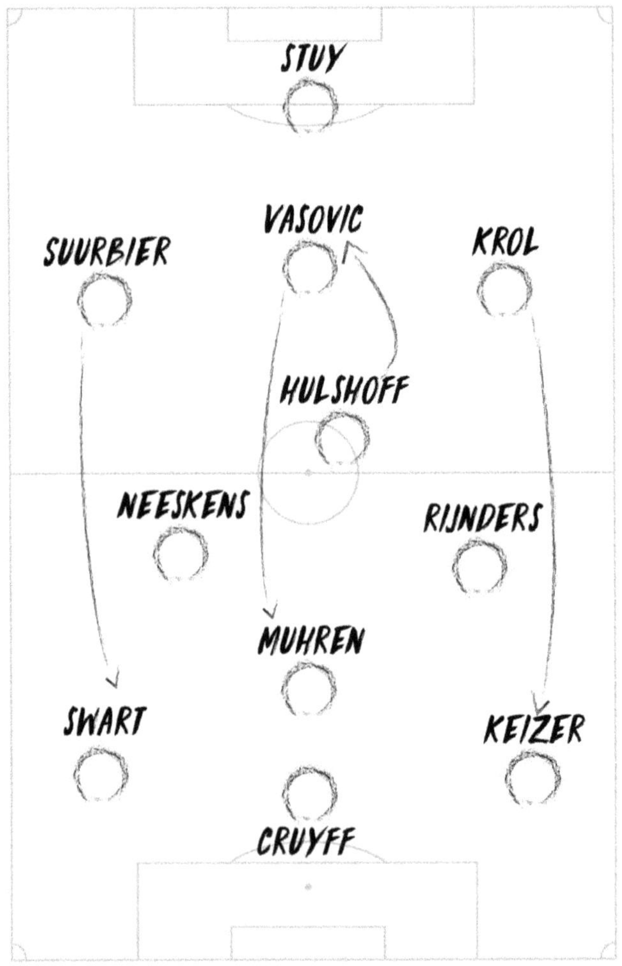

Match 2. Ajax-Celtic. Dominio total.

El Ajax dispuso del espacio y del balón a placer. Wim Suurbier, Vasovic y Ruud Krol, grandes conductores/llevadores de balón, iban al tercio ofensivo continuamente. Incluso, aparecían en esa zona al mismo tiempo. Vasovic, de nuevo, mandado al ataque (un jugador ofensivo más). Sorpresa continua, porque llegaba desde bien atrás a campo rival por derecha, por izquierda, por el centro, conduciendo, pasando y hasta gambeteando. Tenía un despliegue impresionante.

Barry Hulshoff se quedaba como último hombre ante las escapadas de los laterales y el defensa libre. Como último hombre, marcó su posición en el centro del campo para achicar el espacio y comprimir.

El Ajax jugó mucho tiempo en la mitad defensiva del rival, hizo el campo más corto (apenas 50 metros de largo), empujó al Celtic hacia atrás, lo encerró y no lo dejó salir. El jugador del Celtic más cercano a la portería de Heinz Stuy, el guardameta del Ajax, estaba a, más o menos, 50 metros de distancia. Al estar juntos y cercanos en campo rival, en el momento de la pérdida del balón, la presión, agresiva y contundente, sobre el portador era inmediata. La recuperación del cuero, en consecuencia, también era instantánea. Les duraba poco el balón en los pies a los jugadores del Celtic, a los que les fue imposible armar y tirar un contragolpe.

Un ejemplo y un maestro en la presión/recuperación inmediata era Cruyff. Apenas perdía el balón el Ajax, el delantero saltaba, con agresividad y voracidad, para volver a tenerlo. Acá vemos lo contracultural que era este equipo, la manera cómo pateaba el tablero y rompía paradigmas. Un defensor, Vasovic, atacaba de maravilla, y un atacante estrella como Cruyff defendía fenomenal. Finalmente, el portero Stuy era un auténtico líbero. Ante una defensa tan adelantada, el arquero tenía que salir, incluso del área de penal, a cortar muchos lanzamientos profundos del rival.

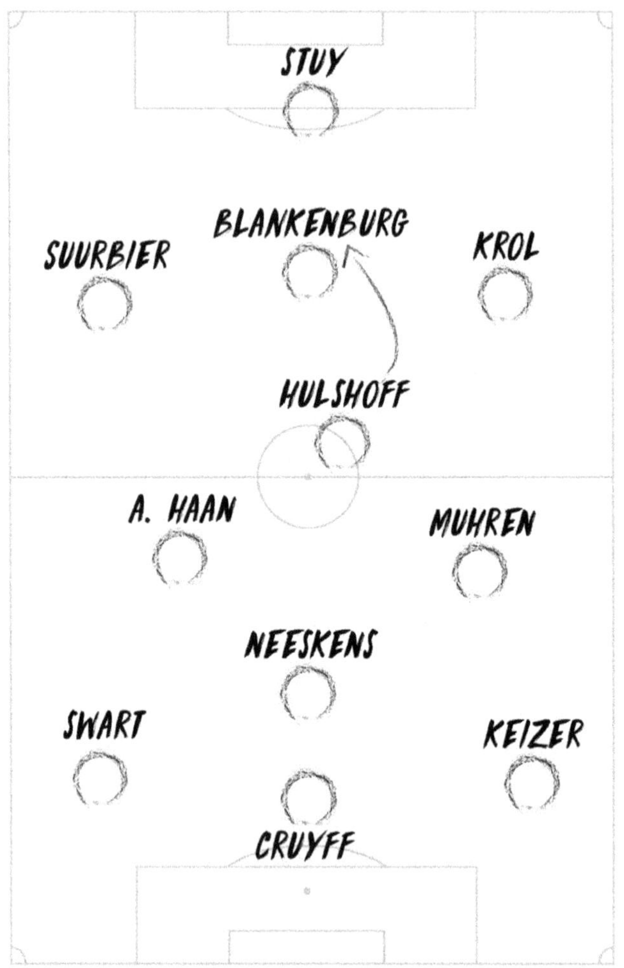

Match 3. Ajax-Inter. Inteligencia.

"Si achicas el campo, corres menos", "Si las distancias son grandes, no puedes presionar; si va uno solo, tampoco. Tienen que estar juntos e ir todos para que el *pressing* surta efecto". Dos máximas que le aplicó el Ajax, ya orientado por Kovacs, a los italianos del Inter.

De nuevo, juntos en la mitad defensiva del oponente. Posesión buscando gol y *pressing* ultraofensivo inmediato en el momento de la pérdida. Nunca para atrás cuando se perdía el balón; siempre para delante.

El Inter, aislado de la portería de Stuy, debía transitar muchos metros para llegar al objetivo. Empujados para atrás y obligados a retroceder debido a la invasión en manada de los rojiblancos (se instalaban todos en la mitad defendida por el *Nerazzurro*). La verdad se le hizo imposibleal Inter llegar al área del Ajax.

Viendo el accionar del Ajax me queda la impresión de que ellos pensaban o creían que entre más jugadores llevaran a campo enemigo más adversarios alejaban de la portería defendida por Stuy. Ley natural del juego de aquel equipo.

En este partido entre holandeces e italianos, Lele Oriali, jugador del Inter, le hizo marca hombre a hombre a Johan Cruyff, lo persiguió por todos lados.

Sin embargo, aquella noche el fenómeno Cruyff se le escapó dos veces a su perseguidor y convirtió dos goles para el triunfo del Ajax. El primero, tras un centro desde la derecha, y el segundo tras un cobro de esquina.

"Le marcábamos tres: yo (Oriali) al hombre y, dependiendo de la zona en la que se encontrara, venían dos compaeeros a doblar el marcaje. Ni así... Tenía potencia, velocidad, técnica. Era tan rápido y tan bueno que no podías controlarle", contó el propio Oriali.

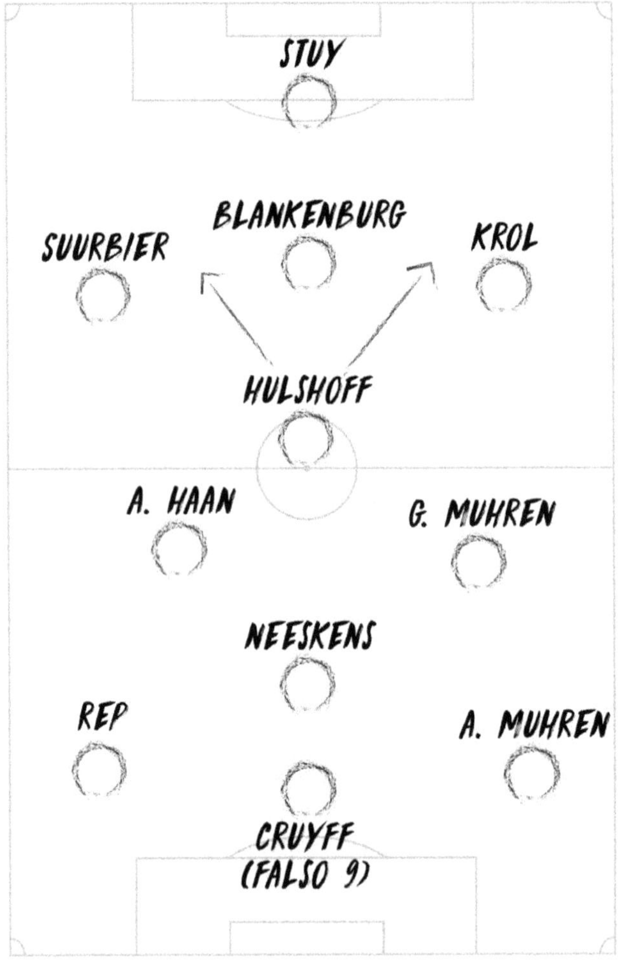

Match 4. Real Madrid-Ajax. Juego de posición.

El inicio del encuentro mostró a los holandeses creando desde el área de meta y saliendo con Suurbier y Krol, abiertos. Horst Blankenburg recibiendo y distribuyendo el balón desde atrás. Distribución y colocación colectiva en anchura y profundidad genial. Fluida circulación del balón sin perder la posición.

Cuando ya se han ganado metros en profundidad y se ha progresado colectivamente, los más retrasados marcan la línea de colocación en la mitad del campo y el resto se echa para adelante (efecto dominó). Líneas y hombres juntos en campo rival para atacar y defender o jugar con y sin balón.

-Laterales (Suurbier y Krol) largos y profundos: con finta, dribling y gambeta (no en exceso) por la raya.

-Gerrie Muhren, centrocampista zurdo exquisito en el contacto con el balón. Fabuloso jugador.

-Hulshoff, sin balón, se incrustaba por dentro a los tres del fondo y jugaba como segundo central.

-Blankenburg, heredero de Vasovic en la posición de defensa libre, era rápido, intuitivo y tiempista (talento defensivo) sin balón. Con éste, Horst mostraba otra faceta: sacador, pasador y gambeteador.

-Reflexión final sobre Cruyff. En sus comienzos, Johan era individualista, anárquico (jugaba por todos lados). Hacía hasta los saque de banda. En definitiva, un joven derrochador. Sin embargo, con el paso del tiempo (maduración), el delantero se volvió más posicional y colectivo. En conclusión: de ser un jugador de pelota pasó a convertirse en un extraordinario jugador de fútbol.

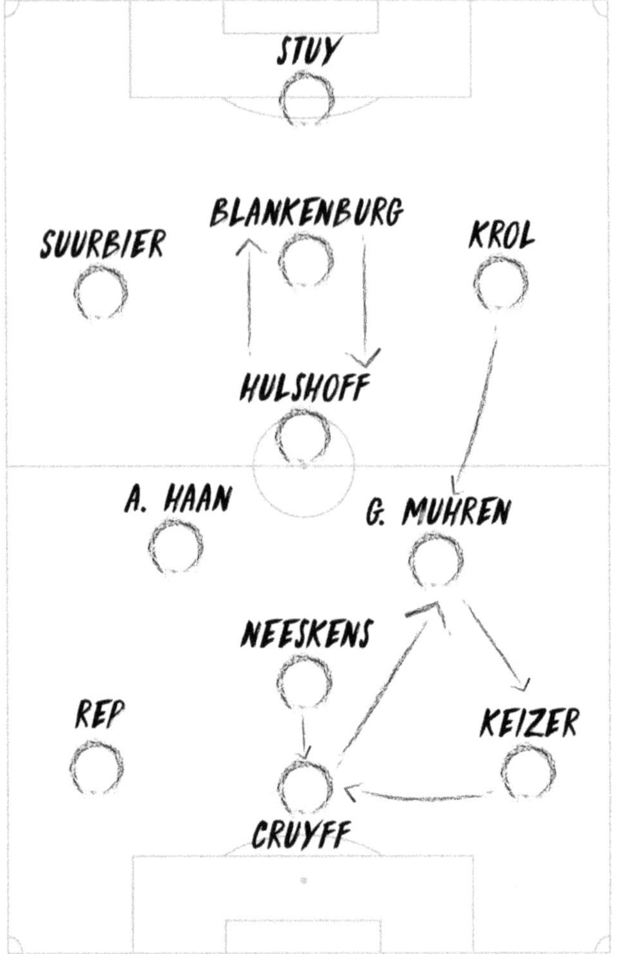

Match 5. Juventus-Ajax. El sistema (equipo) los protege. Intercambio de posiciones.

Con Stefan Kovacs en el banco de suplentes, en el Ajax entraron jugadores como Blankenburg, Arie Haan, Johnny Rep. Portaban calidad, pero estaban protegidos por el sistema. Entraron a un equipo con memoria y se acoplaron con facilidad. El poder y la fortaleza colectiva los arropó.

Intercambio de posiciones sin dejar de ocupar todas las ubicaciones de la estructura (dentro-fuera-atrás-adelante): Cruyff salía de su colocación de 9 (iba al centro del campo o a la banda a provocar superioridad numérica, desequilibrio y/o producir juego o jugadas) y Piet Keizer o Johan Neeskens caían a la posición de centrodelantero. Cuando Keizer abandonaba la banda zurda, Muhren ocupaba el puesto de extremo izquierdo y Krol, o Blankenburg, caía como interior. Rotación posicional continua. A esta altura, el Ajax era un equipo con mucha memoria y repetición, razón por la cual el intercambio posicional no era traumático (era natural), pero sí terminaba generando confusión y caos en el rival.

Me detengo un segundo para hablar de Keizer. Era un zurdo con una clase y una calidad extraordinaria para jugar. Un culto al buen gusto futbolero. Extremo izquierdo con gambeta, pase y servicio desequilibrante. Y nuevamente en escena, el show del defensa libre, Blankenburg. Estaba autorizado para ir a cualquier zona. Aparecía dando apoyos ofensivos en tercio medio ofensivo, por el centro o por las bandas. Gran manejo de balón, técnica (destreza para conducir y pasar) e inteligencia táctica. Lectura de la situación para elegir la mejor opción. Riesgo y confianza.

Holanda, Mundial 1974. El paradigma I

Los tiempos en la selección son cortos. Mientras en un club los jugadores conviven diariamente durante todo el año, en la selección la convivencia es esporádica y con períodos de tiempo cortos. Sin embargo, el fútbol, o el juego, tiene la misma demanda: 'hábito', repetición y memoria.

En ese orden de ideas, la memoria individual y colectiva proviene de la repetición, y, en la dinámica de repetir, los jugadores y el equipo adquieren forma. Por obvias razones, en un club es más fácil, e incluso más rápido, adquirir la forma, el estilo o el nivel pretendido que en un seleccionado. Pero a lo largo de la historia, los seleccionadores nacionales, por estrategia, inteligencia, virtud o ley natural, se las han inventado para acortar los tiempos y armar equipos con un alto nivel de memoria de juego.

Pero ¿qué han hecho? ¿Cómo lo han hecho?

Son varios los ejemplos del ayer y de hoy. Recientemente, Vicente del Bosque utilizó la base del gran Barcelona para conquistar con España el Mundial de Sudáfrica 2010. Joachim Löw hizo lo propio con Alemania (base del Bayern Munich), que conquistó el Mundial de Brasil 2014. Y en los 90, Francisco Maturana tomó la base de Atlético Nacional de Medellín para construir una maravillosa Colombia.

En el pasado, quien lo llevó a la práctica, fue Rinus Michels. En el Mundial 1974, el General utilizó la base del gran Ajax para armar un potente seleccionado tulipán, que maravilló al mundo sin importar la no consecución de la corona. Es precisamente ahí donde está la respuesta a las preguntas formuladas anteriormente. Tomar la base de jugadores de un club con memoria, que vienen conviviendo, entrenando y jugando juntos durante mucho tiempo, para montar el equipo de un seleccionado acorta los tiempos, facilita las tareas y evita los dolores de cabeza de los seleccionadores nacionales, que en muchos casos se encuentran ante auténticos rompecabezas difíciles de solucionar.

Entremos al ejemplo real: de los once que conformaban el equipo titular de la selección de Holanda en 1974, seis (más del 50 por ciento) eran del Ajax tricampeón de Europa. Es decir, seis de los once se conocían, convivían, estaban acostumbrados a entrenar y jugar juntos. Era cuestión de encajar cinco piezas y poner a rodar la máquina. Las seis restantes, ya estaban ensambladas. Así todo es más sencillo, sin que esto quiera decir que se perdía la complejidad. En un equipo de fútbol, por más ensamblado que esté, siempre existirán complejidades, puesto que la gestión de los egos, las relaciones interpersonales, el organigrama, la plantilla, los rivales, las competiciones..., demandan una barbaridad y son desgastantes.

Cruyff, Suurbier, Krol, Haan, Neeskens y Rep eran los jugadores que pertenecían al Ajax y hacían parte del once de gala de la selección orientada por Michels. Apenas el guardameta Jan Jongbloed (Roda JC), el extremo Rob Rensenbrink (Anderlecht), Wim Rijsbergen (Feyenoord), Wim Jansen (Feyenoord) y Willem Van Hanegem (Feyenoord) jugaban en otros clubes. Es decir, entre el Ajax (6) y Feyenoord (3), Michels armó la Holanda del 74.

Michels eligió ese camino, no sé si por convicción o por sentido común. Igualmente fue un acierto total, porque ese seleccionado holandés hizo un fútbol perfecto y reproduciendo muchos de los principios de juego del gran Ajax.

Aquí toma vida aquella frase que reza: el fútbol es de los futbolistas. Pues sí, si la mayoría de los jugadores de la selección holandesa de 1974 formaban parte del Ajax, aquella selección tenía que reproducir en el campo de juego muchas de las cosas que aplicaba el Ajax. En otras palabras, Holanda tenía que jugar muy parecido, ser una fotocopia del campeón, pues al fin y al cabo eran los mismos jugadores en su gran mayoría.

A continuación, vamos a estudiar los partidos de Holanda durante la Copa del Mundo de 1974. Los invito a detallar las coincidencias en nombres y haceres futbolísticos a nivel individual y colectivo de este equipo y de estos jugadores, con el gran Ajax que hemos detallado durante este capítulo.

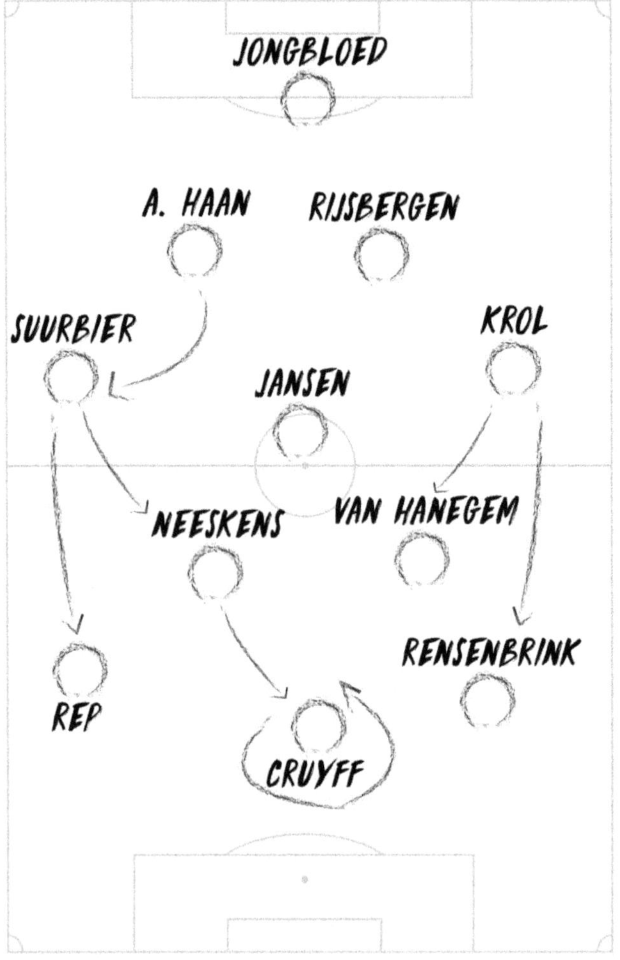

Match 1. Holanda-Brasil. Revolución; el más retrasado, un centrocampista (Arie Haan).

El más retrasado de ese equipo era Arie Haan, quien en el Ajax actuaba como centrocampista. Desde su posición, jugaba mucho en corto con el arquero Jongbloed. Haan se desmarcaba (se abría) para dar una línea de pase, recibía del portero y daba salida y continuidad. Luego, este centro-campista del Ajax y más retrasado en el equipo nacional holandés del Mundial 1974, ascendía con balón a tercio ofensivo. De igual manera subía a campo adversario para dar apoyos ofensivos. Seguro, Michels retrasó su posición en la selección holandesa para aprovechar sus virtudes ofensivas y ganar calidad desde atrás.

En su memoria operativa, Haan tenía innumerables archivos de centrocampista (movimientos, espacios, tareas). Michels lo retrasó, pero su tendencia a jugar en el centro del campo lo terminaba llevando a esos espacios y zonas centrales del terreno de juego; una muy buena manera para ganar gente arriba y en ataque.

Sin balón, todos los jugadores de Holanda estaban implicados en las tareas de recuperación. Todos detrás de la línea del balón. "Todos vamos para atrás si es necesario", parecía el lema.

Finalmente, nunca antes vi a un equipo brasileño tan impotente como el de aquel día. Y tan carnicero: los brasileños cocieron a patadas a los holandeses. Pegaron feo. Quizá la única manera de cortarle el juego fluido y parar a aquella máquina naranja.

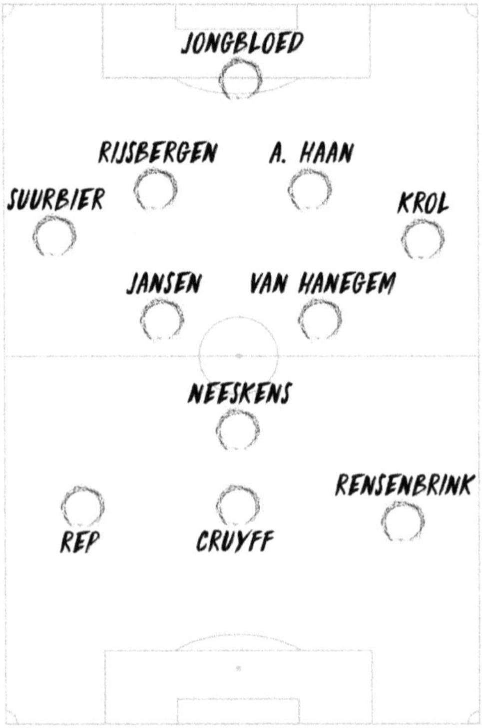

JONGBLOED

RIJSBERGEN   A. HAAN

SUURBIER   KROL

JANSEN   VAN HANEGEM

NEESKENS

RENSENBRINK

REP   CRUYFF

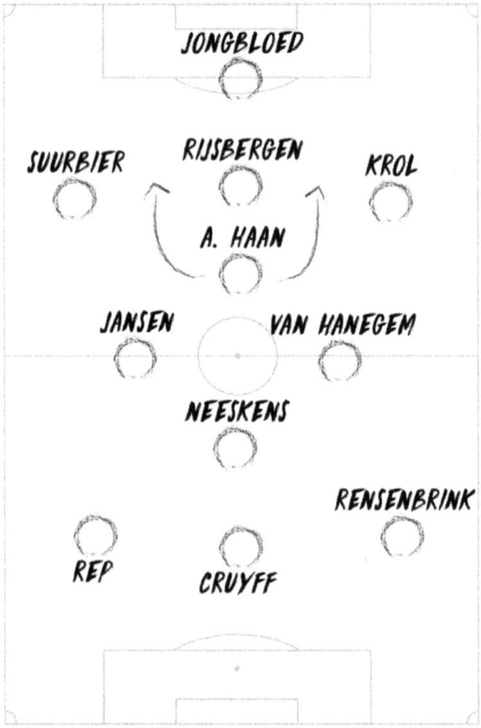

JONGBLOED

SUURBIER   RIJSBERGEN   KROL

A. HAAN

JANSEN   VAN HANEGEM

NEESKENS

RENSENBRINK

REP   CRUYFF

Match 2. Holanda-Uruguay. Manual de cómo achicar el campo y defender hacia delante.

Partido de manual del registro de recuperación inmediata a la pérdida en la mitad ofensiva. Fue cuestión de achicar el campo, poner a todos los efectivos de la mitad del campo hacia delante (en campo rival) y tras la pérdida, presionar y recuperar. ¿Por qué? Porque, como ya hemos visto, estaban juntos entre sí y cerca de los rivales. El ritmo y la intensidad, endemoniados. Como estaban juntos, iban todos, o muchos, en manada (achicaban) sobre el poseedor rival para robarle la pelota o provocar el fuera de lugar. Pero jugaban juntos no solo para esto. También lo hacían para combinar, hacer paredes, jugar con el tercer hombre, dar apoyos al poseedor del balón... Concepto de bloque con y sin el balón.

El equipo tenía buena colocación colectiva, lo que le permitió una gran circulación de balón, con continuos cambios de orientación del juego (del centro a la banda). Lanzaban muchos balones desde el carril central hacia las bandas para provocar amplitud y progresión. A falta de un centrodelantero, porque Cruyff jugaba de falso nueve, Neeskens llegaba en esa posición: estaba por dentro, en la zona de finalización. Jongbloed jugaba de portero líbero. Ante una defensa alta, realizaba salidas veloces a cortar las pelotas profundas lanzadas por el adversario.

Holanda jugaba muy limpio; Sudamérica, no. Los uruguayos también dieron muchas patadas, se pasaron de mal intencionados. Fuerza desmedida permanente. Los holandeses eran puro juego y movimiento del balón.

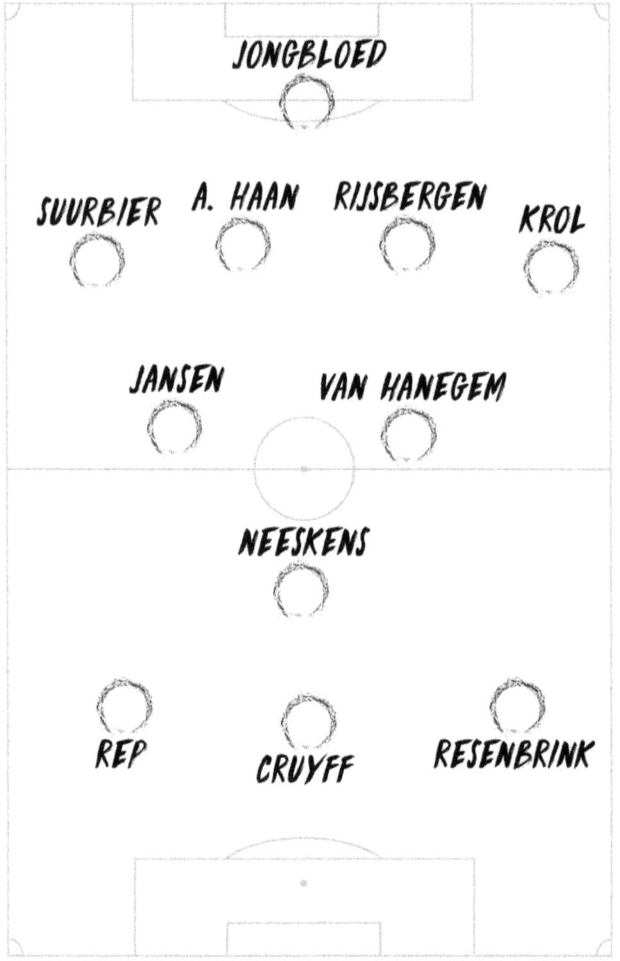

Match 3. Holanda-Bulgaria. Cruyff, el falso nueve que hizo goleador a Neeskens.

La interacción Cruyff-Neeskens fue maravillosa. Cuando Cruyff salía de la zona del 9, que era generalmente de donde partía, Neeskens entraba/llegaba a ese lugar. De esta manera, aprovechando los huecos y espacios liberados por su compañero, Neeskens se volvió goleador: fue el máximo artillero de Holanda en aquel Mundial, con cinco tantos. Pero ¿cómo funcionaba este sistema?

La confrontación ante Bulgaria lo expuso: Cruyff, que empezaba como 9, salía de allí repetidamente para ir al centro del campo y/o a las bandas, es decir, a la zona del 8, 10, 11 y 7 (interior, mediapunta y extremos). En esas posiciones, Cruyff organizaba el juego, distribuía. Como el lugar del centrodelantero quedaba descubierto (libre de naranjas), desde afuera caían Rensenbrink (izquierda), Rep (derecha) y desde atrás, por dentro, llegaba Neeskens. De los tres, el que más se situaba en la zona de finalización era, evidentemente, Neeskens. Este aprovechaba todo lo que generaba Johan Cruyff, dedicado a trabajar para los demás, retrasando su posición para, como ya he escrito, distribuir-organizar, dar juego y balón a sus compañeros en amplitud y profundidad, limpiar zonas... Eso sí, Cruyff siempre tenía opciones debido al buen juego posicional -ocupación de las zonas a lo ancho y a lo largo- de sus compañeros.

Para hacer sus tareas, el astro mundial tenía: cambio de ritmo (de lento a veloz o viceversa), cambio de dirección (de derecha a izquierda o viceversa), manejo de los dos perfiles (derecho e izquierdo), velocidad, pase, organización, distribución, gambeta, visión. Además, fue un tiempista fenomenal (sabía cuándo jugarse la aventura del uno contra uno, cuándo acelerar la circulación, jugar a uno o dos toques, y cuándo parar/frenar para darse un tiempo y darle un tiempo a los compañeros). Un espectacular jugador de fútbol.

Pero al margen del funcionamiento del falso nueve, Holanda, en este juego, dio cátedra en cuanto a la funcionalidad de las tres P (posición, posesión y presión) con un nivel de perfección altísimo.

Primero, con la distribución de efectivos a lo ancho para mover el cuero repetidamente. Esto implicó alto ritmo de balón (a uno, dos toques), buscando huecos de penetración y entrada. Segundo, presión múltiple al poseedor del balón rival (hasta cuatro jugadores saltaban al mismo tiempo por él). Tercero, las innumerables incorporaciones del lateral Suurbier al tercio ofensivo para doblar a los rivales por banda y el funcionamiento de un ofensivo como Haan, atrás y desde atrás.

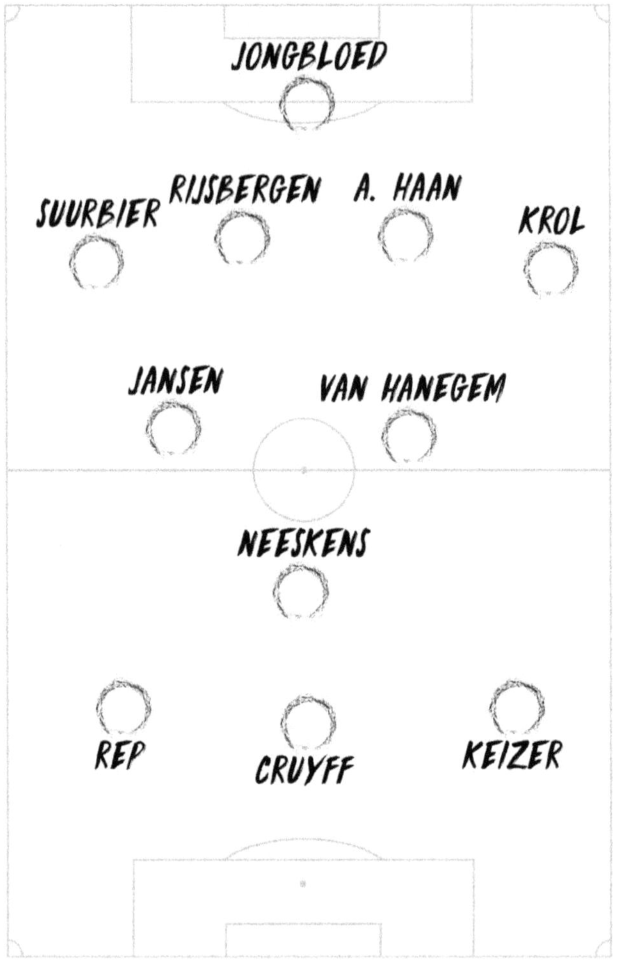

Match 4. Holanda-Suecia. El mismo canon.

En posesión, Arie Haan y Rijsbergen ascendían alterna-
damente a campo rival (bien profundos), al mejor estilo de
Vasovic o Blankenburg en el Ajax. Se incorporaban para
llevar el balón, dar apoyos ofensivos, continuidad. Cruyff, de
nuevo, generalmente salía de la zona del 9. Iba a las bandas
o al centro del campo y asistía a los que llegaban a la zona de
finalización, previamente liberada por él: generalmente eran
Rep, Keizer y Neeskens. Intercambio continuo de posiciones.

Por ejemplo, Rijsbergen pasaba de lateral y Suurbier, de central.

En defensa, siempre achicaban, acortaban el espacio de juego, de maniobra, de acción, de inicio y desarrollo de la jugada ofensiva (contragolpe) del rival. ¿Cómo lo hacían? Línea defensiva alta: los defensores, o mejor dicho, los más retrasados, empujaban hacia delante. Una vez más, todos, en manada, se dirigen hacia el poseedor rival para robar el balón y/o dejar a los receptores rivales en fuera de lugar. Cuando lo recuperaban, si las condiciones lo permitían, lanzaban el ataque de manera fulminante; de lo contrario, todos se reubicaban, se abrían y ampliaban el campo para atacar. El espacio era todo para este equipo: sin balón, lo acortaban; con balón, lo agrandaban.

Marinho Peres, defensor de la selección brasileña en el Mundial de 1974 y compañero de Cruyff en el Barcelona, contó al blog "Do Boleiro" (https://blogdoboleiro.blogosfera. uol.com.br/2016/03/24/marinho-perez-como-cruyff-explicou-a-linha-de-impedimento-da-holanda-74/) que Johan Cruyff un día le confió las razones por las que Holanda empleó este mecanismo (el de la manada sin balón): "Johan Cruyff me contó que el motivo era simple. Los holandeses creían que marcar a los brasileños y sudamericanos de una manera tradicional sería muy difícil, debido a su gran habilidad. Entonces, se lanzaban en manada para disminuir el espacio y doblar la marcación a los rivales en un terreno de, digamos, 30 metros", dijo Marinho.

Una estrategia inteligente reducirle y limitarle el espacio a los habilidosos y de calidad. Es que defender en un terreno muy grande y uno contra uno, o en inferioridad numérica, es tremendamente difícil por más talento defensivo e intuición defensiva que tengas; es de las cosas más difíciles que hay en fútbol. Obviamente, el grado de dificultad se acentúa si no tienes jugadores con talento defensivo. Por estas razones, lo mejor es reducir el espacio para defender y hacerlo con ayudas y/o superioridad numérica defensiva. Aquí es cuando el concepto de defender todos, o con todos, juntos y cercanos, toma relevancia.

Ese equipo tenía una memoria de juego tremenda. Nada era forzado. Todo era natural. Sus movimientos, sus interacciones, sus acciones y maniobras eran perfectos.

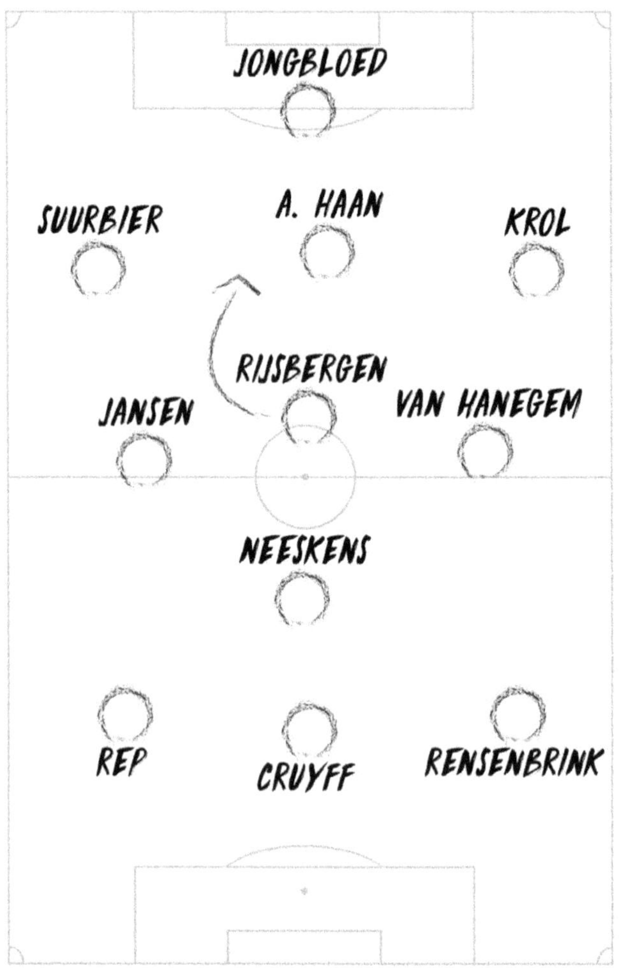

Match 5. Holanda-Argentina. El Cruyff colectivo.

El ascenso al centro del campo y el descenso a la línea defensiva de Rijsbergen modulaba la estructura táctica Nada de Holanda. Si ascendía, se convertía en mediocentro y Holanda dibujaba el 1-3-3-1-3. Si descendía, se colocaba a la misma altura de Arie Haan y el dibujo holandés era 1-4-2-1-3. En la primera estructura, cuando el interior se abría, se producía una línea de pase entre el central de costado (en posesión de balón) y el punta o mediapunta.

Holanda fue un equipo con grandes y muchos talentos, pero con una colectividad enorme: un espíritu de equipo descomunal. Ayuda mutua, esfuerzo colectivo (de todos) con y sin balón e inteligencia colectiva. Les sobraba todo eso. Cruyff resultaba fundamental, ya que manejaba muy bien las dos piernas. No tenía problemas de perfil. En este Mundial, el falso nueve fue extremadamente colectivo. Le servía a los demás, para los compañeros, trabajaba para ellos. Ahí encontró una brillantez insospechada. Siempre saliendo de la zona del 9, de la zona de finalización, para organizar, distribuir, asistir, pasar desde el centro del campo o desde las bandas. No esperaba que hicieran para él, hacía para sus compañeros (preguntarle a Neeskens). Este carácter colectivo, Johan Cruyff lo logró con el tiempo, con la madurez.

Holanda, Euro 1988. El paradigma II. Pequeñas sociedades. Cadenas de juego.

En 1988, Rinus Michels reaparece en el banquillo de la Holanda campeona de Europa. Catorce años después del suceso en el Mundial de 1974 (perdió la final contra Alemania Occidental), el fútbol recompensó a Michels con el título europeo.

La formación base, bajo la estructura 1-4-2-1-3, de Holanda en la Euro 1988 fue la siguiente:

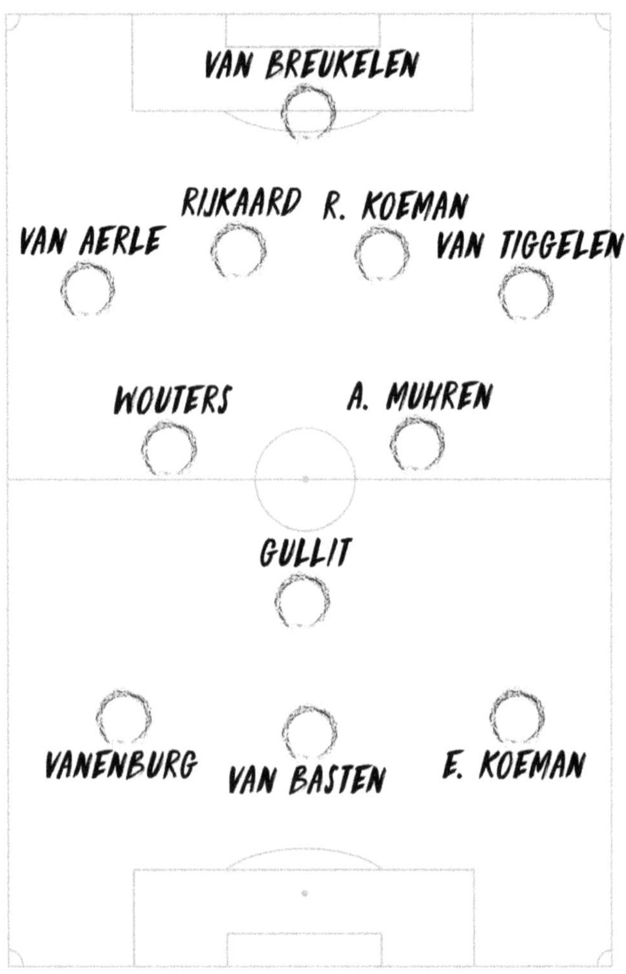

Naturalmente, la formación base tuvo ciertas modificaciones en determinados partidos. Por ejemplo, la presencia de John Bosman como centrodelantero en detrimento de Marco Van Basten, el posicionamiento de John Van't Schip como extremo izquierdo, el intercambio posicional desde el minuto inicial en el partido ante Alemania entre Arnold Muhren y Erwin Koeman (el primero jugando como extremo y el segundo al lado de Jan Wouters en el centro del campo).

Pero una de las cosas llamativas de esta Holanda fue la manera como Rinus Michels armó el equipo. El General apostó a las cadenas de juego. Se entiende por cadena de juego a la colaboración entre dos o más jugadores cercanos, situados en horizontal o vertical, en el terreno de juego. El objetivo es que los jugadores implicados efectúen movimientos coordinados y funcionales en relación a determinadas situaciones de juego en un sector determinado del campo.

Eso fue lo que precisamente Michels reprodujo en la Holanda de 1988. Multiplicó las cadenas de juego. Tuvo la fortuna de juntar, en diferentes sectores del campo, a jugadores que estaban jugando o habían jugado juntos durante un tiempo prolongado. Jugadores que se relacionaban instintivamente en alguna zona del campo para realizar alguna tarea.

Los dos más retrasados y centralizados, Ronald Koeman y Frank Rijkaard, compartieron, entre 1985 y 1986, el Ajax dirigido por Cruyff. Ambos tenían claro los movimientos de ascenso y descenso para modular la estructura 1-4-2-1-3 a 1-3-3-1-3, la salida de balón, las conexiones con el punta y mediapunta, la búsqueda de vías para salir... De igual manera, en la temporada 85-86 Rijkaard, Koeman y el volante central Arnold Muhren coincidieron en el Ajax de Cruyff. Es decir, Koeman y Rijkaard entendían que uno de los dos debía ascender para jugar como mediocentro y regalarle unos metros en profundidad a Muhren para que se ubicara como interior izquierdo. Movimientos mecanizados desde la escuela Ajaccied.

Igualmente, en 1986 coincidieron en la formación del Ajax, Rijkaard, Wouters y Muhren. También en el 85 y 86 el extremo derecho Vanenburg y el punta Van Basten jugaron en el Ajax. Esa interacción extremo-centro delantero estaba perfectamente aceitada.

Cinco meses antes de la Euro coincidieron en la formación del Ajax de Ámsterdam los dos centrocampistas centrales (Wouters y Muhren).

La temporada previa a la Euro 88, el punta y el media punta de Holanda (Van Basten y Gullit, respectivamente) la jugaron juntos, en las mismas posiciones (punta y media punta), en el Milan de Italia.

En la temporada 87-88, la previa a la Euro, el lateral derecho Van Aerle y el extremo derecho Vanenburg jugaron juntos en el PSV del triplete. La relación/interacción de lateral con extremo es de las más determinantes en el juego del fútbol. Vale la pena apuntar que Koeman, también pilar de aquel PSV tricampeón, cuando ascendía (se colocaba como mediocentro) tenía conexión directa, para mezclar/combinar, con el lateral Van Aerle y con el extremo Vanenburg, con quienes venía jugando en el equipo de Eindhoven repetidamente.

Vale la pena destacar que en la temporada 85-86 fueron compañeros en el Ajax Ronald Koeman, Rijkaard, Muhren, Van Basten, Bosman, Vanenburg, Van't Ship bajo la idea de juego de Cruyff, que coincidía con la de Michels. Visto lo visto, el saber relacionarse en determinadas zonas del campo, el saber hacer en interacción con otro u otros en determinadas zonas del campo, fue algo a lo que le sacó jugo Rinus Michels en la Holanda de 1988. La iteración de los futbolistas también acorta los tiempos en selección.

Si dos jugadores del mismo equipo (poseedor/pasador y receptor) se colocan a la misma altura, primero, habrá una autoeliminación y se perderá a uno de los dos. Y segundo, si combinan, el resultado será un pase horizontal, que, además de incómodo, es peligroso. Colocados en diferentes alturas y ejes, los pases serán diagonales y la circulación mejor.

Las cualidades de un jugador deben complementar las de otro. Importante es que las capacidades, cualidades y haceres de uno potencien-complementen las de otro. Ejemplo, en la Holanda del Mundial 74, el juego de Cruyff potenciaba el hacer de Neeskens. Otro ejemplo sin nombre propios: si un central tiene la capacidad (aptitudes y actitudes) para jugar como lateral, entonces el lateral podrá salir mucho más porque estará seguro de la cobertura que le hará el central. Incluso, podrá quedarse descolgado y como extremo, es decir, necesitará descender poco, puesto que el central reconvertido en lateral seguro se encargara de llevar el balón. De igual manera, si el extremo sabe que el lateral puede hacer las veces de extremo, seguro irá por dentro.

Aspectos del juego de la Holanda campeona de Europa en 1988

Ronald Koeman era el famoso 4 de esta selección. Al mejor estilo de los ya mencionados Arie Haan, Vasovic y Blankenburg, Koeman llevaba el balón, pasaba a campo rival en conducción. Acompañaba, salía, remataba a puerta, organizaba desde atrás. Un ofensivo más. Era un auténtico protagonista en la salida y circulación del balón. Rijkaard también lo hacía, aunque en menor medida. La verdad es que Koeman y Rijkaard eran dos centrocampistas, con gran talento ofensivo, jugando retrasados.

Pero mucho he hablado sobre la presencia de Koeman, Vasovic, Frank De Boer, Blankenburg, Arie Haan en campo rival. Me he vuelto repetitivo y hasta poco profundo. Pues, a continuación, voy a escribir algunas líneas sobre la misión de estos jugadores cuando incursionaban con balón a zona rival. Intentaré explicar qué hacían, cómo lo hacían, dónde lo hacían, en interacción con quiénes y cuál era el objetivo final de lo que hacían.

Los susodichos llevaban la pelota a campo contrario, en conducción, para atraer/fijar adversarios y liberar compañeros. Y después, si quedaban libres, volver a intervenir y participar del juego, ya con ventaja espacio-temporal. Recuerden que eran jugadores con una gran calidad técnica, inteligencia de juego y resolutivos.

El pase al ataque era, fundamentalmente, para atraer oponentes, fijarlos, provocar espacios a sus espaldas o a sus costados, sacarlos de posición, eliminar adversarios, liberar compañeros de oposición y ayudarles a los mismos a recibir y jugar con ventaja. Ahora, y para entrar en complejidad, estas cosas no solo las consigue el jugador en posesión. Sus compañeros, a través de desmarques y movimientos (hacia fuera, hacia dentro, de ascenso, descenso), también influyen en la conquista de ventajas espacio-temporales para el poseedor y receptor. Por ejemplo, a través de movimientos y desmarques pueden colaborar, junto al poseedor, a juntar varios oponentes en un sector y liberar otras zonas para ser atacadas posteriormente con libertad.

En suma, el objetivo no es otro que el que tiene el balón (poseedor), o el que lo va a tener (receptor), pueda jugar (controlar, pasar, rematar, conducir) con ventaja espacio-temporal.

Al final de este capítulo y con un ejemplo real (el segundo gol de Holanda sobre Alemania en la Euro 88), veremos la aplicación de estos conceptos.

La modulación del sistema, del 1-4-2-1-3 al 1-3-3-1-3 se daba a partir de la incorporación de Koeman al centro del campo. Éste ascendía, Rijkaard se centralizaba y le guardaba la espalda a Ronald.

Cuando el equipo se distribuía 1-3-3-1-3, la cantidad de líneas de pase que se generaban eran muchas. La buena posición colectiva, más un buen ritmo de balón (jugar a uno, dos toques) dinamizaba el juego. Sin la pelota, el concepto era el mismo: todos implicados, todos detrás de la línea del balón. Todos en propio campo defendiendo e intentando robar el cuero.

Juntos, cercanos, con apoyos defensivos, relevos cortos y recíprocas coberturas, que ayudan enormemente a ahorrar energía y fuerzas, puesto que las distancias recorridas no son grandes. Esta manera de defender ante equipos muy atléticos y potentes físicamente sirve demasiado para evitar choques, jugadas divididas que impliquen carga cuerpo con cuerpo, contrastes, entradas, forcejeos, recorridos largos y en espacios amplios. Mejor cerrar líneas de pase, procurar anticipar e interceptar con limpieza (que estas acciones no impliquen necesariamente un choque con el adversario), tapar huecos, no conceder penetraciones ni espacios cerca al área propia, ganar rebotes o segundas jugadas, gracias a la cercanía de los efectivos.

Un concepto de la escuela holandesa (Ajax) muy bien aplicado por esta selección fue: central -derecho o izquierdo- conduce, lleva el balón, levanta la cabeza. El interior de su mismo sector se abre y genera línea de pase. El central conecta con el que aparece porque desciende o viene (interior de zona contraria, punta o mediapunta). El pase del central, por abajo o por arriba, seguro, fuerte, firme. El receptor al venir o descender, con varias opciones: control y devolución a muro; devolución a muro al primer toque si tiene una marcación estrecha; control y extensión (a la banda) o extensión inmediata si las condiciones de marcación rival y demarcación del compañero receptor se prestan; control, giro y prolongación (pase en profundidad), o control, giro y pared o combinación en corto (progresión).

Una joya

Para finalizar este capítulo les dejo esta joya holandesa. Se produjo en la semifinal ante Alemania. Terminó en gol de Van Basten. ¡Una jugada exquisita!

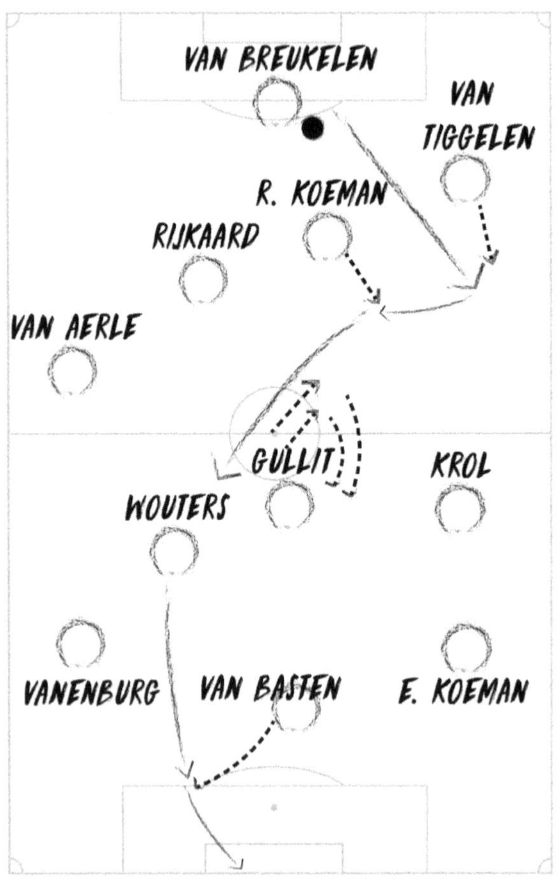

Disección

El portero Hans Van Breukelen le da la pelota a Adri Van Tiggelen. El lateral por izquierda (derecho de perfil) se la entrega a Koeman, después del ascenso de Ronald al centro del campo. Mientras el interior izquierdo Wim Kieft se abre y se pega a la raya, Ruud Gullit, primero, fija a su oponente y, después, lo atrae sacándolo de posición. Ruud desciende en dirección a Koeman y de repente se abre: Koeman queda con una gran línea de pase, generada por el movimiento sin balón de Gullit, para conectar con Wouters. Es importante apuntar que Gullit se llevó al centrocampista alemán, que estaba en la zona de Wouters, quien quedó libre de oposición. Pase firme y oblicuo (diagonal) de Koeman al pie derecho de Wouters, centrocampista derecho con perfil derecho. Hasta aquí un tercer hombre de manual.

A continuación Wouters controla y pasa. Antes de controlar la posición corporal de Wouters es genial, dándole la espalda a la raya de banda derecha. La jugada colectiva finaliza con un pase al espacio de Wouters y una simultánea desmarcación, también al espacio, de Van Basten.

Marco, entrando al área y cayendo, patea cruzado y rasante para convertir antes de finalizar el partido el gol del triunfo de Holanda por 2-1 sobre Alemania. Jugadota y golazo. Estilo holandés en estado puro. Marca registrada del juego de posición neerlandés.

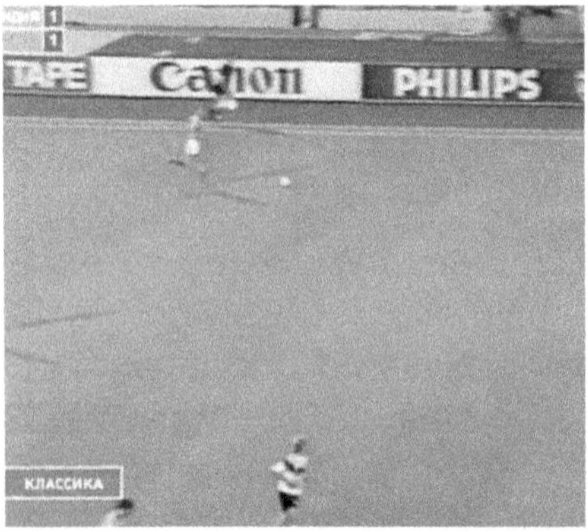
TAPE
Canon
PHILIPS
КЛАССИКА

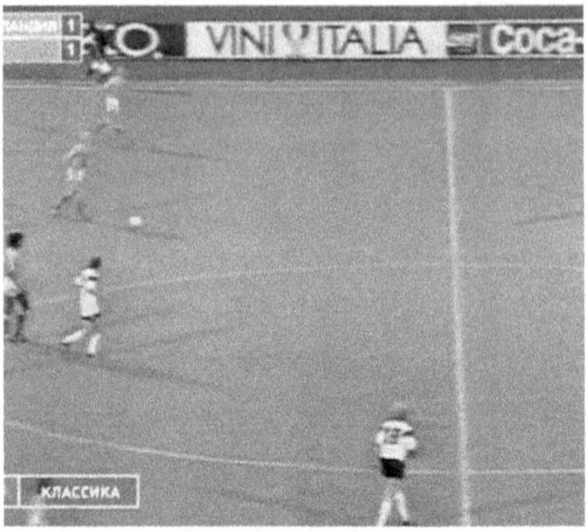
VINI ITALIA
Coca-
КЛАССИКА

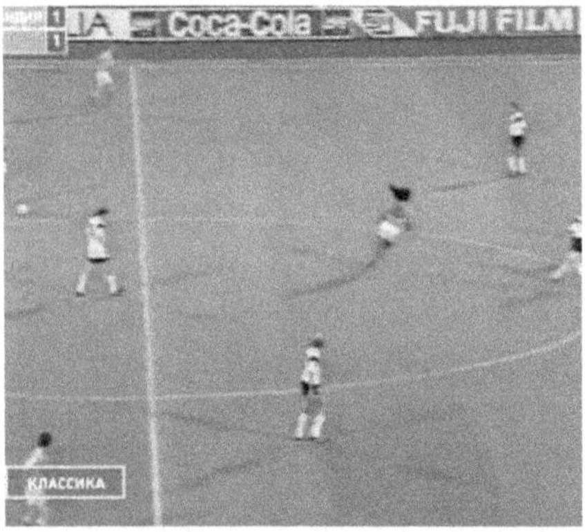
Coca-Cola
FUJI FILM
КЛАССИКА

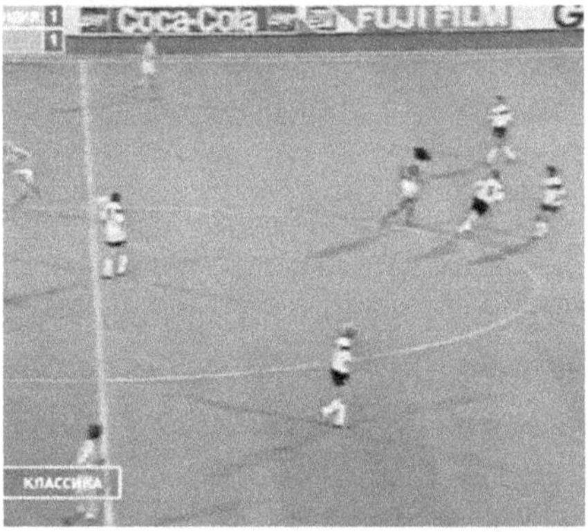
Coca-Cola
FUJI FILM
КЛАССИКА

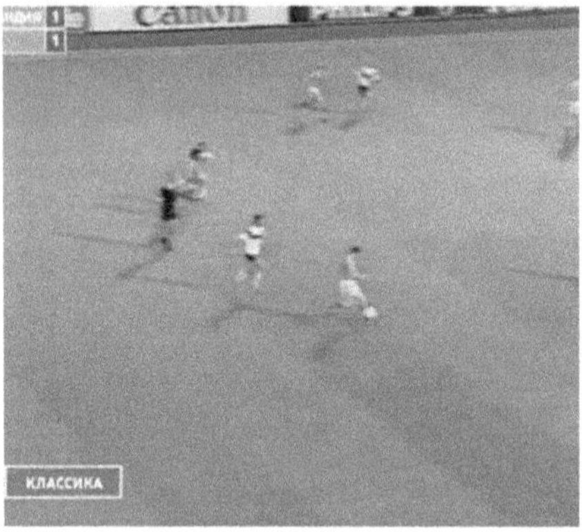
КЛАССИКА

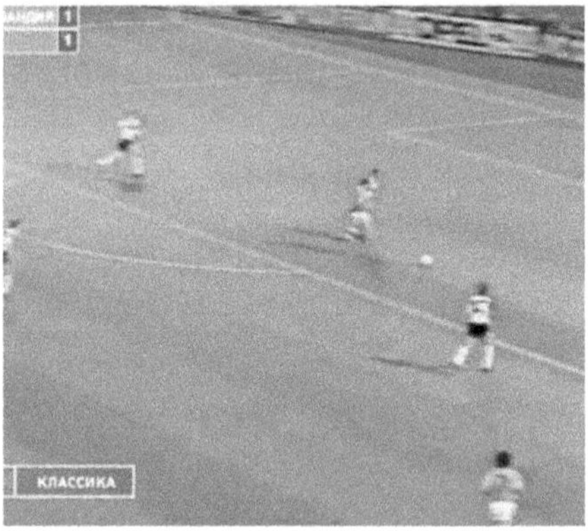
КЛАССИКА

Liderazgo y conducción

Rinus Michels (Ámsterdam, 9 de febrero de 1928-Aalst, 3 de marzo de 2005), más alemán que holandés. Fue hijo de la guerra y la postguerra. Creía firmemente en la disciplina y el sacrificio. Con 18 años sirvió al ejército. "Recto, dictatorial", así lo describió Charly Rexach, exjugador suyo en el F.C. Barcelona, en el diario *El País* de España.

Severo en sus apreciaciones. Una de sus reflexiones más conocidas es: "El fútbol es como la guerra, quien se comporta demasiado correctamente pierde", señaló para la inmortalidad. Riguroso, estricto, de exigencia máxima y disciplina inquebrantable. Se ganó el apodo de El General, Míster Mármol y el Sargento de Hierro. "Michels era un entrenador escolar; fue profesor de escuela. En esa época para el Ajax era el entrenador ideal", expresó Johan Cruyff.

Un tipo de convicción, creía que como se entrenaba se jugada, por eso exigía al máximo, y que el futbolista ideal es aquel que tiene hambre.

Holanda por ese entonces (mediados y finales de los 60, e inicios de los 70) ya era un país más abierto y la juventud brotaba rebeldía. Naturalmente la disciplina que transmitía Michels contrastaba con la realidad juvenil de la época. Sin embargo, supo imponerla. "En la época en la que Rinus Michels entrenaba al Ajax no había profesionalismo. Michels

profesionalizó al Ajax de Ámsterdam, por eso se entrenaba con disciplina y organización", señaló el también entrenador holandés Louis Van Gaal, uno de sus hijos.

Controlador y obsesivo. Atento a todos los detalles, no se le escapaba alguno. En Ajax implantó las concentraciones antes de los partidos para "encerrar" a los jugadores y evitar que bebieran, fumaran y se fueran de farra como acostumbraban. Y, por ejemplo, cuando su equipo viajaba fuera de Holanda para jugar partidos internacionales, en los lugares de concentración (los hoteles de las diferentes ciudades europeas donde jugaba el Ajax), se desvelaba para supervisar que los jugadores no salieran de juerga. Estas conductas también las llevó a la selección holandesa y al F.C. Barcelona.

No consentía nada. Cuentan que en 1988, en el marco de la Eurocopa que finalmente ganaría su Holanda, no dejó entrar al hotel de concentración de la selección naranja a Arrigo Sacchi, el eminente entrenador italiano del Milan (en esa época el Milan dominaba el fútbol europeo), que quería saludar a tres de sus jugadores: Frank Rijkaard, Ruud Gullit y Marco Van Basten.

De igual manera, cierto día, en su etapa como entrenador del Fútbol Club Barcelona, le tiró una bronca descomunal a varios jugadores del equipo catalán. Después de un partido perdido por el Barça, los jugadores se reunieron en una habitación del hotel de concentración y para "pasar el trago amargo" de la derrota solicitaron un par de botellas de champán. Rinus Michels, que se encontraba en el bar del hotel atendiendo a unos periodistas, se enteró de la solicitud y él mismo se dirigió con las botellas de champán a la habitación. Los futbolistas, al abrir la puerta, se sorprendieron y El General no hizo más que estrellar las copas y las botellas contra el piso sin antes increpar a los jugadores allí presentes diciéndoles que les faltaba profesionalismo. De ese talante era Rinus Michels.

Michels se capacitó, en su etapa de formación tras retirarse como futbolista, en Educación Física. De hecho, fue profesor de Educación Física. Para El General el trabajo atlético era esencial porque su idea de juego se lo exigía a sus jugadores. "Acosar sin tregua ni respiro al adversario para recuperar la posesión del balón, y no ceder a ningún precio la iniciativa del ataque al contrincante, contando con dos requisitos básicos: un espíritu de lucha inquebrantable y una perfecta preparación física", manifestó sobre el juego que ejecutaban sus equipos.

Además, las memorias de la época señalan que Michels hacía entrenar a los jugadores del Ajax hasta cuatro, cinco veces al día, toda una barbaridad. Su método físico consistía en hacerlos subir con troncos en la espalda las montañas. "Al principio de la temporada teníamos una semana de entrenamientos muy dura. Cinco sesiones de entrenamiento en un día. Era como un campo militar", contó Sjaak Swart, excentrocampista del Ajax.

Jorge Luis Pinto, entrenador colombiano, tuvo la fortuna de conocer a Michels y su manera de trabajar. Una pequeña pero tan contundente como profunda reflexión del holandés lo marcó para siempre: "Yo (Michels) vengo a trabajar, no a hacer vida social", espetó Rinus un día; Jorge Luís Pinto guardó para toda su vida.

Michels también fue un tipo implacable. En el trabajo, en el campo de juego y en el vestuario. Exigía a sus dirigidos seguir sus instrucciones al pie de la letra. En su primer entrenamiento con el Ajax solicitó a los futbolistas que lo llamaran 'míster'. De igual manera, los jugadores del Ajax contaron, tiempo después, que Rinus Michels les decía que cuando ellos entraban al estadio eran solamente jugadores de fútbol con un número en la espalda, nada más. Y que cuando salían del estadio los veía y los trataba como personas.

Es más, en el campo de entrenamiento, Michels trataba con un lenguaje fuerte y duro (incluso con insultos de por medio) a los jugadores y les sacaba de la cancha sin explicación alguna ante los fallos y el trabajo realizado sin el máximo esfuerzo. Esto, naturalmente, provocaba malestar, incomodidad y enojo en los futbolistas.

"Cuando Michels tomó el cargo (del Ajax), cambió el cuerpo técnico y los entrenamientos cambiaron aún más. Fue la preparación física más dura que he tenido. Algunas veces teníamos cuatro sesiones en un día. También importó el modelo italiano de llevarse fuera a los jugadores en un periodo de concentración antes de un gran partido. Empezábamos a trabajar por la mañana y continuábamos así hasta por la tarde. Eso no le hacía un hombre miserable, pero era muy estricto con sus jugadores y le gustaba mucho la disciplina. El mensaje era muy claro, a los que no le gustara podían marcharse", explicó Piet Keizer, excentrocampista del Ajax.

Definitivamente Michels tenía clara la diferencia entre el trato en la actividad profesional y en la humana. "Era muy serio, profesional y responsable", recordó el fisioterapeuta del Barca Ángel Mur. "Difícilmente se podía acceder a él. Sin embargo, fuera del campo, era una persona maravillosa. En las comidas nos solía cantar ópera en holandés con su esposa", agregó Mur.

En la actividad futbolística exigía a sus jugadores rudeza contra sus adversarios: golpes, patadas, faltas hasta sacarlos del partido. Obvio, con el tiempo, el paso de los años y un problema cardíaco... cambió. Ya no tuvo un corazón tan duro. Supo corregirse y ver la vida de una manera distinta, sin los afanes y extremos juveniles (Michels asumió muy joven la dirección técnica del Ajax, cuando apenas tenía 37 años y todas las energías para devorarse al mundo y, quizá, llevarse por delante al más pintado).

Estudioso obsesivo. Los libros, la intuición y sus convicciones lo guiaban. Consultaba libros de medicina, nutrición para enriquecerse. Vanguardista, innovador y adelantado. En 1971, en el Barcelona ya entrenaban a través de los rondos (un ejercicio básico e identitario en los entrenamientos del Barca, que a día de hoy se continúan realizando).

De igual manera, modernizó y profesionalizó al Ajax, un club hasta ese entonces con demasiado amateurismo, y al fútbol holandés, que tenía talento pero carecía de estructura. "Un verdadero adelantado a su tiempo", dijo Rexach de Michels.

Implementó un despacho (oficina) en el club para atender de manera personalizada y privada a los jugadores. Prefería tocar determinados asuntos en la oficina y en privado que en el vestuario y en público. En las instalaciones del club abolió la única mesa que existía y servía para atender física y médicamente (masajes, revisiones y pruebas médicas) a los jugadores, e hizo construir una amplia sala y mejor equipada para tales fines.

Instauró la figura y el servicio de la utilería. Antes de Michels, los jugadores del Ajax llevaban a casa el uniforme y lo lavaban allí. Cuando llegó Michels ya hubo una persona encargada de recoger los uniformes de todos los jugadores, llevárselos, lavarlos y traerlos limpios para el próximo juego. También proporcionó implementos de aseo a los futbolistas.

En resumen, les mejoró las condiciones de trabajo a los jugadores, médicos, fisioterapeutas. Dio comodidades a sus dirigidos y a su entorno para poder exigirles mejora y crecimiento continuo, una de sus principales obsesiones.

Creía en la juventud absolutamente. "Tenía muchos detalles con los jóvenes para darles confianza", dijo Esteban Vigo, exjugador del Barça. En el Ajax tuvo la valentía de sacar a muchos veteranos del equipo para dar paso a los jóvenes. Sabía que necesitaba el derroche de la juventud porque su idea de juego le exigía frescura y vehemencia y eso lo encontraba en los jóvenes y más bien poco en los veteranos. Ruud Krol, exjugador del Ajax y de la selección de Holanda, contó que Michels, cuando estaba comenzando a jugar, le decía, para subir su autoestima, que él (el joven Krol) era mejor que el veterano Van Duivenbode.

Pero también escuchaba a sus compañeros de staff. El apoyo incondicional de todos los miembros del staff era necesario para él. El objetivo era único y consistía en hacer lo mejor para el equipo.

Incluso, día a día discutía sobre la condición física y psicológica (estado de ánimo, valores) de los jugadores con los miembros de su staff y gente de confianza. Tenía claro que cuidar la mente y el cuerpo era determinante para rendir al máximo, otra de sus premisas.

Siempre estuvo muy pendiente del aspecto personal y del entorno de sus jugadores porque entendía que los problemas privados o cualquier cosa que pasara, positiva o negativa, en el individuo, podía terminar influyendo en el funcionamiento-rendimiento del jugador en el equipo. Obsesivo por que cada quien entendiera su rol y su tarea dentro del sistema y la estructura, y aplicará en función de sus exigencias, responsabilidades y obligaciones.

Michels no castró los talentos y potencialidades de sus dirigidos. Valoraba, potenciaba y luchaba porque cada uno llegara a sus máximos niveles porque sabía que esa exuberancia personal el equipo la terminaría aprovechando. Siempre habló del entrenador como la figura central de la empresa y cuya función es la de persuadir los reinos dispares que representan sus jugadores o estrellas del equipo para que bajen de su solitario trono y se unan como un todo, pero no para el interés del equipo, sino por su propio interés (el de los jugadores).

Reconocía que para marcar un gol y obtener una victoria dependía en gran medida de la calidad individual de cada jugador. Una opción de gol puede ser creada mediante un excelente trabajo de equipo, pero el toque final, el gol, lo hace específicamente un individuo. El buen trabajo colectivo no garantiza un resultado positivo. Para que eso ocurra el equipo necesita jugadores que tengan la habilidad para anotar, defensores fuertes y un arquero competente (los roles y talentos).

Creía que el factor más importante es la calidad de los jugadores. Y sabía que la(s) estrella(s) del equipo es elemento contaminante y puede clavarle el cajón al entrenador porque la disposición mental para funcionar como un jugador de equipo en todas las circunstancias no es un comportamiento humano natural. En este sentido, tenía claro que la tensión entre los intereses del jugador estrella y los intereses colectivos siempre iba a existir. Entonces Michels, entendiendo esto, buscó en sus equipos, tarea complicada por demás, la manera de convencer a los jugadores estelares de que primero deben jugar de manera eficiente al servicio de otras 'estrellas'. Esto, por más complejo que fuera, lo lograba debido a sus cualidades, buen nombre y fama como jugador de fútbol y entrenador, y su capacidad para transferir sus conocimientos y visión de fútbol a los demás.

"Michels me enseñó a poner mi calidad en función del equipo", dijo Cruyff en un artículo publicado en el diario *La Nación* de Argentina.

"Solo lo haces muy bien, pero aún te falta mucho para tocar en una orquesta", asegura Michels en su libro *Teambuilding*. "Construir un equipo es armonizar los reinos individuales", añade.

Un tipo duro, exigente, que supo ganarse el respeto de todos. "Cuando entraba a la confitería del Ajax se hacía un silencio increíble, literal, la gente se callaba, lo saludaba y recién ahí continuaban conversando", confió a *El Gráfico* Héctor Chavero, entrenador argentino que tuvo el privilegio de trabajar con Rinus Michels.

CAPÍTULO II.
JOHAN CRUYFF

"En un día no haces ni creas un equipo"

Johan Cruyff

Obra maestra. El proyecto ideal

Toda obra, y un equipo de fútbol lo es, tiene, o consta, de dos etapas. Mejor dicho, toda obra pasa por dos procesos: el de construcción y el de afirmación. Es decir, para armar, montar, hacer y/o crear un equipo es necesario, primero, construir, y, después, afirmar o consolidar. Dentro de todo el proceso, hay cuatro estadios: puesta en marcha, ensamble, ajuste y retoque.

Antes de continuar, vale la pena señalar que no siempre los equipos de fútbol, por múltiples circunstancias, realizan todas las etapas. Planificación errónea, objetivos incoherentes o mal orientados, decisiones precipitadas, falta de respaldo, desconocimiento, cambios de técnico, director deportivo y jugadores de manera despiadada y abrupta, desbaratan todo y tiran por la borda cualquier proyecto deportivo.

Continuamos. Uno de los objetivos principales de todo entrenador es darle forma (estilo) a un equipo. Dentro de este contexto y, si bien es cierto que toda la plantilla es más importante que tan solo once jugadores, el entrenador debe encontrar la formación (el once inicialista) más competente, competitiva, de nivel y confiable (por talento, calidad, trabajo, relación/interacción, madurez, desarrollo, experiencia).

En este orden de ideas, y en ejemplo práctico, cuando hablamos de puesta en marcha nos referimos a que diez, nueve u ocho de los once iniciales son nuevos, no se conocen, no han entrenado, jugado, convivido y competido juntos en el pasado o reciente pasado.

Cuando utilizamos la palabra ensamble, hablamos de cinco o seis que son nuevos e interactúan con otros que ya tienen memoria por su convivencia (entrenamiento, competencia, vivencias).

Cuando nos referimos a ajuste, queremos señalar que de los once que van por reglamento al campo (los más confiables), siete u ocho se conocen y tienen memoria.

Y, finalmente, cuando hablamos de retoque, hacemos referencia que las piezas nuevas son apenas una o dos.

Evidentemente, la puesta en marcha y el ensamble toman como referencia la etapa de construcción, mientras que los estadios ajuste y retoque hacen parte de la fase de afirmación del proyecto deportivo.

Todo esto hay que entenderlo, a nivel de clubes, por ejemplo, para el inicio de temporada y/o temporada tras temporada en un proyecto.

Quiero aclarar que estas cosas son producto de las reflexiones (conclusiones) que he elaborado luego de ser testigo, y haber estudiado al detalle, múltiples proyectos deportivos. Quizá haya otra(s) conceptualización(es) al respecto, tan válida, incluso más, como la que aquí les expongo.

Mejor dicho, lo que reflexiono, conjeturo y me atrevo a escribir no es ni última palabra, ni palabra de Dios. Es simplemente la interpretación que le doy a los sucesos y una manera de ponerlos en palabras.

Un proceso, que consuma con orden y coherencia a lo largo del tiempo las etapas y los estadios descritos, garantiza en un alto porcentaje el éxito deportivo. La idea no es ganar de vez en cuando, la idea es ganar generalmente. Un buen proceso garantiza que los títulos lleguen de manera repetida, continua y que el éxito no sea casual y esporádico. Si les apetece adentrarse en un proyecto deportivo exitoso que supo consumar todas sus etapas y estadios, los invito a escudriñar el libro *Secreto de campeón*, una de mis obras en las cuales profundizó sobre esta materia.

Vale la pena señalar que esta introducción sirve para ayudarle a usted, amigo lector, a entender el proyecto deportivo liderado técnicamente por Johan Cruyff en el Fútbol Club Barcelona (de 1988 a 1996).

Durante los ocho años de mandato técnico de Cruyff, el equipo del Barça atravesó y consumó, con creces y a la perfección, las etapas y los estadios mencionados. Incluso, hay una etapa más, llamémosle de 'destrucción', de la cual también fue protagonista el propio Cruyff.

A continuación estudiaremos el proyecto Cruyff al detalle.

Primer año. Temporada 1988-89. Puesta en marcha.

"Cuando llegué al Barça en 1988 la situación era idónea; todo era un desastre. Todo el mundo estaba en contra de todo el mundo...", señaló alguna vez Johan Cruyff.

Evidentemente, cuando llega el holandés al banquillo del Barça, el equipo comienza de cero. El revolcón en la plantilla es tremendo. Desde este punto había que edificar al denominado *Dream Team*.

Así describió, el diario Mundo Deportivo de Barcelona, ese momento de arranque del proyecto Cruyff.

1988: El origen del Dream Team

Trece jugadores abandonan el club tras el 'Motín del Hesperia' y Nuñez invierte 2.000 'kilos' en doce fichajes para contentar al nuevo técnico, Cruyff.

Con la llegada de Johan Cruyff al FC Barcelona se inicia una renovación a fondo de la plantilla. El holandés regresaba al Barça, esta vez como entrenador, diez años después de haberse despedido como futbolista.

Altas: Luis María López Rekarte, fichado de la Real

Sociedad; Ricardo Jesús Serna, fichado del Sevilla; Aloísio Pires, fichado del Internacional de Brasil; Eusebio Sacristán, fichado del Atlético de Madrid; Luis Milla, del filial; José María Bakero, fichado de la Real Sociedad; Aitor Begiristain, fichado de la Real Sociedad; Julio Salinas, fichado del Atlético de Madrid; Juan Carlos Unzué, fichado del Osasuna; Guillermo Amor, del filial; Miquel Soler, fichado del Espanyol; Ernesto Valverde, fichado del Espanyol, y Manuel Ruiz Hierro, fichado del Valladolid.

Bajas: Gerardo Miranda, a Las Palmas; Josep Moratalla, al Figueres; Víctor Muñoz, a la Sampdoria; Bernd Schuster, al Real Madrid; Francisco Javier González 'Urruti' se retira; Ramón María Calderé, al Betis; Francisco Javier Clos, al Murcia; José Manuel Martínez 'Manolo', al Murcia; Ángel Pedraza, al Mallorca; Francisco López López, al Real Oviedo; Raúl Amarilla, al Olimpia de Asunción y David Linde, al Logroñés.

Nuñez, en medio de una crisis institucional que hacía peligrar su continuidad a pocos meses de las elecciones, decide invertir 2.000 millones para limpiar un vestuario problemático. Causan baja trece jugadores de la plantilla que protagonizó el 'Motín del Hesperia'. Solo se mantienen nueve jugadores de la temporada anterior. Carles Rexach pasa a ser el segundo de Cruyff.

El Barça incorpora doce jugadores. Además, en enero, se ficha por 1.000 millones de pesetas al holandés Ronald Koeman del PSV Eindhoven, pero de cara a la siguiente temporada. En marzo, Cruyff apuesta por el paraguayo Romerito para tratar de alcanzar al Real Madrid en las últimas jornadas de liga.

Cruyff tenía la misión de hacer un equipo campeón. Su idea de juego de ataque, con tres defensas, cuatro centrocampistas y tres delanteros, fue bien recibida por la *afición. El Camp Nou registró un incremento de casi medio millón de espectadores en Liga. El sistema arriesgado en defensa mejora los resultados de la temporada anterior aunque solo se consigue un título.*

El Barça acaba segundo en Liga después de muchas protestas por errores arbitrales que favorecieron al Real Madrid, campeón por cuarta vez consecutiva. En la Copa del Rey, los azulgranas son eliminados en los cuartos de final ante el Atlético de Madrid con un contundente 4-0 en el Vicente Calderón en el partido de vuelta. Al inicio de la campaña se pierde la Supercopa ante los blancos.

El éxito de la temporada llega el 10 de mayo en Berna. El FC Barcelona conquista la tercera Recopa superando en la final a la Sampdoria por 2-0, con goles de Julio Salinas y López Rekarte.

Un mes antes se celebraron elecciones a la presidencia del Barça. Josep Lluís Nuñez obtiene 25.441 votos contra los 17.609 de su rival, Sixte Cambra, y comienza así su cuarto mandato en su undécimo año como presidente.

Ahora bien, tomando como referencia la cantidad de minutos y partidos disputados durante toda la temporada en las diferentes competiciones (Liga, Recopa y Supercopa), los once jugadores que más acción tuvieron durante la temporada 1988-89 fueron Andoni Zubizarreta, Luis María López Rekarte, Ricardo Serna, Aloísio Pires, Roberto, Eusebio, Luis Milla, José Mari Bakero, Aitor Txiki Begiristain, Julio Salinas y Gary Lineker.

Para efectos de los estadios (etapas) mencionados, ocho de los once nombres con más minutos durante toda la temporada se incorporaron al club en el verano del 88 (López Rekarte, Aloísio, Serna, Milla, Eusebio, Begiristain, Bakero y Salinas). Es decir, ocho eran nuevos y provenían de otros equipos. Apenas Zubizarreta, Roberto y Lineker permanecieron en el equipo del primer Barça de Cruyff, en la nefasta temporada anterior.

López Rekarte, Begiristain y Bakero llegaron de la Real Sociedad. Es cierto que estos tres jugadores ya se conocían entre sí. De aquí en adelante, todo pasaba por relacionarse e interactuar con los demás. Igual no deja de ser significativa la buena mezcla, futbolística y hasta personal, que existía entre los tres vascos, reconocidos por su gran capacidad de trabajo, esfuerzo y obediencia.

De igual manera, durante el curso de la temporada 1988-89 también participaron, aunque en menor medida, jugadores como Miquel Soler, Guillermo Amor, Urbano Ortega, Francisco Carrasco y José Ramón Alexanko.

Entonces, en ese primer año de construcción, se montaron las bases y se puso en marcha el proyecto. Todo pasaba por acumular entrenamientos, partidos, minutos de convivencia dentro y fuera del campo, vivencias, hacer pruebas, evaluar la respuesta de los jugadores desde lo táctico, técnico, medir su carácter, observar el comportamiento, valorar la evolución, y demás múltiples detalles con los que convive un entrenador, un equipo de fútbol y una empresa.

Por ejemplo, durante la pretemporada, Cruyff realizaba hasta tres sesiones diarias de entrenamiento. Y todos los días (durante los 12 primeros) hacía partido.

La exigencia, máxima. Cruyff tenía clara su idea de juego, pero necesitaba que los jugadores la incorporaran, y entre más rápido, mejor. ¿Incorporar qué? El sistema, los movimientos, las relaciones, los procederes inherentes a la idea de juego. Por eso, la maratón de sesiones de entrenamiento y partidos en plena etapa de precompetencia. El objetivo: una codificación rápida del mensaje.

A groso modo, porque más adelante vamos a profundizar en esto, incluyendo situaciones reales de juego. Cruyff pensaba que la mejor manera de jugar era con un portero-jugador, es decir, que tuviera capacidad para pasar el balón en corto, medio o largo, y de igual manera se desmarcara para dar apoyos y recibir la pelota. Por esta razón, en los entrenamientos, Zubizarreta se ejercitaba como un jugador de campo. Vale la pena aclarar que en esta época el guardameta podía tomar el balón con las manos después de una devolución o pase con los pies de un compañero, algo que ya no es permitido por el reglamento y a lo que se tuvo que adaptar el propio Zubizarreta y sus camaradas. Con el paso del tiempo y el cambio en el reglamento, Andoni y Carlos Busquets, los porteros del Barcelona, junto a su compañeros, se vieron obligados a dinamizar el juego en las devoluciones y pases al guardameta.

Seguimos describiendo la idea básica de Cruyff: un defensa libre y dos mixtos (centrales/laterales), para controlar en superioridad numérica a los dos jugadores más avanzados que habitualmente ponían los rivales. Un mediocentro, que fuera el reloj para marcar los tiempos y que jugará a uno o dos toques. No muy pesado, más bien liviano, para girarse rápido cuando recibía de espaldas y quedar de cara antes de ser cazado por un rival. Con una gran visión de juego y distribución, fundamentalmente desde el círculo central, para que el lanzamiento cruzado llegara con más facilidad al extremo o al jugador de banda. A la estructura la completaban dos interiores, dos extremos, un mediapunta y un delantero de área (o falso nueve).

En el primer año, el de construcción, de puesta en marcha, el Barcelona terminó con un título menor, pero al fin y al cabo, un título: la Recopa. Sin embargo, el trabajo continuaba.

Segundo año. Temporada 1989-1990. Retoque de la puesta en marcha para afirmar la etapa de construcción.

El título es un juego de palabras que puede resultar enredado. Pero fue lo que aconteció en el segundo año de la gestión Cruyff, la que estamos estudiando en este capítulo.

La primera temporada había dejado buenas sensaciones. El equipo tenía forma (entendida esta como estilo). Los jugadores habían acumulado muchas horas de vuelo (entrenamientos, partidos). Ante tantos aspectos positivos, porque el equipo los transmitía después del año debut, las expectativas en el entorno eran mayores. Y las exigencias también.

Es decir, la segunda campaña tenía la dificultad de una mayor exigencia. Si el inicio había sido bueno, pues la continuidad tenía que ser mejor. Sin embargo, el proyecto aún seguía en fase de construcción. Todavía no había consumado esta etapa y, por ende, no había llegado aún a la etapa de afirmación.

Así las cosas, era muy posible decepcionar porque el estado real (etapa de construcción) no coincidía con las expectativas y exigencias. Este fue un momento clave del proyecto porque se pudo, como acontece en muchos casos, abortar al no poder cumplir con las expectativas.

La gente esperaba que el Barça obtuviera el título de Liga, como mínimo. Pero el equipo todavía no había conseguido un alto performance para llegar allí. Estaba encaminado, pero aún no estaba a ese nivel.

En ese segundo año, la gente se debió conformar con el título de Copa. Quizás un título menor, aunque venció en la final al Real Madrid. Esta consagración fue acompañada de la Recopa del año anterior, que con la evolución en el juego, dieron tiempo para seguir armando y fortaleciendo un proyecto.

Aunque los resultados no fueran del todo los esperados, lo mejor es que a esta altura la etapa de construcción estaba consolidada y consumada. El equipo estaba listo para entrar en la fase de afirmación, que le iba permitir ganar todo y de manera repetida los años siguientes, hasta encumbrase como uno de los mejores equipos de la historia del fútbol.

Una reflexión: la dualidad, la diferencia, la dicotomía entre la expectativa/exigencia y los resultados del segundo año pudieron perfectamente abortar el proyecto. No había coincidencia. Y esto genera dudas y contras. Afortunadamente, hubo respaldo por parte de los directivos, credibilidad y, sobre todo, continuidad.

Volvemos a hacer el ejercicio nominal que hicimos en el recuento de la primera temporada. En el curso 1989-90, los jugadores que más partidos y minutos tuvieron en todas las competiciones fueron: Zubizarreta, Koeman, Eusebio, Roberto, Bakero, Amor, Milla, Begiristain, Laudrup, Julio

Salinas, Serna, López Rekarte, Aloísio, Soler, Alexanko y Julio Alberto.

De los 16 jugadores con más acción y actividad (los más confiables) durante el segundo año de la gestión Cruyff, apenas dos eran nuevos (el holandés Koeman y el danés Laudrup). El resto ya estaban asentados. Por esta razón, es que digo que en el segundo año, Johan apenas le hizo retoques al equipo que había puesto en marcha el proyecto la temporada anterior. Así, afirmó la etapa de construcción. Y, evidentemente, lo logró: a partir del tercer año, el Barça fue una máquina que ganó título tras título en el más alto nivel (Liga y Champions).

Tercer año. Temporada 1990-1991. Inicio etapa de afirmación. Ajuste.

La estructura estaba. La conformaban Zubizarreta, Alexanko, López Rekarte, Begiristain, Bakero, Julio Salinas, Amor, Koeman y Laudrup.

Para esta temporada, Cruyff ajustó la base nominal del Barça con cuatro incorporaciones: Hristo Stoichkov (llegó del CSKA Sofía), Nando (proveniente del Sevilla), Albert Ferrer (estaba en el Tenerife) y Jon Andoni Goikoetxea (venia de la Real Sociedad). Los dos últimos, Ferrer y Goikoetxea, fueron repatriados (hacían parte del filial pese a que el último año habían jugado en los clubes señalados).

A partir de este año, Cruyff empezó a apostar por Guardiola. Pep, muy joven, entró a un entorno que lo protegió, lo potenció y lo ayudó. El año siguiente, Guardiola fue habitual, revelación y más que confiable para Cruyff. Cuando entras, nuevo o joven (inexperto) a una estructura sólida, el éxito está garantizado; el sistema, la estructura sólida, protegen al nuevo y/o al joven. Esto no le quita ningún valor al talento y a la calidad del jugador (en este caso, Guardiola), que independientemente de la estructura, debe tener y mostrar.

Distinto es llegar, como joven y/o nuevo, a un equipo sin estructura. Estás huérfano, sin protección y ayuda. Pasa a menudo con jugadores llenos de talento que llegan a un equipo sin solidez, sin bases y terminan fracasando o aportando muy poco. La culpa puede no estar en el jugador; la culpa podría estar en el entorno.

Así las cosas, Pep entró, de joven, a participar en el primer equipo del Barça, apartado de muchas presiones. Después, con los años y los partidos a cuestas, debió liderar, convivir y tratar con las presiones. Con estas cuatro incorporaciones, Johan ajustó la máquina y conquistó la deseada Liga, después de una larga sequía y un evidente dominio del Real Madrid.

En el tercer año, el del inicio de la etapa de afirmación, el equipo estaba maduro y caminaba sin problemas. Aquí llegó el primer título de Liga. Aquel momento fue registrado de la siguiente manera por el diario Mundo Deportivo de Barcelona.

La Liga que abrió el camino de la gloria

Se cumplen 25 años de la Liga 1990-91, primera del 'Dream Team', que supuso jugar la Copa de Europa que se ganó en Wembley un año después e iniciar un cuarto de siglo de dominio barcelonista.

La Liga 1990-91 fue la primera de las cuatro que ganó el Barça de Cruyff, en un momento en el que todavía no era conocido como 'Dream Team'. La mítica denominación llegó un año después, con la Copa de Europa de 1992, en una asimilación al equipo azulgrana de la denominación con que se conocía a la selección de basket de Estados Unidos en los Juegos de Barcelona. La Liga 1990-91 abría la puerta de la Copa de Europa (entonces todavía la jugaban sólo los campeones de Liga) y confirmó el cambio de hegemonía en el fútbol español, de la Quinta del Buitre al Barça de Cruyff. Hoy se cumplen 25 años de aquel título, veinticinco años en los que la historia del fútbol español ha cambiado de cabo a rabo.

Tras la revolución total de la plantilla efectuada en la

temporada 1988-89, en la que se sentaron los cimientos de la triunfal etapa de inicios de los noventa, el proyecto de Cruyff y Rexach había ganado la Recopa 1988-89 y la Copa del Rey 1989-90, en una final ante el Madrid, que impidió un final anticipado y traumático del proyecto. Con aquella final, el equipo tomó aire y se impulsó hacia el salto de calidad que significaba convertirse en dominador en la Liga, el trofeo que tanto había escaseado en los treinta años anteriores en el Camp Nou.

Con la base de un equipo formado por tantos vascos que llegó a conocerse como 'Eusko-Barça' (Zubizarreta, Alexanko, López Rekarte, Txiki Begiristain, Bakero y Julio Salinas), además de los refuerzos paulatinos de Koeman y Laudrup, llegados en 1989, el Barça incorporó en el verano de 1990 a Hristo Stoichkov, que completó un tridente de extranjeros de lujo, además de repescar a los cedidos Ferrer y Goikoetxea y de fichar al sevillista Nando en un intercambio con Unzué, que se marchó al conjunto andaluz cansado de estar a la sombra de Zubi. Carlos Busquets, del filial, le sustituyó. También jugó cuatro partidos en esa Liga un jovencísimo Pep Guardiola, la apuesta de Cruyff y Rexach para llenar el vacío dejado por Milla y para ser, junto a Amor, la gran referencia de la cantera.

La temporada fue espectacular desde el pitido inicial y, a pesar de la lesión de Koeman en el Calderón (se rompió el tendón de Aquiles y se sometió a una intervención quirúrgica), el equipo fue un rodillo que adquirió una rápida ventaja sobre el Atlético de Madrid de Schuster, rival desde lejos ante el hundimiento del Madrid. Sin embargo, el desenlace fue, cuanto menos, poco usual.

El Barça se proclamó campeón pese a perder estrepito-samente en Cádiz por 4-0 el sábado, 11 de mayo, con lo que el champán francés aportado por Julio Alberto, en su última temporada en el club, se quedó en la nevera y la *expedición de gala regresó a Barcelona con un jarro de agua fría encima, pese a lo soleado de la tarde gaditana. Pese al disgusto, al día siguiente, domingo, 12 de mayo, el Atlético perdió en Atotxa y, con cuatro jornadas por delante y nueve puntos de ventaja, el Barça era campeón gracias a los goles de Aldridge y Atkinson.*

Y no se crean que por ganarse la Liga la fiesta fue menor. Ni mucho menos: hubo salida masiva de la afición a les Rambles, visita institucional a la Mercè y salida al balcón del Ajuntament. Es el día en que Cruyff, animado por los seguidores que abarrotaban la plaza, tuvo que decir: "En un momento dado", ante la solicitud general y posterior euforia desenfrenada.

Era la undécima Liga del Barça. A día de hoy, van 23. Significa que de las últimas 25 Ligas, el Barça ha ganado doce. Puede decirse que con aquella Liga, que abrió el camino a Wembley, empezó todo.

Cuarto año. Temporada 1991-1992. Perfeccionamiento de la etapa de afirmación. Retoque. El Dream Team.

Con dos retoques, más las etapas experimentadas y los estadios superados los años precedentes, Johan Cruyff hizo del Barça, en su cuarto año de gestión, un equipazo. El juego reconocible, plástico, eficaz, confiable, continuo y perfecto a nivel individual y colectivo le otorgó al Barça tres títulos (Liga, Champions y Supercopa de España).

Cruyff retocó el equipo, como en los años anteriores, con incorporaciones de calidad y gran aporte: Juan Carlos llegó del Atlético y Nadal del Mallorca. También arribó el holandés Richard Witschge, del Ajax, pero sin llegar a brillar en exceso en el once de gala del Barça.

Guardiola se consolidó en el primer equipo y, con el par de retoques junto a los ya conocidos, el Barça hizo un equipo de ensueño. El juego del Barcelona fue monumental, de manual. Quedará en el recuerdo de cualquier futbolero.

El once habitual del Barça fue: Zubizarreta; Ferrer, Koeman, Juan Carlos; Guardiola, Eusebio, Begiristain, Bakero; Goikoetxea, Laudrup y Stoichkov. También vieron acción Nando, Serna, Nadal, Amor, Witschge y Salinas. Como pueden observar, Juan Carlos fue el único en el once habitual incorporado en esa temporada a la disciplina del club catalán.

En la final de la Liga de Campeones ante la Sampdoria de Italia saltaron al campo: Zubizarreta; Ferrer, Koeman, Nando, Juan Carlos; Eusebio, Bakero, Guardiola; Laudrup, Salinas y Stoichkov. En conclusión, Cruyff, cuando llegó la etapa de perfección y afirmación, solamente retocó.

Quinto año. Temporada 1992-1993. Mantenimiento.

En esta temporada, el Barça conserva la nómina y el nivel. Se mantiene arriba. Aunque no gana la Copa de Europa, repite el título liguero y sigue dominando en el fútbol de España. Obtiene, además, la Supercopa de España y la Supercopa de Europa.

El once titular habitual se mantuvo. No hubo alteraciones ni novedades: Zubizarreta, Ferrer, Koeman, Nadal, Guardiola, Amor, Eusebio, Bakero, Begiristain, Laudrup y Stoichkov. Al repetir el equipo, naturalmente el nivel no se vio disminuido.

Sexto año. Temporada 1993-1994. Retoque a la plantilla para mantenerse alto.

El fabuloso Romario y Sergi (extremo, lateral y hasta centrocampista izquierdo) llegaron para retocar al equipo multicampeón, conformado en su base por Zubizarreta, Ferrer, Nadal, Koeman, Bakero, Guardiola, Amor, Laudrup y Stoichkov.

La reglamentación impidió ver en acción, a la vez, a los cuatro extranjeros que tenía el Barcelona en la plantilla: Koeman, Romario, Stoichkov y Laudrup. Solo era permitido tener tres foráneos simultáneamente en campo.

El Barça mantuvo la línea, un juego excepcional, y a final de temporada obtuvo la cuarta Liga consecutiva y disputó la final de la Liga de Campeones, que perdió feo, por 4-0, ante el Milán de Italia.

A partir de acá, el proyecto ya no tendría más evolución. Empezaría a morir lentamente. Este fue el punto final de la linda aventura, del proyecto referente, del bien llevado proceso que condujo al Barça al Olimpo.

Después de la final de Atenas, del Barcelona se marcharon Zubizarreta, Laudrup y Goikoetxea. Un año más tarde abandonaron el club Stoichkov, Eusebio, Begiristain y Romario. No había marcha atrás. En dos años, tras la final fallida ante el Milán, un alto porcentaje de los jugadores confiables, líderes y referentes ya no estaban. El entrenador sí, pero los jugadores, lo más importante, no. No hubo retorno.

Cruyff intentó rearmar y reconstruir al equipo, pero no pudo. No era fácil, ya había desgaste y seguramente había vaciado todas sus energías los años anteriores. Cruyff lo había dado todo para montar un equipazo y lo logró. Las dos temporadas siguientes al maravilloso curso 93-94 fueron de problema en problema hasta que se produjo la salida de Cruyff del banquillo catalán.

El juego

Una acción de ataque organizado por el Barça de Johan Cruyff se desarrollaba, básicamente, en tres pasos. O, mejor dicho, la acción de ataque organizado constaba de tres etapas, las cuales, obviamente, tenían una secuencia, relación, interacción y retroalimentación.

No me ha resultado fácil ponerle o encontrarle un nombre a las diferentes etapas del proceso de construcción y desarrollo de las acciones con balón del Barça de Cruyff.

Por eso las bautizaré de la forma más elemental y entendible para el lector:

1. Llevamos o desajustamos para llevar (el balón a tercio medio).

2. Desajustamos para progresar (con ventaja) o progresamos.

3. Desajustamos para finalizar con ventaja o finalizamos.

> **Espacio, tiempo, compañeros, oponentes, balón, portería (propia y rival) y árbitros/reglamento son los siete elementos y referentes que condicionan el juego llamado fútbol.**

Eso era lo que básicamente procuraba el Barça: llevar o desajustar para llevar con ventaja, progresar o desajustar para progresar con ventaja y desajustar para finalizar con ventaja o simplemente finalizar. Esto, obviamente, cuando el rival no concedía espacios. Ahora, cuando el rival concedía espacios, porque su intención era jugar de igual a igual, algunas de estas etapas de ataque organizado, por llamarlo de alguna manera, se obviaban ante la aparición del contraataque.

Ahora bien, dentro de cada etapa o fase, había unos protagonistas, responsables y/o intervinientes, que hacían o tenían que hacer determinadas cosas en ciertos lugares del campo para conseguir el objetivo deseado.

Antes de continuar, quiero aclarar que todo lo que voy a escribir a continuación, como todo lo expuesto en esta obra, no es dogma ni regla inquebrantable. No, de ninguna manera. El fútbol no es cerrado. Es una actividad abierta y aleatoria, con múltiples posibilidades. Lo que sí es cierto es que hay unos comportamientos habituales que después de ser detectados nos dan pie para el análisis, la reflexión y la exposición.

Igualmente, vuelvo y aclaro que todas estas cosas son interpretaciones mías en función de lo que vi y estudié. Al ser así, ya se podrán imaginar la cantidad de vacíos que pueden existir. Y, ustedes bien saben, el fútbol tiene muchas interpretaciones y maneras de interpretarse, todas válidas.

Continúo. A través del siguiente gráfico, mostramos las zonas o los sectores del campo donde se desarrollaban cada una de las etapas o fases de la acción de ataque organizado del Barça orientado por Cruyff.

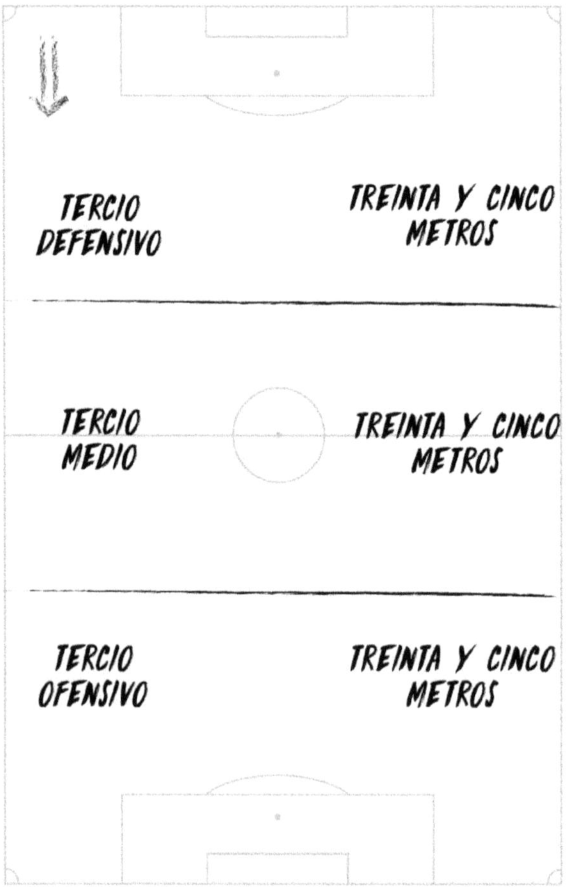

Pues bien, teniendo más claro el sector del campo en el cual tiene vida cada etapa de este proceso, vamos al intríngulis de cada una de las fases mencionadas para conocer con más detalle a los intervinientes, las tareas que ejecutaban, con qué intencionalidad las ejecutaban, cuál era el producto, cómo se relacionaban. Todo esto en términos estrictamente futbolísticos.

Primera fase. Llevamos o desajustamos para llevar.

Llevar el balón a tercio medio desde el tercio defensivo era la primera tarea. Pero la idea no era llevarlo de cualquier manera. No. El objetivo era llevarle el balón a los más avanzados en buenas condiciones, con ventaja.

La pelota se puede poner, evidentemente, en el centro del campo o en zona enemiga a través de un lanzamiento largo del portero. Es hasta sencillo. Aunque la sencillez inicial después se puede convertir en un problema. Sin embargo, el objetivo del Barça de Cruyff no era dividir para competir por el rebote o la segunda jugada y mucho menos saltarse las líneas con pases y lanzamientos demasiado largos. Es cierto, había ocasiones en las que esto pasaba. Por ejemplo, cuando los rivales ejecutaban un *pressing* alto o algún responsable de esta tarea, por nuevo, recién llegado, carecía de confianza y seguridad para conducir y/o pasar (combinar). Es pertinente decir que ante el repliegue masivo de los adversarios esta tarea se simplificaba, lo que no quiere decir que se anulaba o se obviaba. No. Simplemente se facilitaba.

Bueno, hablé de responsables. Después de describir el objetivo en esta primera fase, había una serie de jugadores responsables, o que intervenían, en este punto de la acción o jugada. El defensa libre y los dos defensas mixtos (derecho e izquierdo) eran, fundamentalmente, los jugadores obligados a llevar el balón al tercio medio. Podríamos decir que estos jugadores eran unos auténticos carteros o mensajeros.

Algunas veces, no siempre, el mediocentro también ejecutaba esta tarea. Aunque la idea es que este elemento hiciera contacto con el cuero a una altura superior y fuera el inicio de la segunda fase.

Ahora, no es que a los más avanzados de la estructura (interiores, mediapunta, extremos y punta) se les tuviera prohibido llevar el balón desde el tercio defensivo hasta el tercio medio. De ninguna manera. Muchas veces, por ejemplo, un interior (Eusebio o Roberto) descendía para participar en este tipo de tarea permitiendo, incluso, que el defensa mixto se abriera, ganara metros en profundidad y se situara a una altura superior y por delante de la línea central.

Aunque no estaba prohibido, la idea era que los jugadores más avanzados de la estructura no descendieran al tercio defensivo para tomar el balón y llevarlo a la siguiente zona. El objetivo consistía en que estos jugadores avanzados esperaran a lo largo y ancho del tercio medio (a diferentes alturas y ejes) que los carteros/mensajeros llevaran el balón y ahí sí intervenir.

Tampoco quiero decir que los más retrasados solo tuvieran la función de llevar el balón y ya. No. Estos jugadores, fundamentalmente los de afuera, se incorporaban a campo contrario y continuaban participando de la acción ofensiva, incluso, siendo muy profundos. El defensa libre, de igual manera, si lograba ganar altura y ascender hasta el tercio medio, participaba en la continuidad de la maniobra.

Carteros-mensajeros hubo de todos los tipos: Koeman, Serna, López Rekarte, Aloísio, Milla, Guardiola, Amor, Urbano, Alexanko, Alberto, Julio Alberto, Ferrer, Sergi, Goikoetxea, Nadal, Nando...

Achicar el campo hacia delante es clave. ¿Por qué?

Si los más retrasados no acortan o achican el campo hacía delante avanzando y llevando el balón a tercio medio (defensivo y ofensivo), los intermedios (centrocampistas) se verán obligados a descender para recoger y llevar el balón. Y, a su vez, los más avanzados, para mantener las líneas juntas, descenderán perdiendo profundidad y alejándose de la portería rival.

Ahora, si los más avanzados no descienden y los medios bajan a recoger el balón, las distancias en la mitad serán insalvables, los medios no tendrán con quien asociar en profundidad, naufragarán y se verán obligados a realizar conducciones interminables y retenciones insufribles. Como pueden ver, nada de esto es saludable.

Es más, si achicas el campo y juntas las líneas hacia delante, el más avanzado o los más avanzados se pueden jugar un uno contra uno sin temor a perder el balón, puesto que tendrán guardaespaldas cercanos que saltaran a presionar a quien ganó la pelota. Su sentimiento de culpa si pierde el duelo será menor.

Igual acontece si los más retrasados retroceden demasiado y los más avanzados no lo hacen. Los medios, centrocampistas, en esta situación también naufragarán. Es cuestión de estar juntos y hacia delante.

Pero ¿cómo llevaban el balón a campo contrario? Ante rivales replegados la tarea era más sencilla. Cualquiera de los mencionados llevaba el balón en conducción. Los defensas mixtos, puesto que jugaban por fuera, bien abiertos, tenían quizá mejores opciones para hacerlo. Igual, si el punta o los puntas rivales, en vez de presionar, se replegaban, el defensa libre no tenía ningún inconveniente en conducir para llevar.

Frente a rivales con un posicionamiento más avanzado y un *pressing* alto, era necesario un intercambio de pases, un rondo, hacer superioridad numérica y encontrar al libre de oposición para salir. En otras palabras, se hacía necesario desajustar.

Así como las conducciones eran una herramienta eficaz para poner o llevar la pelota a campo contrario, el pase (o combinación de pases -pared, tercer hombre, rondo-) era un medio altamente efectivo. Eso sí, pases certeros, fuertes, hechos con firmeza, precisión y alto ritmo de balón (uno o dos toques).

Es pertinente señalar que la participación del portero Zubizarreta era importante a la hora de generar las susodichas superioridades numéricas, que permitían dejar o encontrar jugadores libres y con ventaja espacio-temporal para salir y superar las primeras presiones del rival.

Todo lo anterior quiere decir que en esta zona, tercio defensivo, se desajustaba al oponente. O desde allí y con estos jugadores se empezaba a desajustar al rival. Así las cosas, se reconfirma que para llevar o poner el balón en tercio medio (defensivo y ofensivo), muchas veces es necesario y obligatorio desajustar.

Por ejemplo: en una reanudación de meta del portero, el defensa libre o los defensas mixtos se acercaban situándose en el perímetro del área de penalti. Intercambio de pases entre el portero y el defensor para dejar fuera de jugada o eliminar al elemento adversario que tuviera la osadía de ir a buscar el balón en presión. Es bueno señalar que en esta época el guardameta podía tomar el balón con las manos después de una devolución de un compañero.

Segunda fase. Desajustamos para progresar (con ventaja) o progresamos.

Con la pelota puesta en tercio medio, o en tercio medio, la segunda tarea consistía en desajustar al adversario para progresar y avanzar. Este procedimiento no era, y no es, sencillo, teniendo en cuenta la alta cantidad de efectivos que acumulan los rivales en la zona o sector del campo donde se deben producir una gran cantidad y variedad de desajustes. Se requiere de habilidad y destreza en los duelos (uno contra uno), calidad técnica en el control y el pase, paciencia para encontrar el hueco o el espacio, perseverancia, inteligencia para mover el cuero y moverse (desmarcarse) al lugar más propicio, posicionamiento colectivo para tener opciones y continuidad en la circulación...

Esto último, el juego de posición (colocación colectiva en amplitud y profundidad en diferentes alturas y ejes para mover el cuero horizontal y verticalmente con un alto ritmo -uno o dos toques máximo-) es clave. Un alto ritmo de balón evita que el rival llegue y te robe la pelota o te realice una entrada física que termine golpeándote. Todas estas cosas con el tiempo las fue perfeccionando el Barça de Cruyff.

Pues bien, cosas complejas sí, pero que bien realizadas y ejecutadas terminaban abriendo las puertas. En términos futbolísticos, traerían como consecuencia ventajas espacio-temporales para progresar y penetrar a las zonas determinantes y de gol.

¿Los intervinientes y responsables? Todos menos el portero. Y es verdad, cualquier jugador, a través de cualquier medio, podía ayudar a provocar el desajuste deseado en el rival desde el tercio medio. La verdad es que los defensas mixtos, el mediocentro, los interiores, el mediapunta, el punta, los extremos e incluso el defensa libre (aunque estaba más para respaldar y dar apoyos con y sin balón) eran clave en una maniobra de desajuste. Koeman y Alexanko, por ejemplo, cuando jugaban de defensa libre, eran desajustadores de lujo desde el tercio medio.

Pero esta no era una tarea individual a menos que apareciera una finta y enseguida una gambeta. Era una tarea que, fundamentalmente, se resolvía de manera colectiva (dos o más interviniendo e interactuando).

Ahora bien, había dos jugadores muy protagónicos en esta etapa. O decididamente protagonistas. El mediocentro (Milla, Guardiola, Koeman) y el mediapunta (Bakero). ¿Por qué?

Primero, porque, por ejemplo, ante un rival con estructura clásica 1-4-4-2, el mediocentro se situaba idealmente a las espaldas de los dos más avanzados del equipo contrario y el mediapunta hacía lo mismo (situarse a las espaldas) de los dos volantes centrales o centrocampistas centrales oponentes. Ustedes ya saben cuán importante es yacer, recibir y jugar a la espalda de los rivales. Por supuesto, el mediocentro y el mediapunta no eran los únicos que jugaban a las espaldas de los puntas o centrocampistas centrales del rival. Un interior, el punta, un extremo, también lo podían hacer y, de hecho, lo hacían.

Y, segundo, por su posicionamiento sobre el eje central. En cuanto al mediocentro, esta posición es un cordón umbilical en cualquier orientación: une-conecta a los de la derecha con los de la izquierda y a los retrasados con los avanzados. El mediapunta, a una altura superior a la del mediocentro pero sobre el eje central, era el que permitía muchas cosas, o ayudaba a que sucedieran muchas cosas beneficiosas 10 o 15 metros más adelante.

Por esta cuestión posicional y geográfica estos dos jugadores tenían una notoria relevancia en esta fase, sin querer decir que los demás no influyeran. Ya he dicho que cualquiera podía y, además, debía participar por la complejidad de la tarea, porque muchas veces se necesitaba a más de uno para lograrlo.

En este orden de ideas, mejor que un extremo de altísima gambeta para desajustar y progresar, difícil encontrar.

El mediapunta Bakero

Bakero se asociaba, generalmente, de espaldas (al arco rival). Y finalizaba de cara. De espaldas jugaba a uno, máximo dos toques. Su movimiento consistía en descender, jugar el balón a uno o dos toques (para el mediocentro, algún interior o lateral) o en extensión (para alguien de afuera), girarse e ir en profundidad para finalizar.

En esa secuencia de acciones (venir, jugar el balón rápido, girarse e ir) provocaba grietas interiores en el oponente (huecos, líneas de pase, fijación-atracción de rivales, arrastre de marcar, limpieza del espacio) para ulteriores penetraciones. No era un constructor de juego en sí. Era más un soporte, un finalizador. Pero ante todo, desajustador.

Con Bakero de espaldas, el tercer hombre se reproducía exponencialmente. Era un tipo listo. Bajito, pequeño, eso sí, rápido para picar al espacio, salir y girarse. No se excedía en la gambeta y en la retención (jugaba fácil, a uno o dos toques), y pasaba al más cercano, pero fundamentalmente al libre. Tan simple como efectivo. ¡Tremendo!

Los medios para desajustar (provocar huecos, espacios y hombres libres con ventajas espacio-temporales para progresar, penetrar) eran infinitos, desde los más sencillos hasta los más complejos y en interacción: paredes, tercer hombre, doble tercer hombre, rondos, uno contra uno (el duelo), fintas/gambetas/conducciones, devolución/muro, pases interiores, cambios de orientación, desmarques interiores conducciones y retenciones para atraer adversarios y liberar compañeros.

Progresar es algo continuo. Por ejemplo, hay una situación de uno contra uno. Gambeteo, elimino al marcador directo (al par) y avanzo. Ahí, primero desajusté (a través de la gambeta) y después progresé, es decir, avancé. Pero resulta que llega un auxilio rival a marcarme (el impar). Aquí tengo que volver a desajustar (con otra gambeta o una pared) para volver a avanzar. En resumidas cuentas, este juego y la oposición permanente del rival, nos obliga a estar desajustando y progresando, progresando y desajustando, continuamente para poder avanzar y ganar alturas hasta llegar al momento de finalización (tiro a puerta, cabezazo).

Tercera fase. Desajustamos para finalizar con ventaja o finalizamos

Los pocos o muchos desajustes previos y las distintas progresiones logradas permiten llegar a la zona de finalización. O, mejor dicho, poner la pelota en esa zona. Si las circunstancias así lo exigen, hay que volver a desajustar para conseguir el tiempo y el espacio, la situación ventajosa, para finalizar. Si se dan cuenta, el desajuste está presente en todo momento y en todas las zonas, desde las más alejadas hasta las más cercanas al arco rival.

En la zona de finalización, desajustar a través de un duelo (uno contra uno) es altamente efectivo para habilitar a un compañero, chutar a puerta o provocar una infracción. En esta zona la gambeta y el uno contra uno más los certeros rematadores, con pie y cabeza, marcan la diferencia. El Barça de Cruyff tuvo para estos fines a jugadores como Laudrup, Romario, Stoichkov, Salinas, Begiristain, Bakero, Goikoetxea. Unos estaban, otros llegaban. Igual, todos reunían las condiciones de desajuste y chute requeridas.

Un medio más para entrar a la zona de finalización (o poner la pelota en la zona de finalización) es el centro o servicio desde la banda al área, por arriba, por abajo o a media altura. Un buen centro consta de un lanzamiento fuerte, templado, independientemente de la altura (la altura depende de la situación), dirigido a la segunda área de meta, es decir, a la zona de 5,50 metros comprendida entre la línea horizontal del área de meta y el punto de penalti. Dejando la teoría a un lado, vamos a la práctica. Repasemos acciones sobre todo lo tratado aquí, a continuación...

En el centro del campo: dominio, polivalencia y versatilidad táctica. En el Barça de Cruyff, salvo Zubizarreta y Busquets, todos sabían que no siempre jugarían en el mismo sitio. El centro del campo marcaba el ritmo.

Sistema básico ante rivales con dos puntas: 1-3-3-1-3

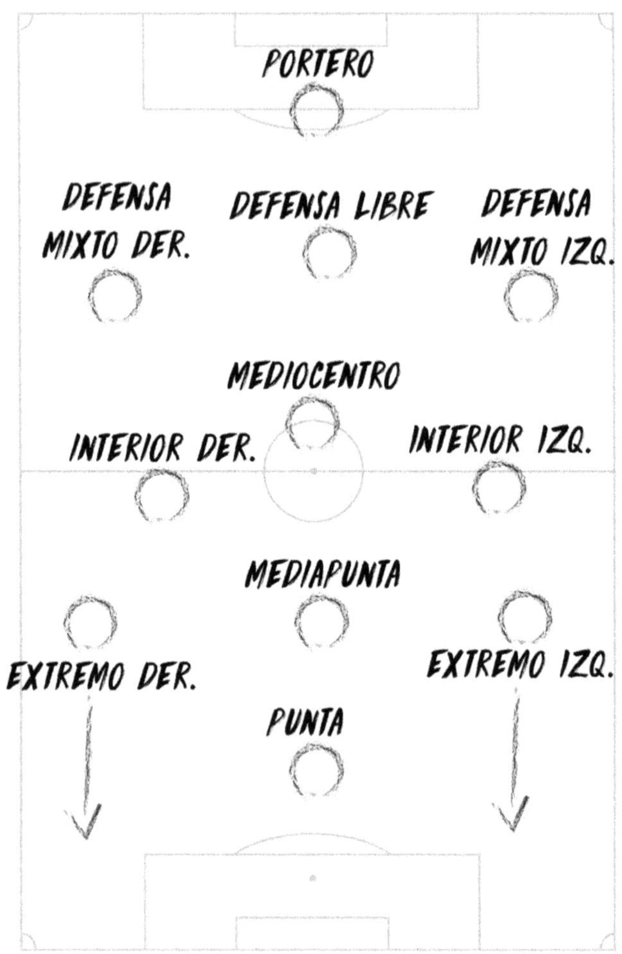

Sistema básico ante rivales con un único punta: 1-4-3-3.

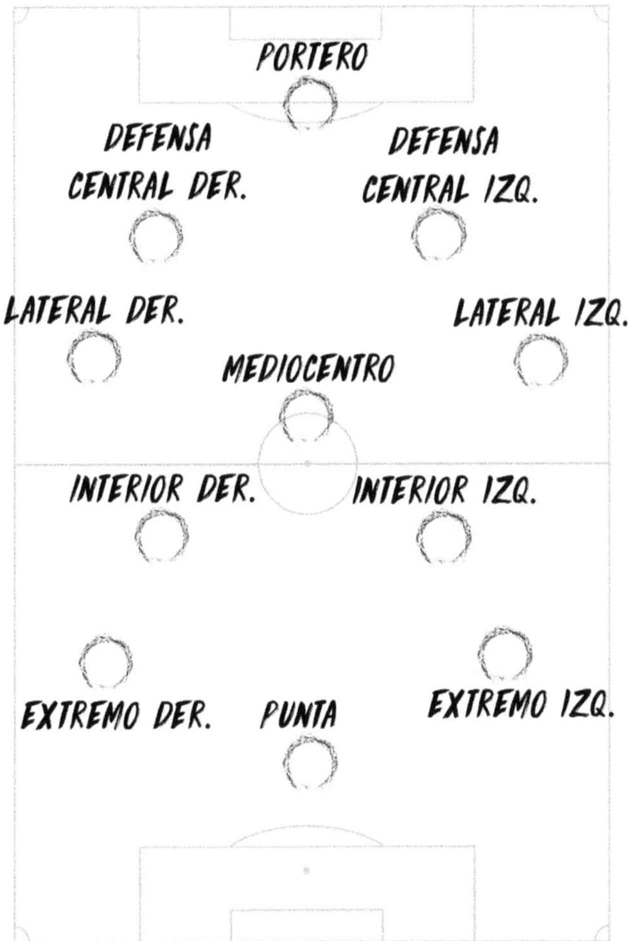

Tener en cuenta la estructura y el posicionamiento del rival es importante para modular, o elegir, la propia. En otras palabras, en función de la distribución del rival, me distribuyo buscando determinadas situaciones ventajosas.

Dentro del partido, uno o varios jugadores cambiaban de posición debido a la dinámica y a las demandas juego. De igual manera, de partido a partido, uno o varios jugadores cambiaban de posición debido a las características del rival y necesidades/intenciones propias. En resumen, cada jugador, dependiendo las exigencias y circunstancias de la acción y del juego, cubría varias posiciones y ejecutaba tareas en diversos sectores con y sin balón (para atacar y defender).

Polivalencia del 1-3-4-3 con rombo en la mitad

Posición inicial	Otras posiciones a cubrir según las circunstancias del juego	
	Con balón	**Sin balón**
Defensa libre	Defensa mixto y mediocentro	
Defensa mixto	Lateral, extremo e interior	Central, marcador-lateral
Mediocentro	Interior e incluso mediapunta	Central, marcador-lateral
Interior	Lateral, extremo	Marcador-lateral, central
Extremo	Punta, mediapunta, interior	Marcador-lateral, interior defensivo
Mediapunta	Punta, extremo, interior ofensivo	Interior defensivo, mediocentro defensivo
Punta	Extremo, interior, mediapunta	

Polivalencia del 1-4-3-3

Posición inicial	Otras posiciones
Defensa central	Mediocentro, lateral
Defensa lateral	Central, extremo, interior
Mediocentro	Defensa central, interior
Interior	Mediapunta, extremo, defensa lateral, mediocentro
Extremo	Interior, mediapunta, punta, defensa lateral
Centrodelantero	Mediapunta, interior, extremo

La polivalencia no sólo te permite ser funcional en diferentes posiciones y lugares, sino también entender y comprender las tareas, acciones y haceres de tus compañeros en lugares, posiciones y zonas. Esto es clave. Entender y comprender el hacer, el ejecutar de mi(s) compañero(s), facilita y mejora mi interacción/relación con él y ellos. Las múltiples vivencias se almacenan en la memoria operativa.

Por ejemplo: si estoy jugando como central, pero he jugado y vivenciado como lateral, sabré por instinto y naturalidad, qué piensa, qué hace, qué movimientos realiza, o debe realizar, y hacia donde, el compañero que en ese momento está haciendo las veces de lateral. Jugar y/o ejercitarse en diferentes posiciones y sectores aumenta el bagaje motor y funcional del futbolista.

De igual manera, la dinámica del juego hace que los jugadores estén cambiando de posición o zona de acción/ejecución de manera continua.

Modulación general del sistema procurando generar superioridades numéricas y desajustes (o para desajustar) en el tercio medio. Ascender al centro del campo, descender al tercio medio y entrar (desde la banda) al centro del campo es una manera de conseguir superioridades numéricas en la mitad y desajustar (o para desajustar). Ascienden los defensores, desciende el punta y entran para fluctuar los extremos. El Barcelona orientado por Johan Cruyff repetía estos comportamientos.

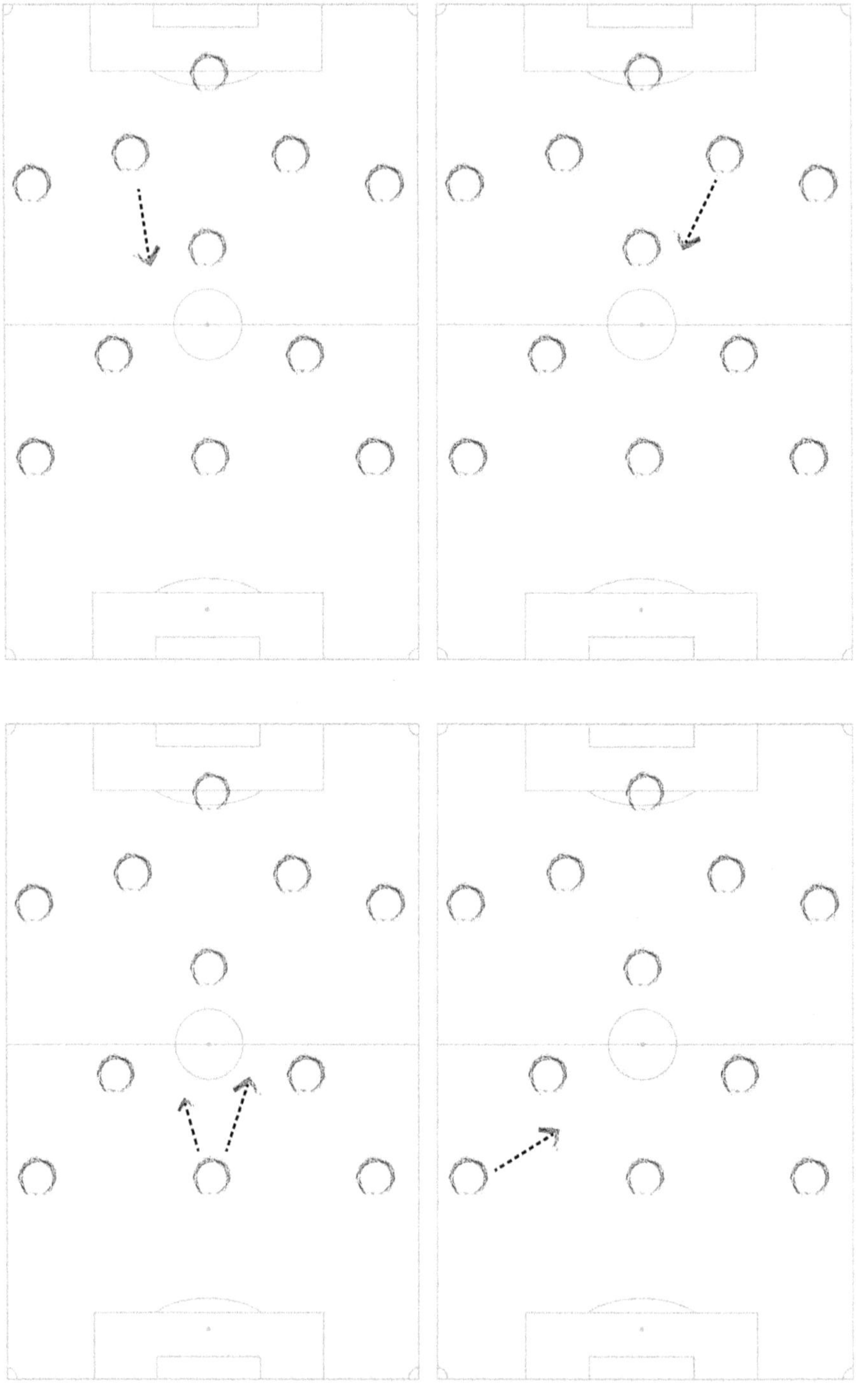

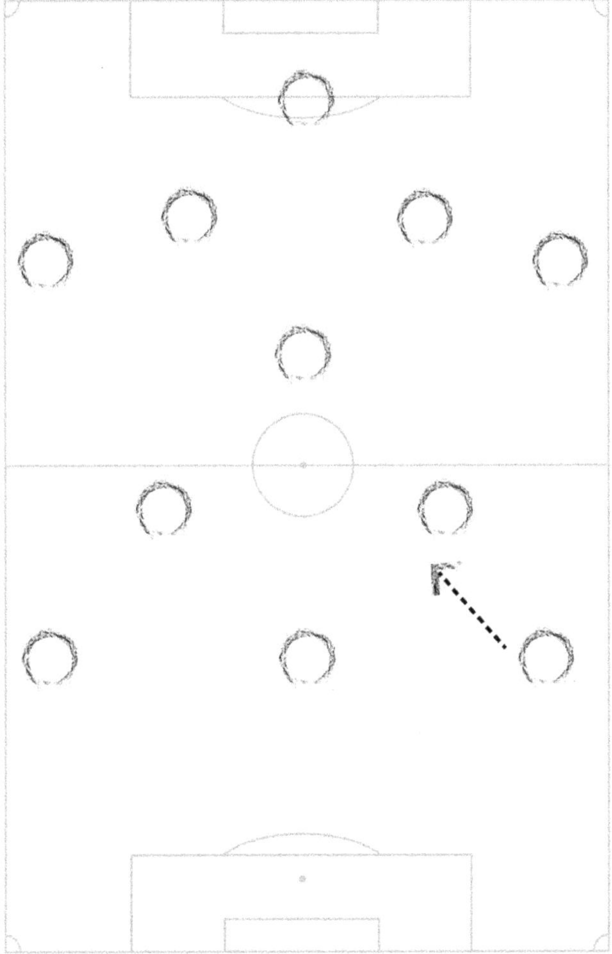

Esta era la forma genérica, puesto que a continuación veremos otras maneras de buscar la superioridad numérica
en el tercio medio, por ejemplo, con la incorporación de los
laterales.

El 1-4-3-3 del Barça descompensado en el centro del
campo (por izquierda) ante el 1-4-2-3-1. Nando asciende
para quedar como mediocentro, Eusebio se abre, Amor se
reubica como interior derecho y Soler asciende al centro
del campo en diagonal para quedar como interior izquierdo
y compensar centro-izquierda. El resultado: superioridad
numérica en la mitad (cuatro contra tres) de Nando, Amor,
Soler y Bakero sobre el doble pivote y el mediapunta del

rival; y superioridad numérica por banda derecha (tres contra dos o dos contra uno) de Serna, Eusebio y Salinas sobre el marcador-lateral y extremo izquierdo del oponente.

Los recorridos largos, la prestancia física, el derroche y su capacidad para abarcar mucho espacio le permitían a Soler jugar de lateral por izquierda, defensa mixto, interior izquierdo e incluso de extremo por izquierda cuando Goikoetxea se cerraba para entrar como interior o mediapunta.

Esta inteligencia colectiva (saber hacer y moverse en grupo) se consigue después de muchas horas de entrenamiento y competencia. El Barça de Cruyff con el tiempo las acumuló.

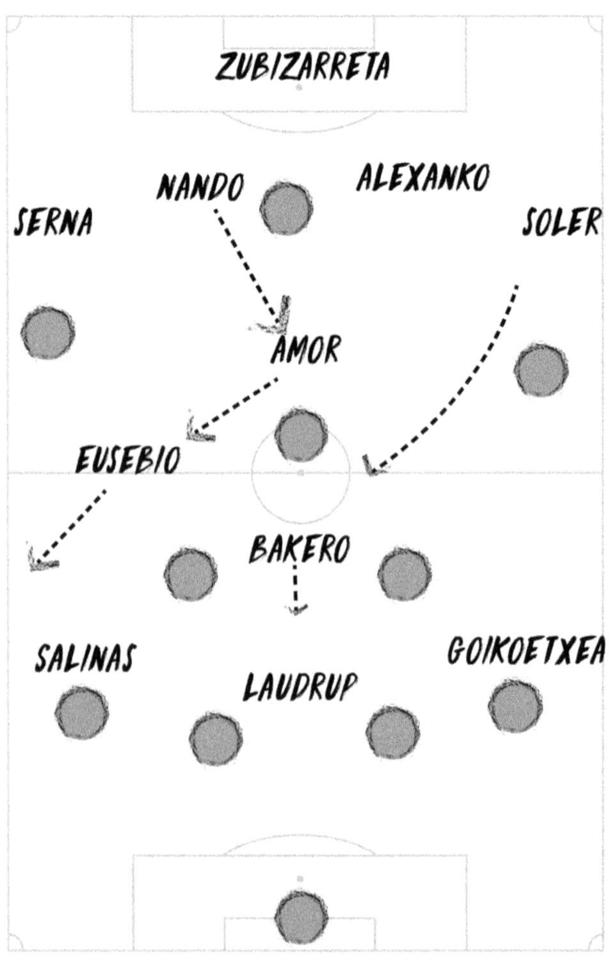

El 1-4-3-3 del Barça descompensado en el centro del campo (por derecha) ante el 1-4-3 (1-2)-3. Descenso diagonal de Eusebio. Reacomodación de Serna, Alexanko y Nando. Eusebio compensa (centro-derecha) en el tercio medio. Superioridad numérica (cuatro contra tres) del Barça en la mitad con Amor, Eusebio, Bakero y Laudrup sobre el medio-centro y los dos interiores del oponente.

La polivalencia y versatilidad de Eusebio le permitía al Barça, en esta situación, ganar un hombre en el centro del campo para provocar superioridades numéricas y desajustes.

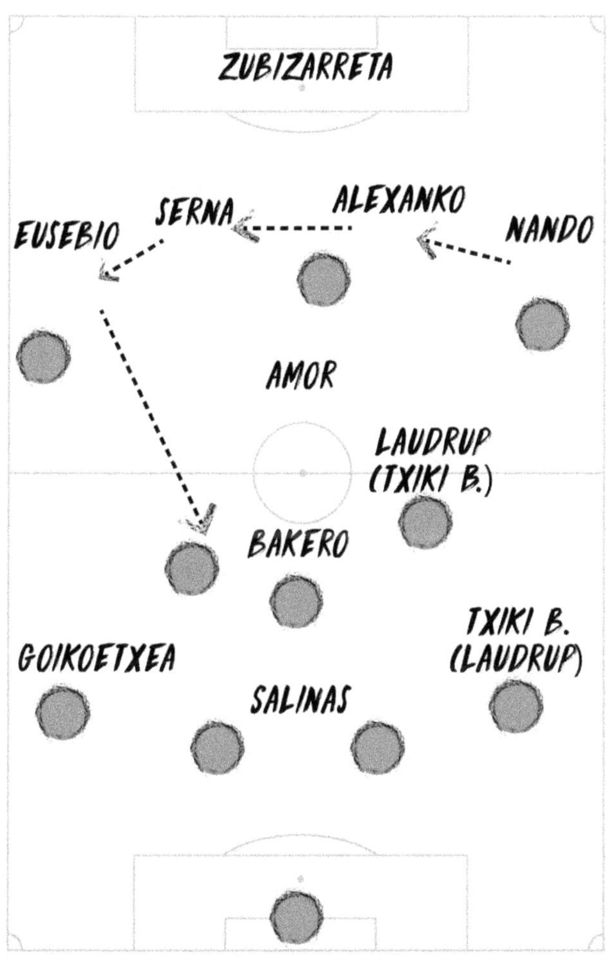

Modulación en secuencia para dominar el centro del campo y desajustar con superioridades numéricas. El posicionamiento inicial es 1-4-3-3 descompensado (no hay interior derecho). Para compensar, Eusebio asciende en diagonal y se coloca en esa posición. Los tres restantes (Nando, Alexanko y Ferrer) se reacomodan. Ya compensado, Alexanko provoca mediante ascenso a tercio medio una superioridad numérica mayor. La incorporación al centro del campo de Alexanko, reubica a Amor como interior izquierdo y a Bakero como mediapunta. Para ejecutar todos estos movimientos, desplazamientos y emplazamientos bastaba un gesto corporal o una mirada para reacomodarse ("si este va allí, entonces yo voy allá"). Esto acontecía en un mismo juego y en secuencia, es decir, de la posición inicial se pasaba a la posición 1 y de la posición 1 a la posición 2.

libro
futbol
.com
AL GOL DE
LLEGA LEYENDO

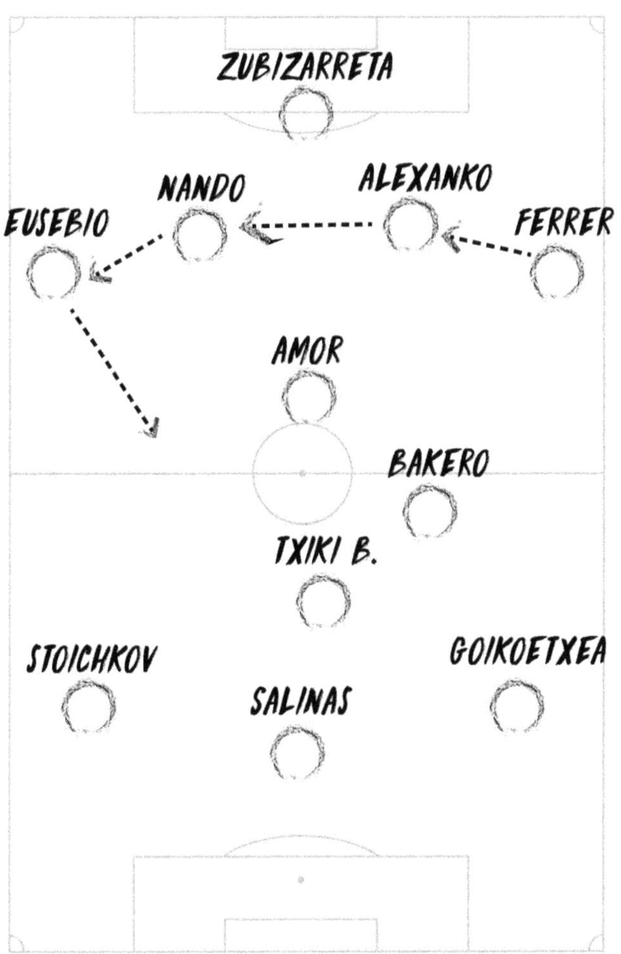

ZUBIZARRETA
NANDO
ALEXANKO
EUSEBIO
FERRER
AMOR
BAKERO
TXIKI B.
STOICHKOV
GOIKOETXEA
SALINAS

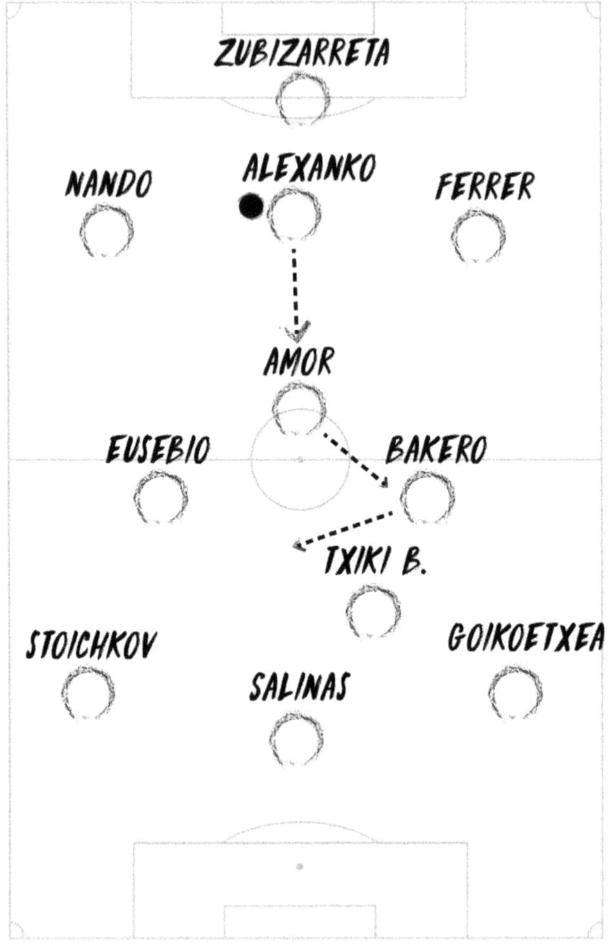

Gran versatilidad y polivalencia de los jugadores del Barça en el mismo partido y, también, de partido a partido:

-Eusebio: lateral e interior.

-Alexanko: central y mediocentro.

-Amor: mediocentro e interior.

-Salinas: punta, mediapunta, interior y extremo.

-Bakero: interior y mediapunta.

-Goikoetxea: extremo, interior y mediapunta.

-Begiristain: extremo, interior y mediapunta.

-Nando: central y lateral.

Una reflexión. Rotar las tres posiciones de ataque (extremos y puntas) da la posibilidad de dosificar a los de afuera en sus regresos, descensos, retrocesos o acompañamientos a los laterales rivales. Por ejemplo, Salinas, Laudrup, Stoichkov, Romario dentro de un mismo partido jugaban algunos minutos por fuera y otros por dentro. Es decir, rotaban las posiciones de ataque y, creo, se dosificaban en los recorridos largos sin balón hacia atrás.

Sin extremo derecho ante rival con estructura 1-4-2-3-1. El ascenso de Cristóbal por banda compensa o balancea el ataque del Barça por derecha.

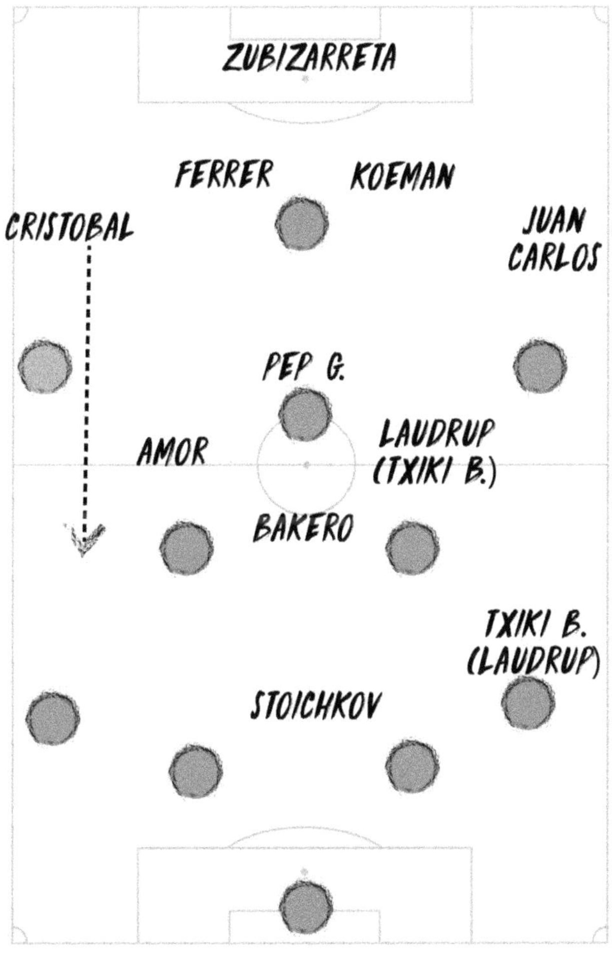

Nadal se abre para compensar y balancear por la banda derecha y Cristóbal asciende en diagonal para situarse como interior derecho y, fundamentalmente, mantener la superioridad numérica (cuatro contra tres) y las superioridades numéricas que se pueden derivar en el centro del campo sobre el doble pivote y el mediapunta del adversario.

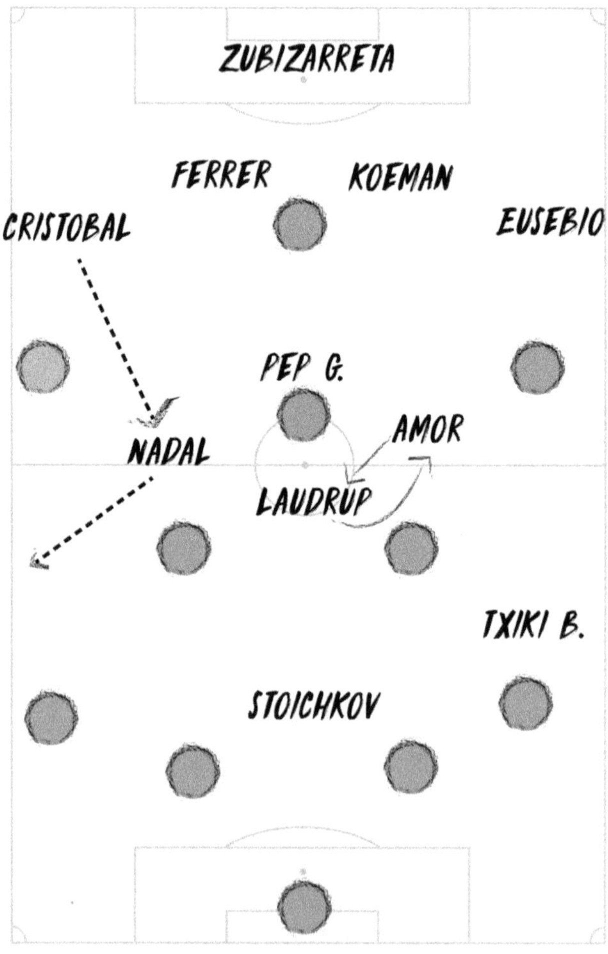

La estructura "descompensada" del Barça (sin estar en la posición) se balanceaba llegando. Esta permitía cubrir más posiciones y más zonas, fundamentalmente en tercio medio, sector de desajuste. Esto era clave en aquel equipo. Daba la impresión de que jugaban con más de once por todas las zonas o posiciones que abarcaban. Aparte de la inteligencia táctica, se necesitaba una gran capacidad física, debido a tanto movimiento, traslación y rotación.

Los cinco centrocampistas. Sin extremo derecho: Guardiola, Koeman, Nadal, Amor y Laudrup. Cristóbal se abre y asciende para compensar por banda derecha. Si no lo hace Cristóbal, lo hacen Nadal o Amor. Si Nadal o Amor se abren, los demás (el que no se abrió de los dos mencionados más Guardiola, Koeman y Laudrup) se reubican, o reacomodan, por dentro.

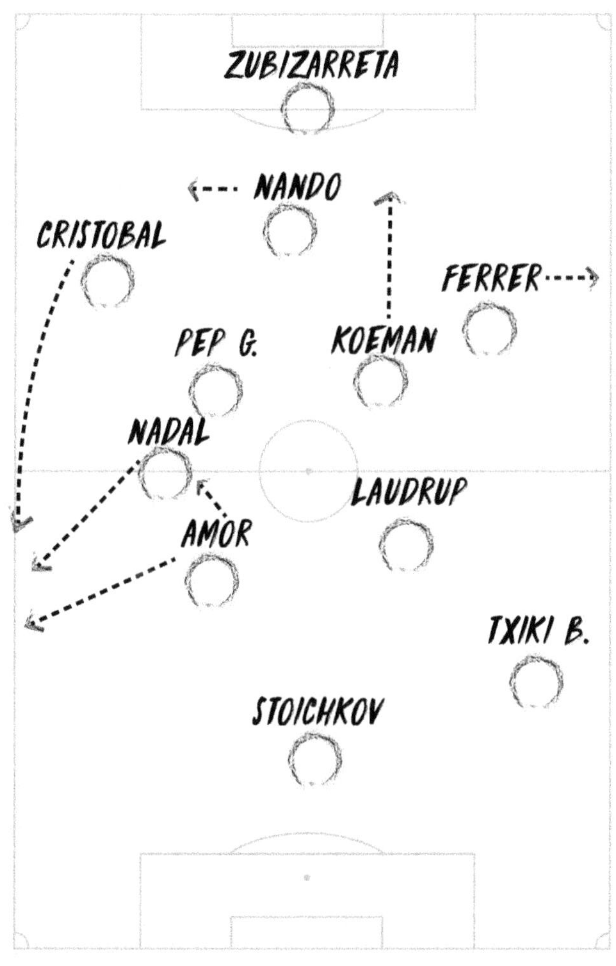

Desajuste para progresar en tercio medio (desde el defensivo) con doble tercer hombre y alto ritmo de balón. Nadal, con marca, se la da a un toque a Pep. Guardiola, a un toque (antes de una entrada de su marcador), se la pasa al pie hábil (izquierdo) a Txiki, que después de venir y atraer un marcador al primer toque, se la deja de cara a Pep, que con dos marcadores encima (el de Nadal y el de Txiki que fueron detrás del balón) se conecta a un toque con el tercer hombre, y libre, Stoichkov. El búlgaro controla y extiende a Laudrup; el danés, por banda, profundiza. Este majestuoso desajuste termina en un penalti no sancionado.

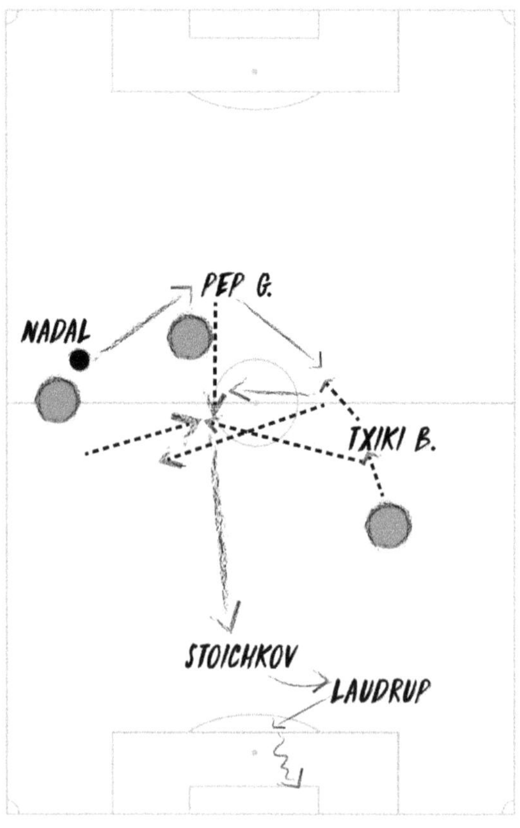

En tercio ofensivo por derecha: tercer hombre simple, con pared y finalización. Cristóbal, pegado a la línea lateral derecha, controla y acomoda (dos toques), y atrae a dos oponentes. Pasa a Koeman, que se incorpora, y al primer toque, antes de que llegue su marca, pasa al pie no hábil (el izquierdo) de Amor. Amor, al primer toque y de cara (mirando el rostro o la parte frontal del receptor), se apoya en corto con Nadal y se desmarca al espacio. Nadal, al que le llega el balón de Amor a su pie hábil (derecho), recibe y a un toque pasa al espacio para Amor. Éste controla y pone el balón atrás, rasante, para que llegue Bakero, el tercer hombre y remate a puerta. Pases firmes, fuertes, a un toque, al pie hábil del receptor.

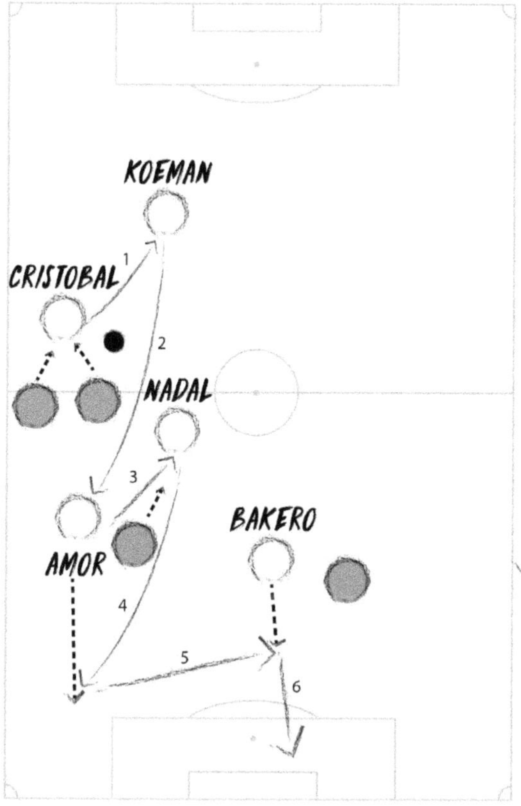

El antídoto: comprimir el espacio juntando las líneas, sumado a un *pressing* agresivo en tercio medio. El Barça de Cruyff, por supuesto, tuvo jornadas infortunadas, o mejor dicho, jornadas en las que no pudo imponer su juego. Pasó en la final de la Recopa de Europa en 1991, ante el Manchester United, que se llevó el título. Al Barça le fue imposible encontrar la superioridad y desajustar en el tercio medio al equipo de Alex Ferguson.

El elenco inglés comprimió las líneas del 1-4-4-2 (todos sus jugadores muy juntos, muy cercanos y pegados a los adversarios) y fue agresivo en la presión sobre el portador, el receptor y el pasador del Barça. Aparte de que los espacios de maniobra eran mínimos, los de Ferguson, con agresividad y decisión, cortaban rapidísimo cualquier combinación. Es decir, no dieron tiempo ni espacio para maniobrar. El Barça necesitaba un nivel elevado de precisión (en el pase y el control) a alta velocidad para desajustar, algo que no le fue sencillo, entre otras cosas, por el espacio tan reducido.

El Manchester United no se replegó demasiado. Paró el bloque en tercio medio. Ahí estaba su primera línea de presión. Para colmo de males, las condiciones del césped impedían que el Barça moviera y circulara el balón con rapidez. La cancha ríspida les ayudó a los ingleses.

Una solución hubiese sido pelotas largas cruzadas (diagonal) del lateral o central (en propio campo) al extremo (en campo rival) y el uno contra uno. Es decir, que la pelota partiera de una banda y llegara a la otra. Pero esto no lo ejercitó el Barça aquel día.

La pelota larga cruzada: El defensa mixto derecho tiene el balón, el delantero se abre, va a la derecha y arrastra al central izquierdo del rival, que lo persigue. El central derecho oponente se reubica (va al centro).

Una pausa para conceptualizar: Si hay persecución al delantero centro cuando éste se abre (va a la banda) o desciende (va al centro del campo), los intervalos y las distancias entre los defensores restantes, los que no abandonan la posición defensiva y permanecen en la línea postiza, serán enormes y los pasillos de penetración, para insertadas o penetraciones, muy grandes.

Esta es una linda acción por la interacción y retroalimentación que se presenta entre los jugadores implicados; es engaño futbolero puro. El defensa mixto tiene todo el juego de frente y espera un movimiento para ejecutar. El delantero centro sabe que ha de fijar a un adversario, moverse y arrastrarle para darle vía a su compañero en posesión, el defensa mixto. El extremo entiende que permanecer abierto, pegado a la raya, en cualquier momento le hará beneficiarse de los espacios, lanzamientos, liberaciones, generados(as) por sus compañeros; el balón le llegará y ahí entrará en acción.

Continuamos con el ejemplo. El defensa mixto derecho lanza, con empeine pleno de su pie derecho, el pase largo cruzado al extremo izquierdo. De la calidad del pase-lanzamiento dependerá lo siguiente. Si el balón supera al marcador-lateral derecho del rival, el extremo se ahorrará la gambeta y el duelo; tendrá una penetración directa. Pero si el balón no sobrepasa al marcador-lateral derecho rival porque ha mantenido un buen control posicional o logra corregir su posicionamiento, el extremo, después de controlar, ha de jugarse el uno contra uno.
Si el extremo es derecho, lo más seguro es que vaya hacia dentro, hacia la puerta con opción de finalizar. Si es zurdo, irá por afuera; desborda y pasa o centra al 9, al extremo opuesto o a los volantes llegadores. Si maneja las dos piernas (como Laudrup en el Barcelona de Cruyff), lo que haga será una maravillosa sorpresa.

Laudrup, en el uno contra uno, era indescifrable. No sabías por dónde te iba a salir: podía hacerlo por la derecha o por la izquierda sin ningún problema, debido a su velocidad, habilidad y capacidad para manejar el balón con las dos piernas. Como extremo izquierdo, cuando recibía el balón y arrancaba, si iba por dentro normalmente eliminaba al marcador directo y finalizaba (también podía pasar). Si iba por fuera, eliminaba la marca, desbordaba y asistía. Cuando tenía el balón, era muy difícil presionarle su pie hábil, el derecho, porque de manera rápida y muy natural lo podía cambiar para controlarlo con el pie izquierdo y luego jugarlo. Además, la rapidez con la que movía su cuerpo (finta) eliminaba fácilmente al defensor.

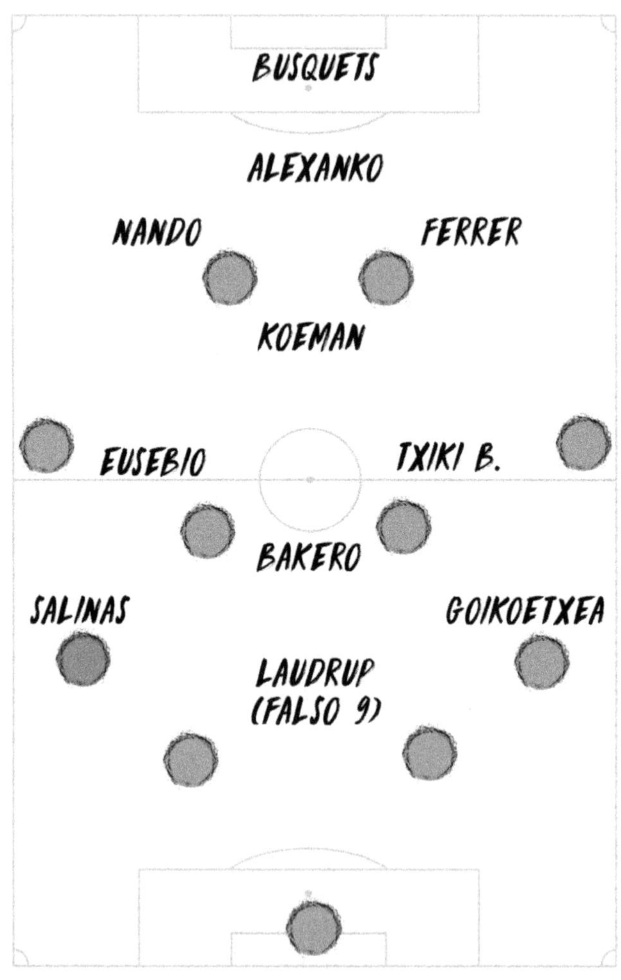

Doble tercer hombre entre tercio medio ofensivo y tercio ofensivo para desajustar. Laudrup pasa de cara a Txiki y éste, también de cara, a Bakero (primer tercer hombre). Bakero descarga, mediante un cambio de orientación, con Goikoetxea (segundo tercer hombre). Ritmo de balón: Laudrup, tres toques (control y pase); Txiki, un toque, y Bakero, un toque (descarga a Goiko con un solo contacto). Pases al pie hábil del receptor: Laudrup le pone el balón al pie izquierdo del zurdo Txiki; Begiristain se la pone al pie derecho de Bakero, y Bakero se la da al pie izquierdo del también zurdo Goikoetxea. Dar el balón al pie hábil del receptor ahorra toques y contribuye con la velocidad de la circulación y del juego. Esta coordinación y sincronización entre pasadores y receptores se adquiere después de muchos partidos y entrenamientos.

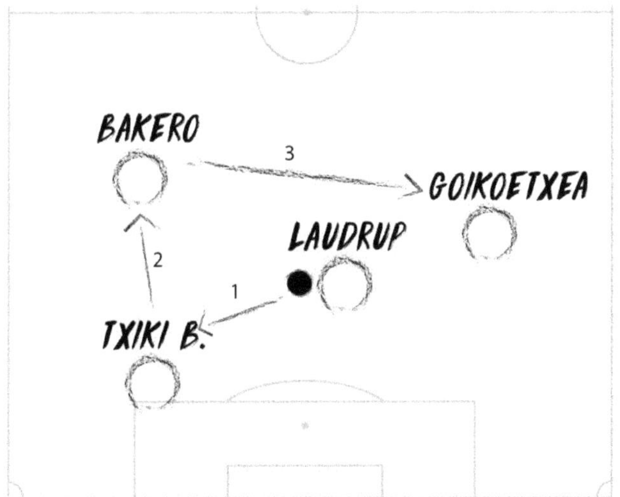

Caramelo táctico Copa de Europa 1991-1992. Plan Barça y contra-táctica Sampdoria: 1-4-3-3 descompensado en el centro del campo (sin interior por izquierda) y falso nueve (Laudrup).

El objetivo: descenso de Laudrup al tercio medio para compensar del centro a la izquierda y provocar superioridades numéricas para desajustar. El descenso del danés a la posición de interior izquierdo, además, le permitía arrancar, de nuevo, hacia la portería rival en diagonal (tenía un dribling veloz que dejaba regados en el camino a los adversarios).

Al salir Laudrup de la posición de 9, Stoichkov o Salinas, los extremos, llegaban a la zona de finalización. Si era Salinas, compensaban el ataque por la banda derecha Nando, en ascenso, o Eusebio, en apertura. Buen plan.

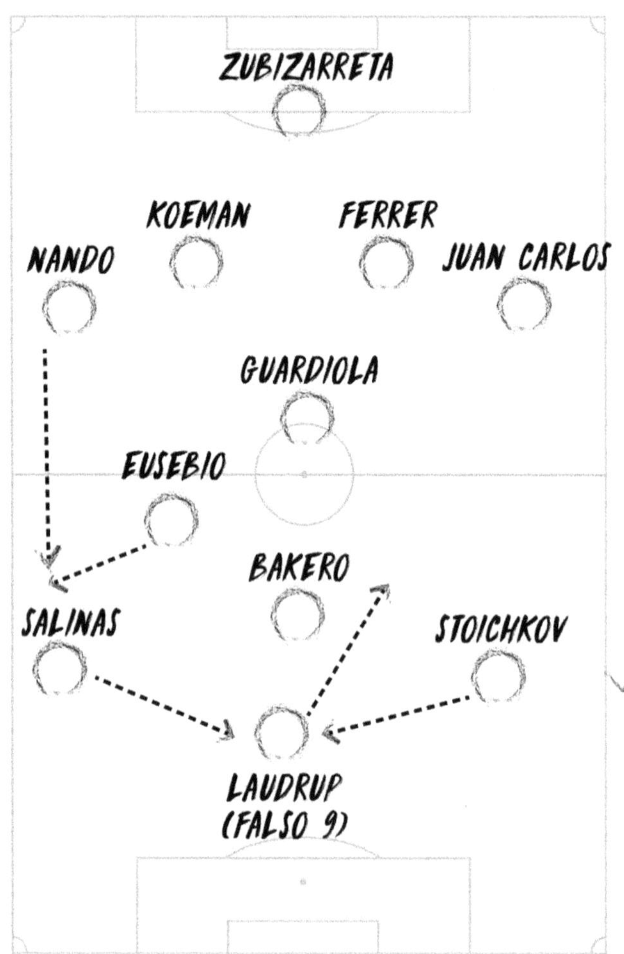

Sin embargo, cierto es que el fútbol no se juega solo. Hay una oposición del rival. Algunas veces, más débil, y otras, más fuerte.

La contra-táctica de la Sampdoria para evitar la superioridad numérica y el desajuste del Barça en el centro del campo tuvo dos pasos.

El primero, perseguir al falso nueve, Laudrup, cuando éste descendía al tercio medio (Pari se encargó de esa tarea). No permitió que el descenso de Laudrup provocara en el centro del campo una superioridad numérica favorable al Barcelona de cuatro contra tres. Siempre fue cuatro vs. cuatro.

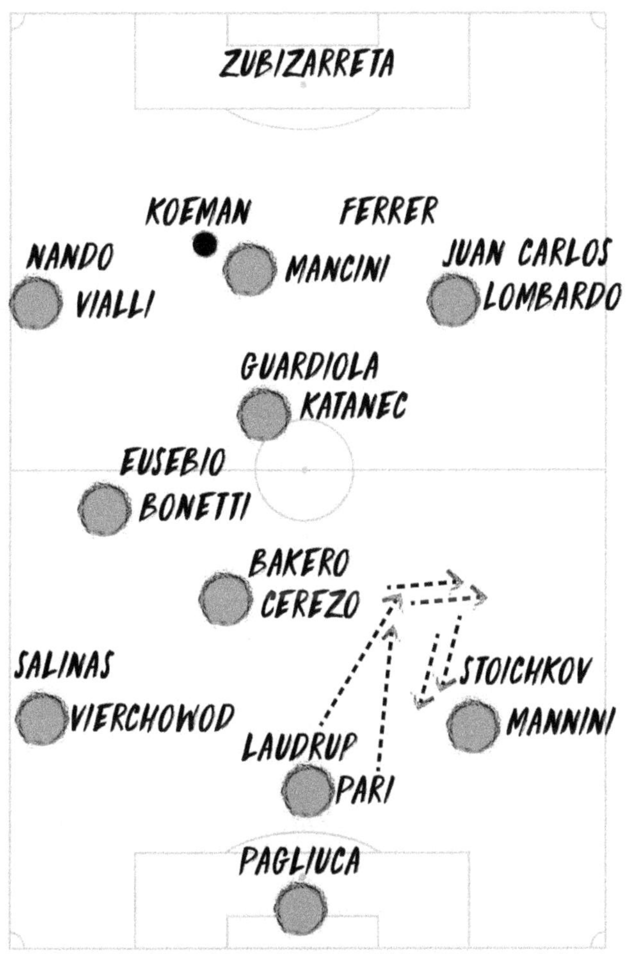

El segundo fue los emparejamientos. La situación de uno contra uno se reprodujo en casi todos los sectores del campo: Vialli con Nando, Lombardo con Juan Carlos, Katanec con Guardiola, Bonetti con Eusebio, Cerezo con Bakero, Mannini con Stoichkov y Vierchowod con Salinas. Además del ya mencionado Pari-Laudrup.

Un detalle. En el segundo tiempo, el técnico de la Samp, Vujadin Boskov, realizó un enroque de posiciones en los más retrasados: protegió de una segunda amarilla a Mannini, sacándolo de la banda derecha, sector en el que se producía mucho uno contra uno, y lo puso por dentro. A la banda derecha fue Vierchowod, a encontrase con Laudrup, que a esa altura ya había desistido de jugar como falso nueve y se pasó a la banda. Pari jugó de marcador izquierdo y Lana conservó su posición interior.

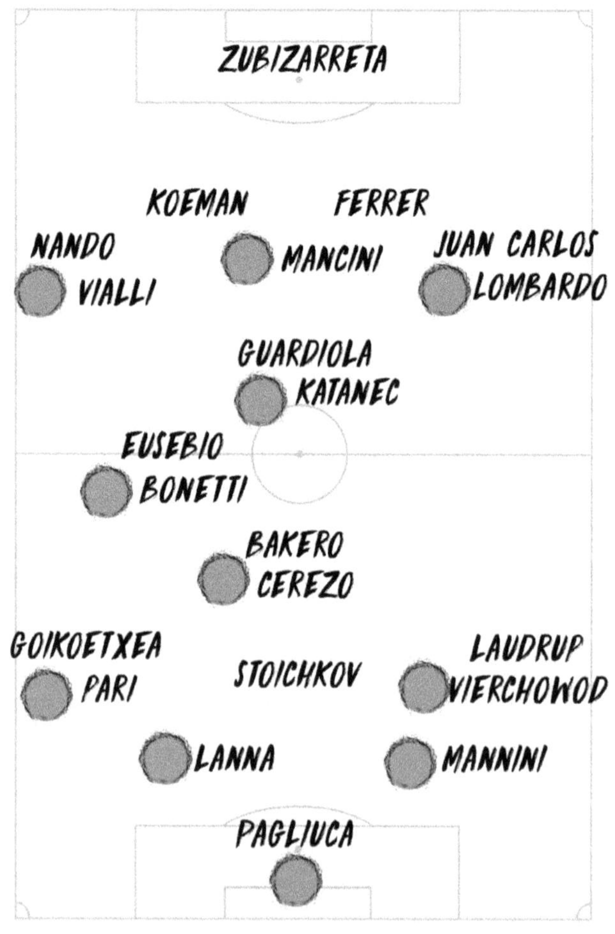

Todo esto dejó a Koeman como el libre, atrás. Es cierto que el holandés tuvo mucho el balón, pero la atención y reciprocidad de los italianos para cerrar líneas de pase, darse apoyos y hacerse coberturas y relevos limitaron sus posibilidades para desajustar. El Barça quizá pudo arriesgar incorporando a uno de los cuatro más retrasados al tercio medio. Prefirió la seguridad, atendiendo a la gran capacidad de los tres jugadores más avanzados de la Sampdoria (Vialli, Mancini y Lombardo).

De esta manera, los italianos controlaron al Barça. Sin embargo, en una partida táctica magistral, una pelota parada de Koeman y una joya de Romario serían la solución.

-Primer tercer hombre: Koeman-Bakero-Guardiola.

-Segundo tercer hombre: Bakero-Guardiola-Romario.

Todos en campo adversario (excepto el portero Zubizarreta), como muestra el gráfico. Principio del Barça de Cruyff, estar juntos; no unos por aquí y otros por allá. Koeman controla y conduce. Su control y conducción corta invitan y sacan de posición a un jugador rival. Nadal se abre y atrae (arrastra hacia afuera) a otro jugador rival. Así se libera la línea de pase entre Koeman (el pasador) y Bakero (el receptor).

Koeman pasa a Bakero que, mientras viene el balón rasante, se perfila para dejárselo, en corto, a un toque (con el interior de su pie hábil) y de cara al pie hábil de Guardiola. El movimiento para perfilarse de Bakero atrae a un adversario (lo abre un poco); esta atracción después le va a generar la línea de pase a Guardiola para que conecte con Romario. Pep va en corto y a un toque pasa en vertical a Romario que, de espaldas y con marcación estrecha, controla y se autohabilita magistralmente quedando de frente al portero. La bola no entró, besó el vertical izquierdo. Jugada, como ven, compleja, con muchos elementos, desarrollada en tan solo nueve segundos.

En la acción de desajuste, cuatro jugadores activos del Barça (Koeman, Guardiola, Nadal y Bakero) por tres del rival (un delantero y los dos centrocampistas centrales). En consecuencia, superioridad numérica cuatro contra tres del Barça en el tercio medio ofensivo.

El sistema del rival era 1-4-4-2. Ferrer fija al centrocampista izquierdo, Koeman atrae a uno de los dos delanteros y Guardiola, cuando va, le saca ventaja al otro delantero (se le escapa). Txiki fija al centrocampista derecho y Laudrup y Quique fijan a los defensas-laterales del rival (derecho e izquierdo, respectivamente). Nadal y Bakero atraen y abren por dentro a los dos centrocampistas centrales del adversario; Nadal al centrocampista central izquierdo y Bakero al centrocampista central derecho. Estas atracciones generan los pasillos de pase para Koeman y Guardiola. Romario gana el uno contra uno a su marcador directo (al par).

Convenciones del rival gráfico

A. marcador-lateral izquierdo; B. central izquierdo; C. central derecho; D. lateral derecho; E. centrocampista derecho; F. centrocampista central derecho; G. centrocampista central izquierdo; I. centrocampista izquierdo; H. delantero y J. delantero.

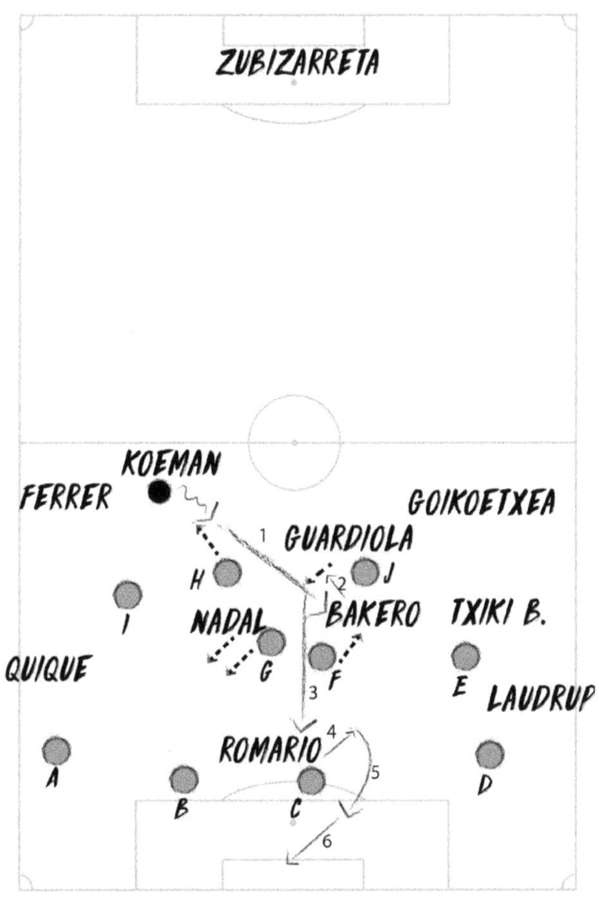

¿Un extremo de central? En la cabeza y en el fútbol de Cruyff, sí. En la cabeza y en el fútbol de otro entrenador, obvio que no. Johan como jugador fue transgresivo. Y como técnico también. Su visión del juego era tan amplia que le daba para utilizar un extremo (un atacante) como central. Pasó en la Liga de Campeones 1993-94. En la remontada del Barça en el Camp Nou ante el Dinamo de Kiev de Ucrania, Goikoetxea, extremo y ofensivo, jugó en la última línea, la de respaldo, junto a Koeman y Ferrer.

¿Cómo recuperar un efectivo expulsado? La polivalencia y versatilidad de los futbolistas permiten 'recuperar' a un elemento que vio la tarjeta roja. Un expulsado evidentemente te deja con diez, sin embargo, si en el campo tienes un jugador capaz de cubrir dos o más posiciones quedará la sensación de que estás jugando con once. Obvio, esto está relacionado a la calidad técnica y física de los integrantes del equipo. Pero también a la destreza táctica de los jugadores, entendida como polivalencia y versatilidad.

El Barça de Cruyff fue un fiel exponente de lo señalado. Por ejemplo, en la temporada 1993-94, en un partido de Liga ante el Atlético de Madrid, el equipo catalán sufrió la expulsión de su defensa libre Ronald Koeman. El Barça se recompuso y fue Sergi el encargado de ejecutar dos, y hasta tres, tareas: la de defensa mixto (central-lateral) y extremo. Su despliegue fue tremendo. Derroche estupendo. Aporte fenomenal al equipo cubriendo toda la banda izquierda. Ahora, Sergi también contaba con apoyos defensivos. Si quedaba descolgado, Bakero lo relevaba defensivamente. Sergi, naturalmente no pudo terminar, por desgaste extremo, el juego. Debió ser sustituido, pero su polivalencia, derroche físico, calidad y técnica fueron un aporte tremendo para la remontada de un Barça incompleto. Todas las posiciones del 1-3-4-3 estuvieron cubiertas.

ZUBIZARRETA
NADAL
FERRER
SERGI
GUARDIOLA
IVAN
TXIKI B.
BAKERO
STOICHKOV
ROMARIO

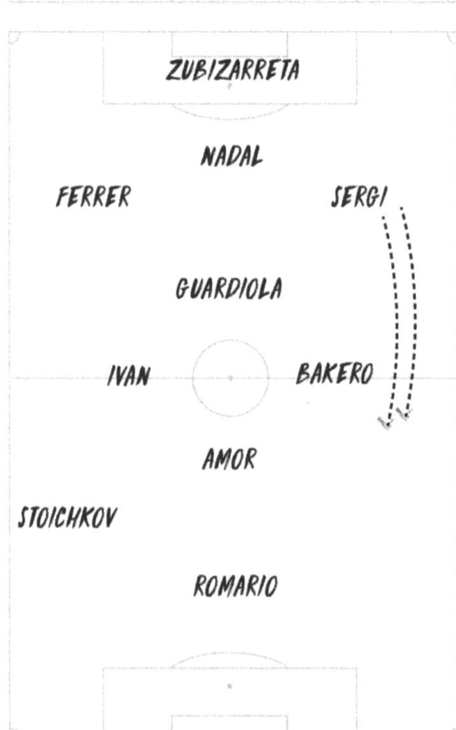

ZUBIZARRETA
NADAL
FERRER
SERGI
GUARDIOLA
IVAN
BAKERO
AMOR
STOICHKOV
ROMARIO

En campo rival, triple tercer hombre en amplitud y profundidad.

Secuencia de pases: Guardiola a Bakero. Bakero, a un toque y de cara, a Guardiola. Guardiola a un toque extiende para Sergi. Sergi, cambio de orientación con dos toques. Iván, con un toque, se apoya en Stoichkov. Y el búlgaro, con control y pase al espacio para Amor, que se desmarca. Amor encuentra el balón y remata. No terminó en gol.

En esta acción se muestra el juego de paredes: Guardiola-Bakero, Guardiola-Bakero-Sergi, Sergi-Iván- Stoichkov e Iván- Stoichkov-Amor.

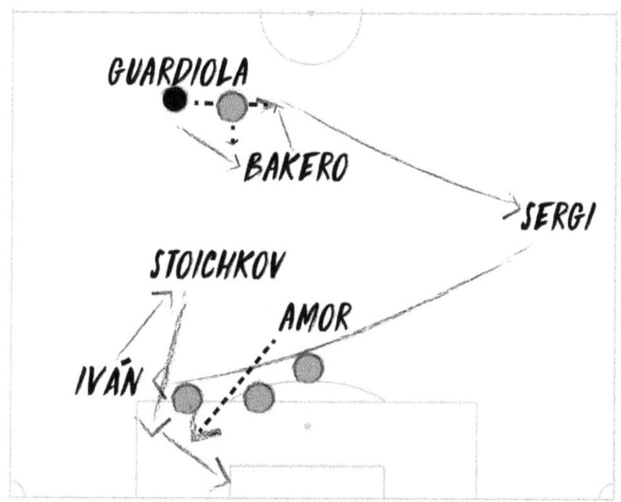

Búsqueda de soluciones. Esto sucedió durante un juego de la temporada 1993-94 ante el Sevilla en el estadio del Barça.

La estructura inicial del Barça, "descompensada" (sin extremo izquierdo), buscaba al hombre libre y la superioridad numérica por dentro: cuatro contra tres (Amor, Guardiola, Bakero y Laudrup vs. Marcos, Simeone y Moya).

La polivalencia, la generosidad física y la actitud de Sergi compensaban y balanceaban la banda izquierda. Pero ojo, tenía que llegar; no estaba. Sin embargo, la compresión de las líneas, el espacio (en este juego el espacio es todo) y la presión agresiva del Sevilla impidieron que el Barça cristalizara la superioridad numérica.

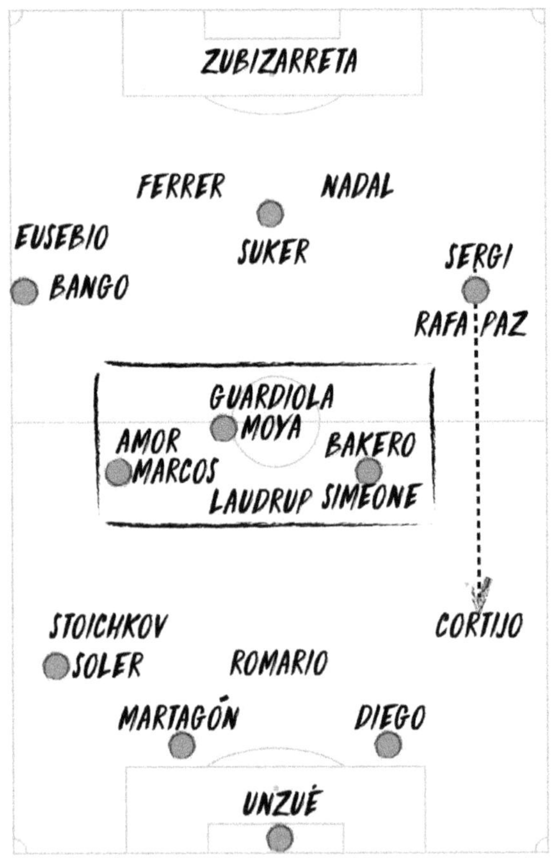

El Barça, entonces, como no pudo desajustar por dentro, buscó la solución provocando duelos (uno contra uno) por todos los sectores del campo. Laudrup se abrió y fue a la banda izquierda. Y Laudrup desajustó al Sevilla ganando varios duelos, a través de una de sus especialidades, la gambeta, a Cortijo y Rafa Paz, el marcador-lateral derecho y el centrocampista derecho del oponente.

Pese a esto, el Barça no acertó en la portería rival. Así terminó el primer tiempo.

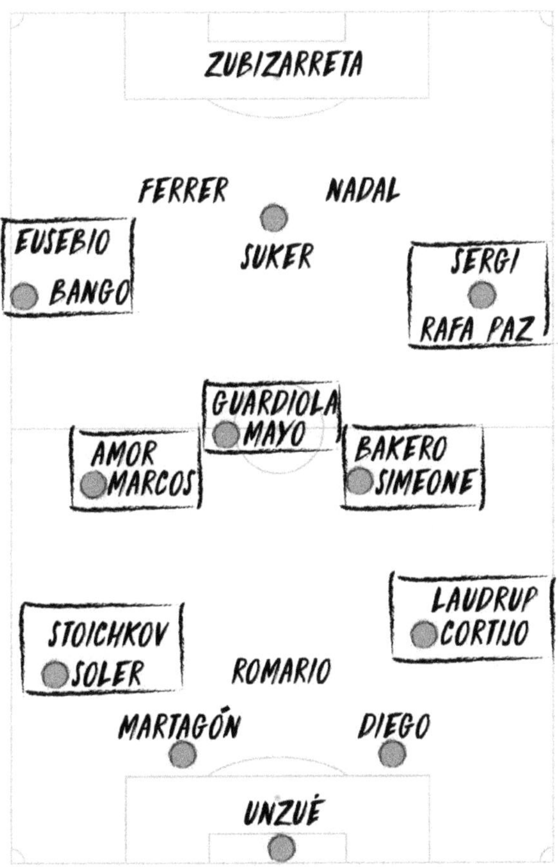

Para el segundo tiempo, Cruyff hizo algunos ajustes posicionales y asumió riesgos máximos. Buscó desajustar a través de dos fórmulas de manera simultánea: provocar superioridad numérica en el centro del campo para encontrar al hombre libre y con ventaja espacio-temporal, y provocar duelos (uno contra uno) por banda.

Para lograrlo, Sergi jugó de defensa mixto, Eusebio pasó a jugar de interior izquierdo y Bakero de mediapunta. Naturalmente, asumió riesgos, y mayúsculos; los tres más retrasados (Nadal, Ferrer y Sergi) quedaron mano a mano, para jugarse el uno contra uno defensivo con Suker, Bango y Rafa Paz, respectivamente.

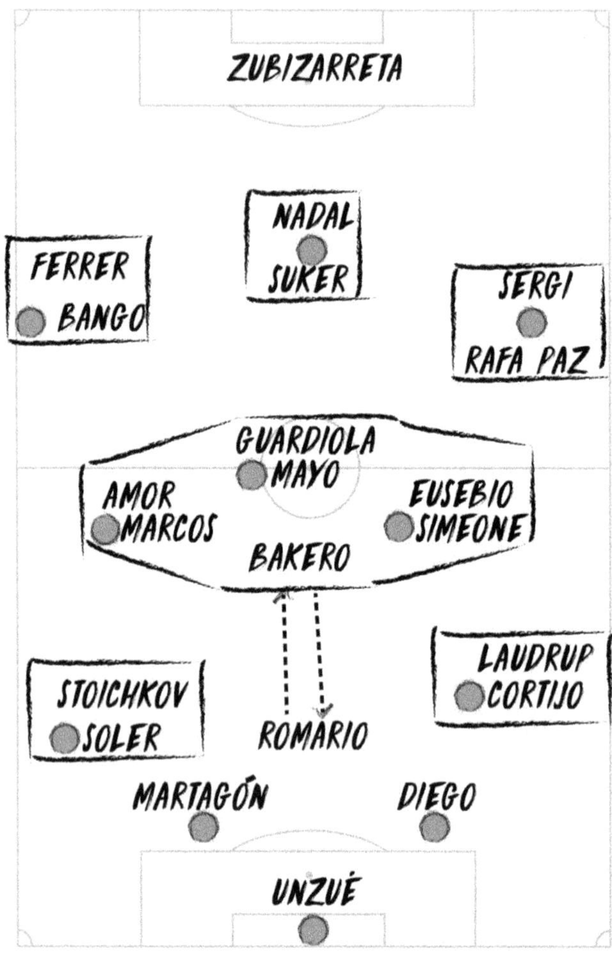

El momento clave (el gol) del Barça llegó cuando encontraron, por dentro, al libre de oposición a la espalda de los dos volantes centrales del Sevilla. Romario intercambió posición con Bakero (José Mari de punta y Romario de mediapunta), tomó el balón a espaldas de los centrocampistas centrales del Sevilla y arrancó. Esa progresión terminó en gol para el Barça, que cambió el rumbo del partido.

La moraleja de este cuento: si no puedes hacer superioridad numérica, entonces provoca duelos y gánalos. Ahora, para provocar duelos por banda y superioridad numérica por dentro, al mismo tiempo, debes ser osado y arriesgar obligando a tus defensores a jugarse el peligroso uno contra uno defensivo. Todo esto persiguiendo un objetivo: desajustar para progresar.

> Tener dos o tres defensores no sólo depende de la cantidad o número de hombres que pone o tiene el rival adelante. Depende, también, de las características de juego de los adversarios; si saltan en presión, si prefieren arrugarse, replegar y juntarse hacia atrás a sus compañeros, si son disciplinados y atentos con el lugar de marca, el hombre a marcar y la marcación como tal, si persiguen, si están atentos o desatentos, si son pillos o despistado. Es decir, para proponer cosas, es necesario atender a las características de juego de los oponentes.

El 1-3-3-1-3 del Barça vs 1-4-3-3 (1-4-1-4-1). Doble superioridad numérica por dentro, pero en alturas del campo distintas: la primera, dos contra uno de Koeman y Guardiola al punta (o centrodelantero) rival, y la segunda, entre Guardiola, Amor, Nadal y Bakero sobre el mediocentro y los dos interiores del equipo oponente (cuatro contra tres).

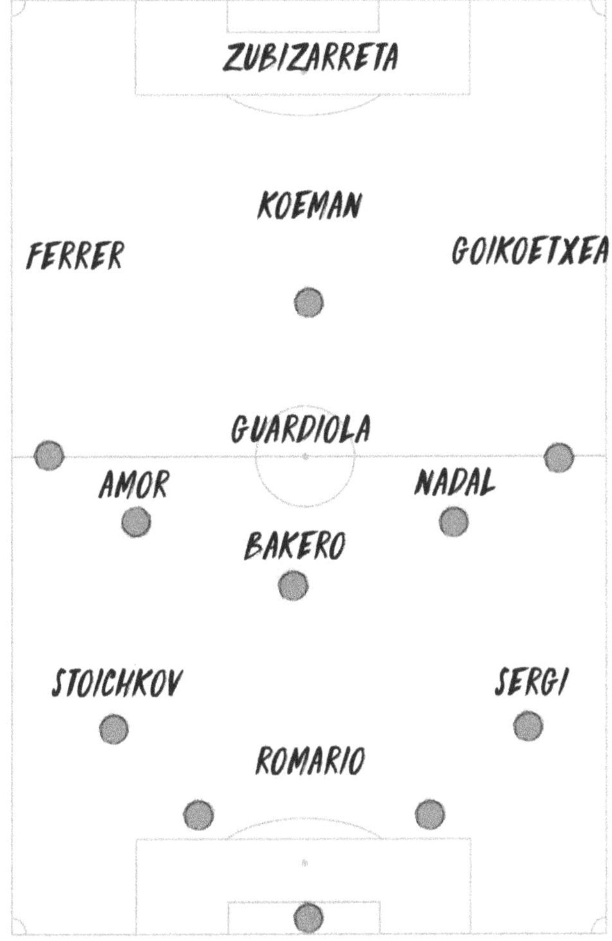

Koeman, el defensa libre, se sitúa en el tercio medio (más exactamente en el círculo central). Todo comienza ahí. El holandés recibe de Ferrer y, a un toque, le da el balón a Guardiola. Entre Koeman y Pep provocan superioridad numérica al punta rival. Jugar el balón a un toque, como lo hizo Koeman, hace que mientras el punta viene, la pelota va hacia Guardiola. Por esta razón, el rival pierde la ida, queda fuera de jugada a mitad de camino. Otro detalle: el pasador y el receptor están situados en alturas y ejes diferentes, lo que genera la mejor línea de pase posible, la diagonal. Verticalización efectiva. Primer adversario eliminado.

Continuamos. Pep, libre, recibe, gira y avanza. Cuando avanza con el balón, como siempre, atento y concentrado, con la cabeza levantada y la mirada al frente divisando todo el panorama del juego (espacios, compañeros, rivales) y buscando la mejor opción para pasar. El mediocentro da tres toques al balón antes de soltarlo.

Mientras Guardiola conduce, los interiores Amor y Nadal fijan y sujetan a sus pares, los interiores rivales. La conducción y progresión de Guardiola también invita al interior derecho del rival a abandonar a Nadal, que después, como hombre libre, se beneficiará de dicha conducción y liberación originada por Pep.

De igual manera, mientras Pep conduce, Bakero se ubica a la espalda del mediocentro rival. El posicionamiento de Bakero (a una altura distinta y a un eje distinto al de Guardiola) da, de nuevo, una línea de pase diagonal.

Bakero recibe de cara y, a un toque, pasa de cara a Nadal, que libre de oposición participa del tercer hombre. Tres adversarios más eliminados.

Nadal, también a un toque, pasa el balón, entre el central y el lateral rival, al espacio a Romario, que previamente se había desmarcado al espacio para finalizar la jugada dentro del área de penalti. En total fueron siete los rivales eliminados, contando los tres últimos con el pase de Nadal a Romario. El arquero oponente no cuenta, al extremo derecho lo está fijando Sergi y los dos restantes están en la zona opuesta donde se cocina la jugada (del centro a la derecha), por lo cual tienen poco protagonismo. Esta fantástica acción colectiva y posicional del Barça duró ocho segundos.

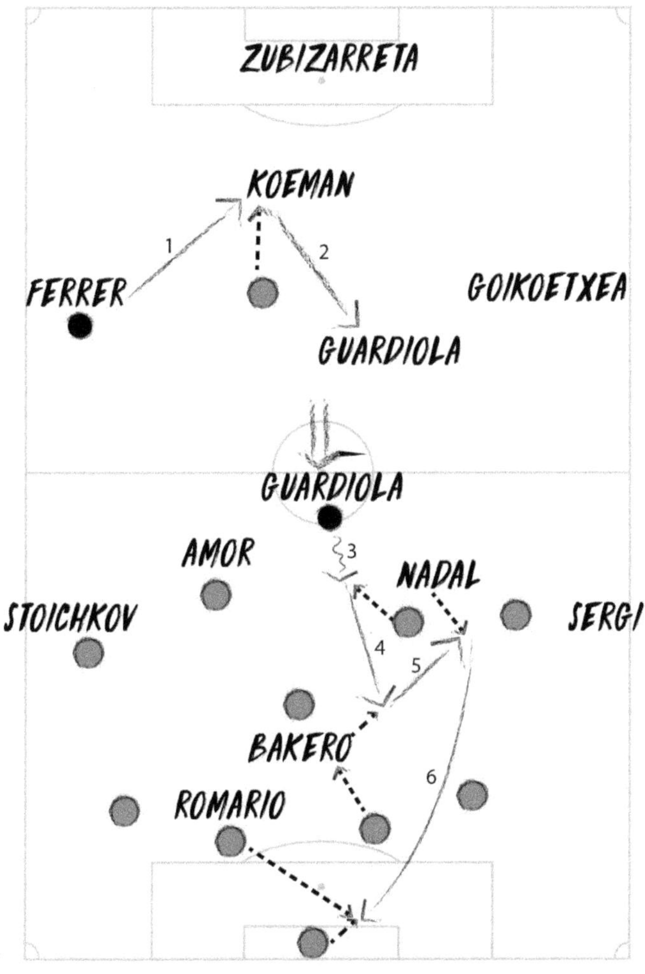

ZUBIZARRETA
KOEMAN
1
2
FERRER
GOIKOETXEA
GUARDIOLA
GUARDIOLA
3
AMOR
NADAL
STOICHKOV
SERGI
4
5
BAKERO
6
ROMARIO

Liderazgo y conducción

Johan Cruyff (Ámsterdam, 25 de abril de 1947-Barcelona, 24 de mayo de 2016), hijo de la postguerra. Su madre trabajó en el Ajax limpiando los vestuarios. Un genio como jugador y entrenador. Es quizá el único que ha logrado la exuberancia y ser el número uno en los dos escenarios, jugador-entrenador. Diego Armando Maradona y Pelé fueron jugadores estelares pero jamás trascendieron en los banquillos. Guardiola, un mánager extraordinario, fue un gran jugador pero no estelar. Cruyff sí, el mejor jugador del mundo en su época y el mejor entrenador del mundo también en su época. En la cancha y en el banquillo Johan Cruyff hizo historia y su legado es inmenso. Aunque reconoció que no quería ser entrenador: "No quería ser entrenador pero por cualquier circunstancia he llegado ahí", reveló en su época de mánager del F.C. Barcelona.

Oportunista e impositivo. Cuando Cruyff llega a entrenar al Barça se aprovechó del caos institucional del club catalán para imponer su ley. "Yo tenía una situación idónea. El club era un desastre, todos contra todos. Dije entonces a la dirigencia: 'Voy al Barça pero yo decido'. Y ellos estaban encantados con eso porque se sacaban responsabilidades y presión", contó Cruyff en el programa "Informe Robinson", añadiendo que "entrar en un club que está mal es ideal porque puedes poner todo en su sitio".

Oportunista también para desviar la atención en momentos clave. Cuenta el argentino Jorge Valdano en "Informe Robinson" que "después de ganar (el Barça de Cruyff) la primera Copa de Europa, al siguiente año los eliminan en un partido infame en el Camp Nou. Apenas terminó el partido salió Cruyff y un periodista le preguntó: 'Johan, ¿qué ha pasado hoy?'. Y Cruyff respondió: 'Seré escueto. Si los directivos no han aprendido nada hasta hoy es que no van a aprender nunca más'. Es decir, acababa de terminar el partido pero los reflejos ya los tenía activados para poner la responsabilidad en otra parte. También en eso era genial", resaltó quien fue campeón del mundo con Argentina en 1986.

"Si juegas un partido y empatas o pierdes ya sabes que se están moviendo cosas. No necesitas ser genio para saber eso. Lo que tienes es que evitar la avalancha y que eso crezca. Cuando tú ves que esta semana viene esa avalancha, entonces el lunes hay que cabrearse con este, este y este porque ellos después van a discutir sobre las cosas que yo quiero que discutan y así se controlan las avalanchas", dijo Cruyff sobre su particular manera de desviar la atención en determinados momentos para blindar al equipo, a los jugadores y, naturalmente, blindarse a sí mismo. Esto en clubes como el Barça es determinante porque de lo contrario el entorno te devora. "En el Barcelona, el 60% son batallas (con los directivos, la prensa y todas esas cosas asquerosas que rodean al fútbol) y el 40% es para disfrutar", reflexionó Johan.

Estratega. De igual manera utilizaba a la prensa para criticar a los jugadores públicamente, ponerlos en el ojo del huracán y mandarles mensajes. "Yo utilizaba a la prensa. Si criticaba a un jugador en público era para que todo el mundo se diera cuenta y en ese momento el jugador se da cuenta que está expuesto, en el punto de mira, y a partir de ahí hacía lo que debía hacer", confesó Cruyff.

"Criticando a los jugadores públicamente Johan también buscaba crear un vínculo de compromiso entre los jugadores a nivel interno. Es decir, que el vestuario, los jugadores, estuviesen unidos, incluso estando en contra del entrenador. Esas críticas públicas de Cruyff muchas veces producía que los jugadores nos uniéramos, nos respaldáramos", dijo Andoni Zubizarreta.

El holandés también picaba a los jugadores buscando su máximo rendimiento. "A los jugadores hay que tenerlos en guerra, apretados, decía Cruyff", señaló José Ramón Alexanko sobre lo que le comentaba el DT.

"Me cabreaba con Johan porque me picaba, me tiraba broncas en el entrenamiento, en el vestuario... Pero eso me hizo bien en mi carrera porque cuando yo salía al campo tenía que demostrar que él estaba equivocado en sus apreciaciones", contó el búlgaro Hristo Stoichkov, a quien Johan criticaba repetidamente.

Otorgaba libertad a sus jugadores. "Cada uno debe ser responsable en su tarea. Después ellos (los jugadores) te piden un consejo y vale... Pero ellos son los responsables. Cada uno en el campo es responsable. El portero es responsable que el balón no entre, ¿cómo lo hará? A mí me da igual mientras que no entre", manifestó Cruyff.

Y los jugadores lo corroboran. "Si le preguntas a Johan (Cruyff) ahora mismo si defendíamos con uno o con dos en las pelotas paradas te diría: 'Pregúntale a Zubi que él ya sabrá'. Así era Johan", señaló Andoni Zubizarreta, el portero habitual de aquel Barça dirigido por Cruyff.

Libertades que se extendían al trato particular con sus dirigidos y a su manera de negociar ciertas cosas con los futbolistas. Las siguientes dos anécdotas dan fe de esto. La primera la contó Pep Guardiola y pasó con Txiki Begiristain. "Cuando estaba en Barcelona y aún no había subido al primer equipo, Johan Cruyff entrenaba a Txiki Begiristain, que posteriormente fue la persona que me dio la oportunidad de dirigir al segundo equipo de Barcelona. Un domingo, después de un partido, Cruyff le dijo a Txiki: 'Hasta el jueves no vuelvas'. Txiki le contestó que al día siguiente había entrenamiento. '¡Hasta el jueves no vuelvas!', le repitió. Txiki le obedeció y volvió el jueves, jugó el domingo y metió tres goles. No es que Cruyff le iba a decir lo mismo a otro y el domingo metía tres goles, porque estas cosas son íntimas", contó Pep.

Y la segunda fue con el brasileño Romario. Así la recordó el propio Cruyff en los medios catalanes. "Una vez Romario me preguntó si podía perderse dos días de entrenamientos para poder ir a Brasil al carnaval de Río de Janeiro. Respondí: 'Si marcas dos goles mañana, te daré dos días más de fiesta con respecto a los otros jugadores de la plantilla'. El día siguiente Romario marcó dos goles en los primeros 20 minutos e inmediatamente se vino a la banda para pedirme el cambio. Me dijo: 'Técnico, mi avión sale en una hora'. No tuve opción y cumplí mi promesa con Romario", reveló Johan.

Cruyff también fue un tipo práctico, natural y simple. Lo que de ninguna manera le resta méritos. Al contrario, se los da todos. "El que tiene que ver todos los partidos sentado en el banquillo soy yo, entonces quiero disfrutar cada partido", le dijo Johan a sus jugadores sobre el juego-espectáculo que él quería que jugaran los futbolistas del Barça.

Siempre tuvo claro que el esfuerzo y el trabajo permiten llegar a niveles elevados de perfección, además de la calidad. "Para llegar al nivel del *Dream Team* fueron necesarias 10.000 horas de entrenamiento", relató Cruyff en el libro *14. La autobiografía*. El *Dream Team* fue el apodo que recibió el espectacular equipo del F.C. Barcelona dirigido por Johan Cruyff entre 1988 y 1996, que practicó un juego espectacular.

Pero así como Cruyff soltaba también apretaba. Y apretaba al máximo. Era muy listo para interpretar las situaciones y comportarse con suavidad o dureza. Un psicólogo inverso de lujo. "Mi trabajo consiste en cuando todos están en euforia bajarlos y cuando todos están hundidos subirlos. Esta es mi función", dijo.

"Cruyff no andaba con tonterías. Hablaba claro con el jugador y el que no trabajaba como Johan quería tenía un pie fuera del club. Decía: 'Aquí yo soy el entrenador y aquí mando yo", contó Julio Alberto, jugador que tuvo problemas con Cruyff cuando este recién llegó al Barcelona. "Antes las primas y los premios estaban incluidos en el contrato. Cruyff llega y decide dejar las primas fuera del contrato para dejarlas como un estímulo (por los resultados y rendimiento obtenidos). Entonces al que no firma bajo las nuevas condiciones lo aparta del equipo. Y esto hace con Lobo Carrasco y Julio Alberto, dos jugadores fundamentales del plantel que se habían negado a las nuevas condiciones contractuales impuestas por Johan. De entrada mostró su liderazgo y manera de proceder", relató Andoni Zubizarreta.

"Era (Cruyff) muy exigente, se creía que sabía todo, era su manera de ser", cuenta Michael Laudrup, exjugador del Barça. "A nivel individual uno algunas veces se pudo sentir decepcionado y hasta humillado porque Cruyff era así de extremista. Llevaba a todo el mundo al límite, entonces el que no aguantaba esa presión no servía para su equipo", añadió José María Bakero, exjugador del Barça. "El desgaste es muy grande", sentenció Laudrup, que estuvo con Cruyff cinco años.

"Cruyff es de largo el entrenador que más me ha enseñado, del que más he aprendido. Pero que nadie lo dude, es el entrenador que más me ha hecho sufrir", relató en su libro *Mi gente, mi fútbol* Pep Guardiola, un jugador por el que Cruyff se la jugó llevándolo al primer equipo del Barça ante la incredulidad de muchos debido a su "precario estado físico". Cruyff, con los jóvenes, como con aquel Pep, siempre fue valiente. De hecho, una de sus mejores frases es: "Hay que ser valiente con los jóvenes".

Radical. Ya decíamos que Cruyff, de entrada, frenó a los dirigentes del Barça, acostumbrados hasta ese entonces a intervenir en los asuntos deportivos. Johan fue más allá y siempre que la dirigencia intentaba entrometerse en sus asuntos y en sus espacios no se lo permitió. "Tú no piensas, decido yo", manifestaba Cruyff cuando alguien de la dirigencia quería opinar o persuadir.

"Con Núñez (el presidente del Barça) no discuto de fútbol. Discuto de todo pero no de fútbol. Le puedo explicar algo de fútbol, pero discutir con él sobre fútbol no. Yo lo tengo que aconsejar en algunas cosas que no domina como el tema del fútbol, algo que sí domino yo", dijo Cruyff cuando entrenaba al Barca. Al vestuario del Barcelona durante el mandato de Cruyff solo entraban los jugadores y los entrenadores, no los dirigentes como acontecía antes de aterrizar Johan en el Camp Nou.

La realidad es que Johan con este tipo de cosas no transaba, era autoritario. Y sin temor, sin siquiera sonrojarse, lo repetía una y otra vez. "Discuto sobre fútbol con mis ayudantes o con los jugadores que tienen mi mismo nivel. No discuto con la junta porque ¿quién de la junta sabe algo de fútbol? Yo les decía a los directivos que si querían saber algo yo les explicaba, pero discutir de fútbol con ellos no", reveló Cruyff respecto al trato que mantenía con los dirigentes del Barcelona. Autoridad o menosprecio, juzguen ustedes.

El tiempo, ganar, hacer las cosas bien, su carácter, e incluso perder, le provocaron desgaste y enemistades. Temperamental, chocó con los demás. "Sé que es absurdo pero es verdad, entre mejor lo haces, vas creando más enemigos", reflexionó Johan.

En mayo de 1996, Johan Cruyff se enteró a través de los periódicos que la dirigencia del Barça le iba a sustituir por el inglés Bobby Robson. Naturalmente Cruyff entró en cólera y cuando Joan Gaspar, dirigente en ese entonces del Barcelona, lo fue a buscar al vestuario para explicarle el asunto, se armó un tropel de grandes dimensiones. "Todo el mundo perdió la compostura, volaron las palabras, volaron las sillas, hubo insultos, amenazas... Un desastre. Una pena que todo haya terminado así", relataron los protagonistas de la época.

Pero Johan Cruyff siempre fue colérico. Cuando aún jugaba al fútbol decidió, a los 37 años, abandonar su gran amor, el Ajax, para ir a jugar al Feyenoord, el archirrival del equipo de Ámsterdam. "Estuve año y medio en Ajax y todo salió bastante bien, pero de repente la dirigencia decidió que yo ya estaba viejo. Entonces dije: 'Si estoy viejo para jugar, eso lo decido yo y nadie más'. En ese momento, por rabia, decidí irme para el rival más grande del Ajax, el Feyenoord, para enseñarles cómo eran las cosas. Con 37 años en Feyenoord jugué más de 30 partidos esa temporada y ganamos el título. Todo salió porque yo tenía eso dentro (revancha), y eso es más fuerte que tú mismo", relató Cruyff, que aquel año marcó 11 goles.

Eso sí, pese al ego que manejaba, siempre entendió la importancia del equipo. Nunca dudó en decir que el mejor jugador está asociado con un equipo ganador. "Nunca el mejor jugador de Europa está en un equipo eliminado en las primeras rondas. Si el equipo tiene rendimiento, yo, como estrella, estaré arriba. Por eso siempre puse, cuando era jugador, por delante los intereses del equipo y no los míos, aunque yo fuera la estrella", confió Johan Cruyff.

Y también fue rebelde. Siempre rebelde. Rebelde por naturaleza. "Cuando vine al Barca había problemas políticos y deportivos. Mi club, el Ajax, me había vendido, de palabra, al Real Madrid. Pero como yo siempre he sido de 'lo que ellos dicen no lo hago' y tenía ya relaciones en Barcelona -a través de dos antiguos entrenadores míos, Vic Buckingham y Rinus Michels-, me dije: 'No voy para Madrid, voy a Barcelona'. Y a partir de ahí se organizó un lío tremendo: con los papeles, el transfer, la clasificación de Holanda para el Mundial. El día que debuté fue una liberación", relató Cruyff al diario *El País* de España.

Eso sí, respetaba la trayectoria, la antigüedad, los logros y el carisma de los demás y no contemplaba ver el deterioro de un profesional dentro de un club. "Cuando sentí que debía cambiar a Zubizarreta (arquero estelar del Barca de Cruyff) y permitirle ir a un club de un nivel de exigencia menor y con más tranquilidad, le dejé salir. Fue al Valencia y allí aguantó varios años e incluso jugó en la selección nacional. Nunca fui partidario de poner como suplente a jugadores que han obtenido grandes títulos y que han hecho en un club una carrera inmensa (como por ejemplo Zubizarreta). Veo esto desde el lado humano. Alguien que ha servido a un club de manera fantástica tiene derecho de ir a otro club en el final de su carrera, cobrar un dinero y así no estropear su carisma y su dignidad dejándole como suplente. Eso que hice con Zubizarreta también lo hice con Begiristain, Eusebio, Bakero... En definitiva es vivir y dejar vivir".

Y respaldaba a los suyos. Ponía la cara por sus jugadores en momentos delicados. Su primer capitán en el Barca fue José Ramón Alexanko. Cruyff lo eligió por su personalidad, carácter y liderazgo, no porque fuera el mejor jugador del equipo. Eso sí, antes tuvo que dar una batalla el DT. "El presidente Núñez quería sacar a Alexanko del club porque él como capitán había firmado una carta escrita por todos los jugadores en contra del presidente. Apenas llegué, Núñez me dijo que Alexanko se tenía que ir. Yo investigué el tema y me di cuenta de que lo que hizo el jugador fue ejecutar su tarea como capitán y líder porque todo el plantel se lo había solicitado. Entonces Alexanko cumplió con sus obligaciones de capitán, poniendo incluso en peligro su trabajo, y mostró carácter. Y eso es lo que necesita un equipo, eso es un don. Entonces le dije al presidente que Alexanko se quedaba en el Barcelona y además seguía como capitán del equipo", contó Cruyff, que incluso fue más allá: "Estoy triste por la manera como ustedes (los aficionados) le han tirado una bronca al capitán que yo elegí", dijo Johan Cruyff en público cuando los hinchas del Barcelona pitaron a José Ramón Alexanko durante la presentación oficial del equipo en el estadio Camp Nou en 1988.

Como mánager, John Cruyff no permitía que el entorno desestabilizara a los jugadores, al equipo y a él mismo. En 1996, el Real Madrid, archirrival del Barca, fichó y anunció en la recta final de la temporada con bombos y platillos a Predrag Mijatovic, un jugador figura del momento. El Barça estaba vivo y peleando por las tres competiciones. El entorno del Barcelona (aficionados y directivos) empezó a hablar de fichajes y a pedir nombres, a preocuparse, y Cruyff intentando bajar la marea manifestó: "El Madrid piensa en la próxima temporada porque está a 10 puntos de nosotros y ha tenido una terrible temporada, por eso se preocupan por esas cosas y por fichar porque tienen que rematar mejor el año. Tienen que fichar. Nosotros estamos disputando tres competiciones y nuestro interés está en esta temporada, el interés del Madrid está en la próxima. Es cuestión de no ponerse nervioso. No tenemos que hablar sobre fichajes porque no nos interesa eso en este momento. Los directivos son como los aficionados, nosotros somos profesionales del fútbol y siempre debemos estar tranquilos, sin hacer barbaridades y estupideces". No ponerse nervioso y perder el foco, mantener la calma ante los amagues y aspavientos de la competencia, otra enseñanza de Cruyff, acostumbrado a pasar la página rápidamente y no quedarse en el pasado. "No puedo permitir que las cosas que pasaron ayer influyan en el próximo partido. Lo que pasó ayer ya no se puede cambiar, lo que tienes que hacer es no dejar influir eso en el próximo juego", dijo Cruyff después de una goleada escandalosa que le propinó el Espanyol al Barcelona en el *derby* catalán en 1996.

De convicciones firmes. "Nunca puedes dudar. En momentos difíciles tú debes seguir tu línea y tus principios y defenderlos como sea. Tenemos tantos éxitos porque nunca dudamos, continuamos por el camino así nos hayamos tenido que adaptar a algunas situaciones", confesó Johan, un tipo cero pesimista. "No soy pesimista. Mi actitud siempre ha sido buscar y encontrar la solución. Estoy convencido de que siempre se encuentra la solución", resaltó.

"Cruyff convence al jugador por su firme decisión. No verlo dudar, verlo convencido, es lo más importante", señaló José Ramón Alexanko.

Y un gerente con sentido común. Se apoyaba en los mejores para compensar falencias propias. "Como entrenador siempre creí que tenía que buscar al mejor ayudante que dominara aspectos del equipo que yo no dominaba. Así no te pueden atacar", pronunció el entrenador holandés.

Además, listo. "Cruyff era un hombre muy listo", dijo Gary Lineker, a quien Johan le cambió la posición en el campo de juego sin que al jugador le gustara mucho la idea. Era centrodelantero y lo mandó a jugar de extremo. Cruyff explicó el porqué de su decisión, en su momento impopular. "Lineker, como Stoichkov, es un jugador de velocidad. Necesita mucho espacio o mucho campo para desplazarse en velocidad. Pero nosotros jugábamos en campo contrario, razón por la cual el espacio era poco y más por dentro, hacia la portería. Entonces les busqué un poco de más espacio a ellos ubicándolos por fuera, de extremos, donde tenían más campo y más espacio que jugando por dentro o de centrodelantero", justificó Johan Cruyff.

De dos logros en su etapa como entrenador del F.C. Barcelona se ufana Johan Cruyff. El primero, haber generado una cultura de títulos en el Barça. "El Barcelona estaba acostumbrado a ganar cada 10 años algo. Y cambiar la mentalidad y toda la estructura para ganar cuatro ligas consecutivas (en los inicios del 90) y una Copa de Europa es algo tremendo. Un cambio tremendo", manifestó Cruyff.

Y el segundo logro, hacer disfrutar a la gente. "Yo he disfrutado en el fondo. Estos son los valores de vida, no si ganaste más o menos. Estar en un sitio y tener el reconocimiento de la gente es un gusto. Qué suerte he tenido yo de hacer disfrutar a tanta gente", contó Johan.

Tres reflexiones finales del maestro Cruyff: "Al futbolista, al que jugó, al que vivió en carne y hueso, hay que educarlo para que le aporte al deporte". Johan Cruyff, en su paso por los Estados Unidos, en el ocaso de su carrera como jugador, aprendió a ver el deporte en el país americano como un negocio, como una empresa, como una industria.

"Es más importante el carácter que la calidad. He fichado mucha gente muy buena, que en los entrenamientos era una maravilla, pero que el domingo con 120 mil personas en el estadio no podía".

"Los galardones y las conquistas obligan a más, a doblar el esfuerzo para mantenerse arriba. Los premios te dan más obligaciones. Por ejemplo, cuando te dicen: 'Eres el mejor jugador de este año'. Eso quiere decir que el año que viene no puedes fracasar. Entonces hay que doblar el esfuerzo".

Y algunas frases...

"Siempre hago lo que me gusta, lo que no me gusta me cuesta mucho".

"Leo mucho para tranquilizarme. En la noche para calmarme y poder ir a dormir tranquilo, leo".

"Si no piensas para el equipo, el equipo acaba contigo".

"Me gustaría que me recordaran como un gran deportista y un tío honesto, con eso es suficiente". Esto lo dijo en la "Cadena Ser" de España en 1996 y creo que tal cual es recordado por la gente.

"Si tú fueras el presidente del club, ¿qué harías con Johan Cruyff? Caso. A Johan le haría caso".

Finalmente, debo reconocer que de Johan Cruyff (viéndolo, leyéndolo y escuchándolo) es de la persona que más he aprendido de fútbol. Y no solo de fútbol.

CAPÍTULO III.
MARCELO BIELSA

"Éramos todos muy amigos, nos gustaba jugar juntos, la pasábamos bien reunidos, intentábamos hacer lo mejor posible; atacar mucho y luego recuperarla con la ilusión de volver a atacar... Y esperábamos la compañía de la suerte. Ése es el fútbol, muchachos"

Marcelo Bielsa

"Al hincha hay que ofrecerle, no pedirle"

Marcelo Bielsa

"El cariño y la credibilidad del hincha se merece, no se pide ni se exige"
Marcelo Bielsa

Newell's, la génesis

Desde el comienzo, Marcelo Bielsa patentó varios conceptos que hacen parte de su libro de estilo y han identificado a sus equipos: protagonismo, atacar la mayor cantidad de tiempo posible, defender en campo rival más que en el propio, construcción a partir de los jugadores más retrasados, *wines* (aunque suene redundante, amplios y profundos), presión en todos los sectores del campo, implicación de todos en las tareas de construcción/destrucción, persecuciones individuales, recuperación inmediata, intercambio de posiciones, movilidad, vértigo, derroche, voracidad, viaje del balón más a ras de piso que por arriba. Éstos fueron algunos de los insumos utilizados por el primer equipo del rosarino.

En su concepción del juego, Bielsa es fundamentalista. No negocia con lo que cree y siente. Repudia que su equipo juegue en propio campo, repudia poner en cada posición al jugador más defensivo posible, repudia jugar en largo y por alto, repudia captar rebotes y convertir los partidos en batallas donde lo más importante es quitarle la pelota al rival, repudia jugar al contraataque, repudia reducir los espacios para defender y ampliar los espacios para atacar Estas cosas no van con Bielsa. Marcelo piensa en grandeza y siente que esa grandeza, además de los buenos jugadores de los que disponen los equipos de alto nivel, le obliga a tener una actitud más generosa, vinculada con la belleza del juego, y para ello debe mejorar la capacidad de los suyos para defender en espacios amplios y atacar en espacios reducidos.

Bielsa elige a los intérpretes para cada posición priorizando las características ofensivas sobre las defensivas. Sin dejar de considerar las exigencias específicas de la función, las formaciones del Loco están llenas de jugadores más propensos a construir. En suma, futbolistas que le dan un carácter protagónico al equipo.

Aquel Newell's tenía a Fernando Gamboa, el más cercano al portero Norberto Scoponi, que aparte de tener una gran capacidad defensiva, asumía la responsabilidad de dar el(los) primer(os) pase(s). Berizzo, el intermedio (se colocaba entre el central y los centrocampistas), limpiaba todas las jugadas, organizaba el ataque desde atrás y estaba en permanente contacto con el cuero. Juan Manuel Llop, algunas veces central y otras mediocentro, tenía buena distribución de balón. Julio Saldaña, un jugador de banda con mucha salida y permanente presencia en campo rival. Esos, los más retrasados. Ahora, Alfredo Berti, Gerardo Martino, Ricardo Lunari, Alfredo Mendoza, Cristian Domizzi, Ariel Cozzoni, entre otros, eran los encargados de jugar en las posiciones más cercanas a la portería rival: interiores, wines, mediapunta y punta.

Si detallamos estos nombres podemos concluir que nueve (de los once inicialistas) eran jugadores con vocación ofensiva que sobresalían, fundamentalmente, por sus ejecutorias con balón. Así las cosas, imposible no tener un equipo protagonista.

La construcción del ataque desde los más retrasados fue otro de los sellos identitarios del Newell's campeón de la Argentina y subcampeón de América. Por el sector izquierdo fortaleció el 'inicio' del juego y la salida de balón. La distribución primaria mostraba repetidamente a Gamboa centralizado, como último hombre (realmente era el más cercano al meta Scoponi). Abierto, por izquierda, pegado a la raya (aunque a veces se cerraba), al diestro Saldaña. El intermedio Berizzo se colocaba a una altura superior y en un eje distinto (centro-izquierda) de Gamboa. En otras palabras, por dentro pero escorado, inclinado, a la izquierda. El zurdo Berizzo era una simbiosis de central y mediocentro. Y el interior Berti jugaba a una altura superior a la de Berizzo y Saldaña, también del centro a la izquierda. Es cierto que cuando Saldaña se cerraba, Berti se abría para pegarse a la línea de cal. Después de esta buena colocación en horizontal y vertical (abiertos, cerrados, atrás y adelante), todo pasaba por intercambiar pases y elegir los mejores, buscando al libre de oposición o al que tuviera ventaja posicional para recibir, para superar rivales enemigos y progresar.

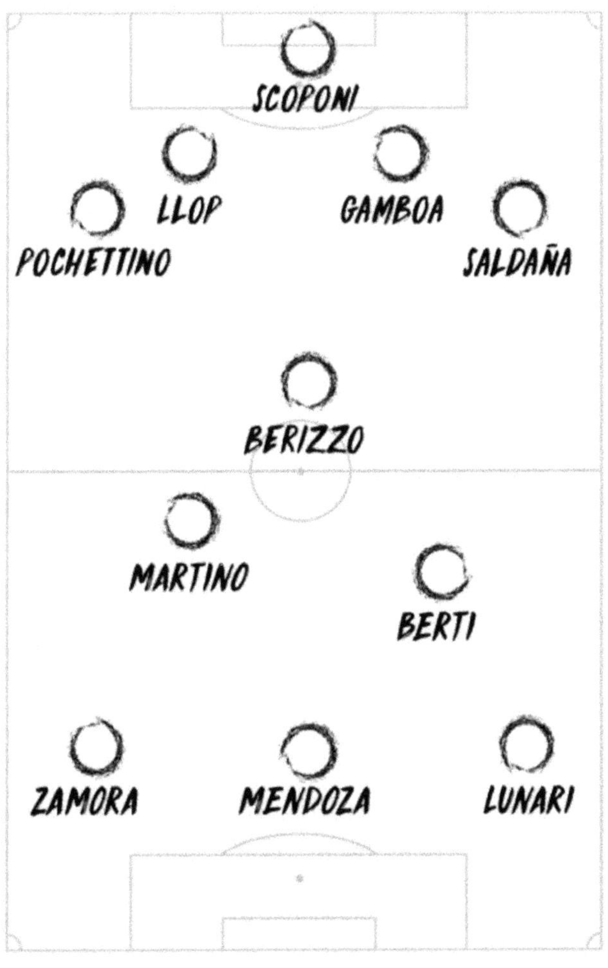

Independientemente de los nombres, siempre amplios y profundos, estaban los wines, como les llama Bielsa. Julio Alberto Zamora, el paraguayo Mendoza, el propio Lunari, Domizzi, entre otros, fieles exponentes del concepto de amplitud.

Sin balón, presión total sobre el portador en todos los sectores del campo. Los más avanzados parecían ser los más convencidos, o por lo menos los primeros, a la hora de agredir al poseedor rival. Presión descomunal a partir de los jugadores avanzados, pero reproducida en todas las zonas del rectángulo de juego. Ser joven y de la casa (se da por descontado que el canterano tiene sentido de pertenencia) ayuda para que el jugador tenga la voluntad requerida cuando el juego exige incomodar, anticipar, contrastar y bloquear al adversario en posesión. Y el Newell's de Bielsa tenía eso: juventud y cantera.

Para presionar, sin ahorrarse nada y con el esfuerzo descomunal como habitualmente lo hacen los equipos orientados por Bielsa, es necesario tener voluntad, juventud, sentido de pertenencia y, por supuesto, la invitación vehemente del entrenador: "Marquen a muerte, a muerte, que no salgan", gritaba Bielsa desde el banquillo leproso, en un mensaje cargado de extremismo.

Ya hemos dado algunas luces acerca de la capacidad constructiva de los jugadores más cercanos al portero Scoponi y más alejados de la portería rival. Berizzo, Saldaña, Gamboa, Llop, Mauricio Pochettino, siempre tuvieron excesivo protagonismo en la etapa inicial de la elaboración de los ataques. Pero así como la mayoría, por no decir todos, estaban implicados en las tareas de construcción, también todos participaban en la fase de no posesión. Así las cosas, si tenían que sufrir, sufrían todos, juntos. Un ejemplo fue la final del campeonato argentino de 1991 ante Boca Juniors en La Bombonera. Aquella tarde, en un barrial-potrero, el Xeneize empujó contra Scoponi en el segundo tiempo. Boca no dejó salir a Newell's de su mitad, lo encarceló en propio campo y lo obligó a replegarse en exceso. Seguro, eso no le gustó a Bielsa. Lo que sí le llenó, creo, fue la manifestación de solidaridad de sus dirigidos. Newell's se resignó, se echó para atrás y corrió, aunque detrás del balón. No hubo otra opción. Eso sí, compitieron como bestias, con pasión desbordada, como si fuera el último partido de sus vidas. Una escena muy parecida se repetiría un año más tarde en el estadio Morumbi de Sao Paulo, en la segunda final de la Copa Libertadores de América de 1992. Esa noche volvieron, en el campo, a sufrir todos, a estar juntos atrás; a ser uno.

No podemos obviar, en este recorrido por el origen, un elemento táctico característico de Bielsa. Las persecuciones individuales o marcajes al hombre. No marcaciones hombre a hombre por todo el campo. No. Sí el seguimiento hasta determinas zonas de determinados jugadores sobre futbolistas influyentes del rival. En la misma Copa Libertadores del 92, en la semifinal ante el América de Cali colombiano, jugada en Rosario, Eduardo Berizzo, el número 3, se pegó como estampilla a Freddy Rincón, el potente y fenomenal centrocampista del América. Berizzo lo referenciaba, lo tomaba y lo perseguía. El objetivo pasaba por evitar que el influyente mediocampista ofensivo colombiano recibiera el balón, teniendo en cuenta que era un jugador capaz de hacer mucho daño.

Eduardo no fue el único jugador orientado por Bielsa que hizo ese trabajo. Otros también lo han hecho. Más adelante, volveremos a hablar sobre este asunto.

Sabemos que los equipos del Loco gustan y buscan el protagonismo. Para cumplir esa premisa, es necesario tener el balón. Pero no siempre se puede finalizar la jugada. Muchas de las acciones con balón, por no decir la mayoría, quedan inconclusas. Aún más en los equipos verticales, progresivos y de vértigo como los de Bielsa. En este escenario es donde el concepto de recuperación inmediata entra en escena. Incluso, vamos más allá... Después de una perdida de balón o reanudación del adversario, la intención de Newell's era saltar con voracidad sobre el adversario para robar, o mejor dicho, recuperar el cuero lo más pronto posible. Mejor si lo lograban en campo rival y lejos de Scoponi. Les recuerdo que el 7, el 11 y el 9, es decir, los de punta, eran los primeros agresores.

Finalmente, el intercambio de posiciones, la movilidad continua, la rotación posicional y la polivalencia también se notaba. Un mismo jugador se movía, dentro del juego o en los partidos siguientes, en diferentes alturas y ejes. Llop oscilaba entre central e intermedio por derecha. Berizzo, auténtico defensa libre como dice Johan Cruyff, era una mezcla de central izquierdo, intermedio izquierdo y mediocentro. Saldaña se abría y se cerraba por la zona siniestra. También jugó de lateral derecho. Berti, más arriba, más abajo, más por dentro o más por fuera. Los extremos hacían de punta y el punta de extremo. Lunari jugaba de interior, extremo y falso nueve. Pochettino era central o lateral por ambos sectores. Polivalencia y versatilidad total.

Honestamente no me es fácil hablar de un sistema táctico básico debido a la elevada movilidad transversal y longitudinal de los protagonistas. Los emplazamientos y desplazamientos variados hacen imposible identificar una estructura. Si de ser caprichoso se trata, pues podría decir que era 1-3-2-2-3, 1-3-4-3 o 1-4-3-3. Incluso, la línea postiza por momentos era de cinco, con Berizzo entre Gamboa y Saldaña por izquierda. Por derecha completaban Gustavo Raggio, más cercano a la línea de banda, y Pochettino, al lado de Gamboa. Eso sí, tanta verticalidad, vértigo y movilidad posicional traía consigo algunas descompensaciones. Sin embargo, es bien sabido por todos que Bielsa es de asumir riesgos.

Selección argentina de ensueño

El dinamismo de la selección argentina de Bielsa fue soberbio. Ritmo endemoniado, intensidad plena. Equipo con alta precisión a un nivel elevado de velocidad de balón. Seleccionado lleno de jugadores con buen pie, exigidos a alta velocidad (de balón).

Estructuralmente eran tres atrás, un mediocentro, dos interiores, un mediapunta, un punta y dos extremos. En números, si quieren, 1-3-3-1-3. Aunque cuando se mueven los artistas eso desaparece.

De nuevo, en escena, el *pressing* a alta intensidad e inmediato en el momento de reanudación o recuperación del rival para reconquistar lo más pronto posible el balón. Ese comportamiento agresivo y colectivo le permitía a la Argentina robar/recuperar el cuero en el primer, segundo o tercer intento (primera, segunda o tercera presión) y evitaba que el rival limpiara la jugada y montara el ataque o contraataque. Los de la camisa blanquiceleste le reducían el tiempo y el espacio al portador y posibles receptores del equipo rival en cualquier sector del campo. Uno, dos, tres o los que fueran necesarios saltaban, generalmente en manada, sobre el rival con balón. Lo importante era ensuciar su jugada y sacarle la pelota. En otras palabras, lo asfixiaban. Obvio, mejor si todo eso pasaba lejos de la portería de Germán Burgos, Roberto Bonano, Roberto Abbondanzieri, Wilfredo Cavallero o el que atajara en Argentina.

Reconozco que estimular e 'incorporar' ese comportamiento en un jugador, en varios jugadores y en todos los futbolistas de un equipo es muy difícil. Sin embargo, Bielsa siempre lo ha logrado.

El intercambio de posiciones fue otro de los rasgos del gran seleccionado argentino de finales del 90 e inicios del 2000. Por ejemplo, Juan Sebastián Verón partía de interior y pasaba a jugar con soltura de extremo o mediapunta. Javier Zanetti igual, arrancaba de extremo y pasaba a jugar como interior. De la mitad hacia delante podían comenzar jugando con Diego Simeone de mediocentro, Verón y Kily González de interiores, Ariel Ortega de mediapunta, Zanetti y Claudio López de wines y Hernán Crespo de punta. En algún momento del juego, Verón pasaba a la zona de Ortega, Zanetti iba al puesto de Verón y Ortega ocupaba el lugar abandonado por López, que recorría el ancho del campo para estacionarse en el puesto de Zanetti. Pese a los cambios posicionales, la calidad del juego no se veía disminuida debido a la naturalidad y capacidad de los jugadores en el cumplimiento de las tareas.

De igual manera, los patrones de juego eran los mismos. Es decir que, aunque variaran los hombres y los nombres, los procederes no lo hacían. Pero ¿cuáles patrones? ¿Qué procederes?

Uno de los más importantes y notorios: ataque vertical exterior. Por supuesto que por dentro también atacaba la Argentina de Bielsa, pero sí que es cierto que la mayoría de sus embestidas se producía por fuera. Ataques con pocos pases y de pocos toques al balón en cada cesión del cuero. Ataques rápidos que no daban tiempo al rival de ajustarse defensivamente y acortaban los caminos al gol. Jugadas donde la pelota pasaba del central al interior A, del interior A al interior B, del interior B al punta y del punta al interior B que finalizaba con un chute a puerta. Acciones de cuatro pases a uno o dos toques máximo por pase.

Por derecha y por izquierda, Argentina construyó fuertes cadenas de juego. Cuando hablo de cadenas de juego me refiero a dos o más jugadores cercanos en horizontal y/o vertical. La cadena derecha estaba compuesta por el central, interior y extremo (sobra decir que los tres diestros), el mediapunta e incluso el punta. La cadena izquierda le pertenecía al central, interior y extremo (izquierdos), al mediapunta e incluso al punta. Puede que el centrodelantero no participara tocando el balón pero colaboraba en la maniobra fijando, atrayendo, clavando, sacando defensores rivales y generando espacios para sus compañeros.

Pero la clave estuvo, primero, en la distribución de los participantes de las llamadas cadenas de juego y después en la circulación del balón. Los protagonistas se situaban a diferentes alturas y ejes. Entonces, para ser algo gráficos, eran cinco alturas y cinco ejes. Hago una pausa para decir que no siempre fue así porque sabemos que este juego es de movimiento constante. Continuamos. Por zona derecha e izquierda cada jugador tenía una altura y un eje. Difícilmente dos o más jugadores se situaban en la misma altura del campo y sobre el mismo eje. Por regla (repito no siempre era igual), primero estaba el central, después el interior, luego el mediapunta, más arriba el extremo y finalmente el punta.

Situaciones reales para entender mejor estos comportamientos. Por el sector izquierdo, el central zurdo Walter Samuel recibe, conduce y saca. Unos metros más arriba, el interior González se abre para pegarse a la raya. El extremo López, por delante del Kily, se cierra. Y del centro a la izquierda también aparecen el mediapunta Ortega y el 9 Crespo. Ortega, entre el Kily y López, por dentro, y Crespo superando la altura de López o entre Ortega y López, igualmente por dentro. Acá podemos notar cómo el jugador que tenía la pelota, en este caso Samuel, poseía, mínimo, cuatro líneas de pase. Aconteció también, por ambos sectores, que el interior se cerraba y el extremo era el que se pegaba a la raya.

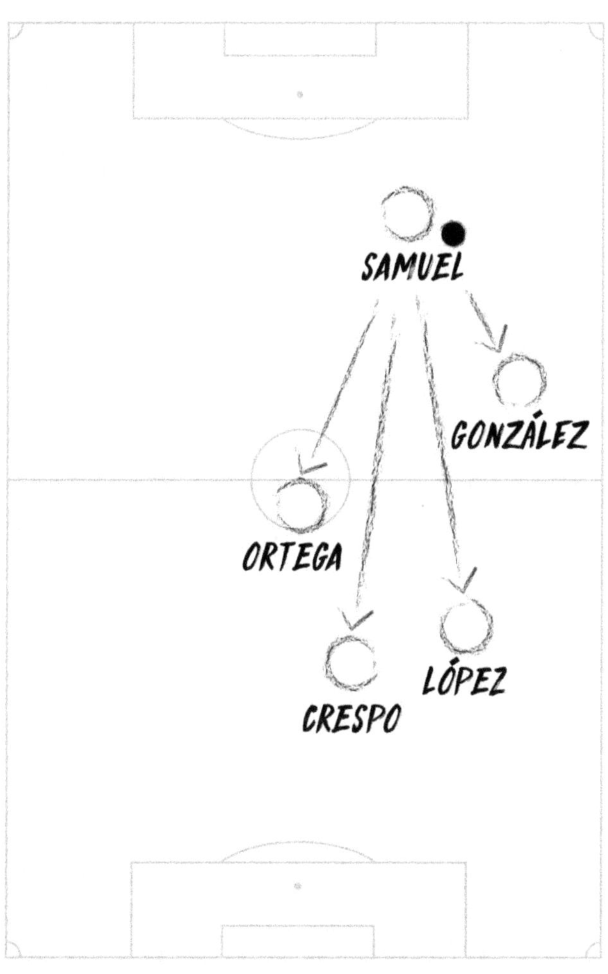

Tres goles que retratan el fútbol hábito de la Argentina *made in* Bielsa. El primero, por izquierda: Samuel bajo, ni tan abierto ni tan cerrado; Kily González, intermedio (entre Samuel y López) y cerrado; López, alto y abierto (pisando la cal), y Crespo, más alto que López y cerrado. Samuel, en propio campo, extiende con pase largo a López, que, en campo rival, controla, conduce, desborda y centra. Crespo clava a los centrales y por la zona contraria, el extremo derecho, Ortega, ataca el balón en el área y convierte.

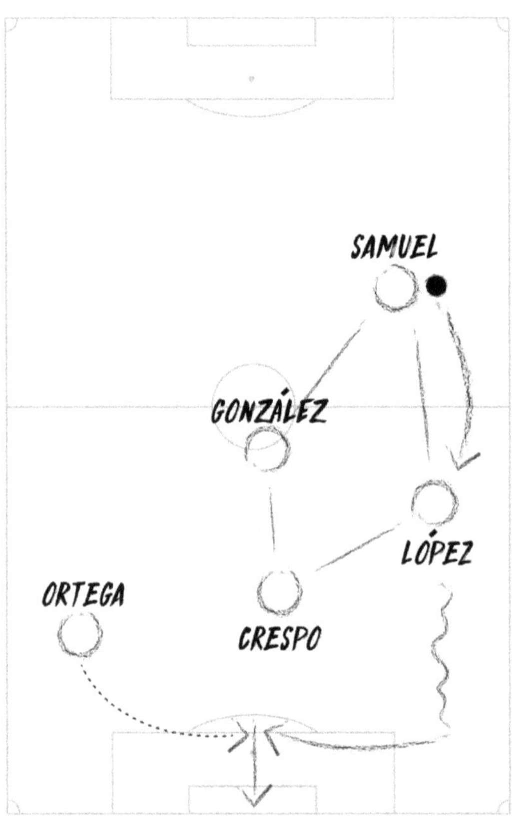

El segundo, por el carril central: Samuel bajo, de nuevo ni tan abierto ni tan cerrado; Verón interior izquierdo y Almeyda interior derecho, ambos inicialmente situados entre Samuel y Crespo en ejes distintos pero a la misma altura, y Crespo, alto. Pase de Samuel a Verón, Almeyda pica y cae a una altura superior a la de la Bruja, recibe y entrega metros más arriba a Crespo, que pone el balón al espacio para que Matías vuelva, pique y dentro del área la mande a guardar.

El tercero, por derecha: Fabricio Coloccini, central, abierto, sobre la raya, y profundo; Zanetti, interior, más alto y más cerrado que el primero; Delgado, extremo, más alto y más cerrado que el segundo. Intercambio entre interior y extremo. Zanetti se abre y va, Delgado se cierra un poco, viene y atrae a un adversario. Pase de Coloccini a Zanetti por fuera, centro, rebote y gol de Delgado.

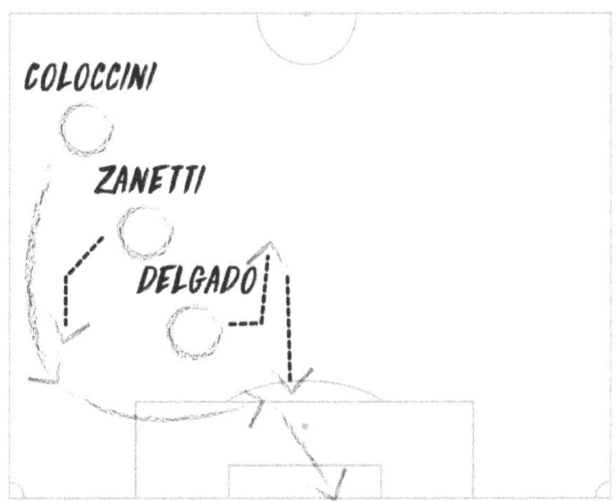

Ahora, falta hablar de la participación de los de adentro, el central central (perdónenme la demarcación) y el mediocentro. Por citar dos, Roberto Ayala y Simeone (después apareció Javier Mascherano). Ayala, pase y recepción de seguridad y apoyo. Muy útil para sus compañeros de costado (Samuel, Gabriel Heinze, Nelson Vivas, Roberto Sensini), porque permitía cambiar la orientación de la salida si el rival impedía escapar por determinado sector. Por ejemplo, si el central derecho Vivas no tenía líneas de pase con los más avanzados de su sector, entonces entregaba a Ayala y éste conectaba con el central izquierdo, Samuel, para empezar a salir por la zona contraria. De igual manera, Simeone o Mascherano eran el cordón umbilical que unía a los de derecha con los de izquierda y viceversa.

Chile, el mismo canon

El equipo de Chile campeón de América en 2015 y 2016 tuvo sus orígenes en 2007, año en el que llega al banquillo austral Marcelo Bielsa. El Loco se la jugó por los jóvenes Claudio Bravo, Gary Medel, Gonzalo Jara, Arturo Vidal, Alexis Sánchez, Jean Beausejour en la selección mayor. Estos jugadores ya tenían historia en los seleccionados juveniles de Chile, pero no en el combinado absoluto.

Bielsa vio calidad y juventud, mezcla perfecta para aplicar los conceptos de su filosofía de juego. Obviamente, primero los tenía que seducir y convencer, algo que no es difícil en la personalidad del DT rosarino. Marcelo siempre convence a sus dirigidos; además, logra persuadirlos en tiempo récord.

Pues bien, en Chile, de nuevo, fuimos testigos de los 'mandamientos de la ley' de Bielsa: oleadas de *pressing*, marcaciones hombre a hombre y persecuciones, ataque exterior 'directo', versatilidad táctica colectiva y polivalencia individual, por nombrar algunos. Es decir, el mismo canon, pero con otros nombres y artistas.

Todo un espanto el tiempo en el que recuperaba la pelota aquella selección chilena. Es decir, los escasos segundos que transcurrían entre el momento de la pérdida del balón (por una mala entrega, un acierto en la marcación del adversario) y la reconquista del mismo. La recuperación de la pelota era inmediata, Chile cortaba muy rápido el juego del rival. No le permitía al oponente acomodarse-organizarse cuando tenía el cuero. La voluntad con la que los chilenos buscaban la pelota cuando el rival la tenía era descomunal. Jugadores y equipo incansable. Unas bestias

Tan solo cinco, seis, siete segundos pasaban entre la pérdida del balón de Chile y su recuperación; o, mejor dicho, apenas le duraba el balón al rival cinco, seis, siete segundos en su poder. Así las cosas, repito así suene redundante, era imposible que el oponente se acomodara y organizara con la pelota y lanzara contragolpes.

¿Los medios? Presión, *pressing*, acoso, marcación estrecha, anticipos, forcejeos, disputas, duelos uno contra uno, doblajes, 'triplajes' (tres defensores por un atacante). Todo hecho en todos los sectores del campo y por todos los jugadores derrochando pasión, decisión y una incalculable voluntad.

Oleada de *pressing*. Partido ante Argentina disputado en Santiago, por las Eliminatorias al Mundial Sudáfrica 2010.

MINUTO DE JUEGO DE PÉRDIDA	MINUTO DE JUEGO DE RECONQUISTA	TIEMPO DE RECUPERACIÓN DE BALÓN
03:22	03:36	14"
04:55	05:00	5"
07:35	07:41	6"
08:02	08:13	11"
08:31	08:41	10"
09:20	09:28	8"
11:36	11:45	9"
12:27	12:31	4"
13:57	14:04	7"
14:22	14:25	3"
16:11	16:15	4"
18:10	18:14	4"
18:27	18:34	7"
19:51	19:54	3"
19:56	20:02	6"
20:26	20:28	2"
20:37	20:38	1"
21:04	21:05	1"
22:00	22:04	4"
22:33	22:39	6"
23:25	23:46	21"

De igual manera, nuestros ojos fueron testigos del hombre a hombre. Habitualmente el encargado de perseguir, en los equipos de Bielsa, es el mediocentro. ¿A quién? Al jugador más resolutivo, influyente o determinante del rival.

El perseguidor, por inventarnos una denominación, observa su presa, lo referencia, lo tiene vigilado y lo persigue hasta que termine la jugada; lo sigue y va hasta las zonas a las que va la 'víctima'.

Pasó en el Chile-Argentina de octubre de 2008, en Santiago. Marco Estrada fue el encargado, aquella noche mágica para Chile (triunfo histórico ante Argentina y con juego de elevadísima calidad), de perseguir a Lionel Messi. La orden fue del DT Bielsa.

La idea era aislar a Messi. Impedirle que entrara en contacto con la bola y se comunicara con sus compañeros. La presencia de Estrada siempre cercano a Messi y las persecuciones en propio campo de Chile por el centro, la izquierda y la derecha se reprodujeron durante los 90 minutos.

El resultado de aquel hombre a hombre: Messi 'salió' del partido, tocó pocos balones, fue obligado a tirarse a los costados. Argentina no le pudo hacer llegar el balón a su pieza más desequilibrante. Tan solo en una jugada (a los 36 minutos del segundo tiempo) Messi se le pudo escapar a su verdugo. Jugada que por poco termina en gol.

Podrán pensar que esto lo hizo Bielsa porque enfrentaba a Messi. Aclaro que este comportamiento, el hombre a hombre o la persecución, no se ha ejecutado exclusivamente con Messi. Ya he dicho que con Newell's, Marsella, también lo vi.

Las persecuciones en los equipos de Bielsa. Normalmente se persigue al jugador más creativo y con más libertad de movimiento y acción del equipo rival. ¿Por qué? Porque ese jugador, al contar con libertades, puede ir o jugar por cualquier lugar, lo que provocará mucho cambio de marca. Esos intercambios de marca generan confusión, distracciones y son difíciles de hacer. Por eso es mejor pegarse al rival y perseguirlo, según Bielsa.

En la Roja, los protagonistas fueron otros. Sin embargo, los preceptos y principios relacionados con el ataque exterior no variaron. La formación del rombo por la banda y en longitud entre el central, interior, enganche y extremo fue una conducta habitual.

Con nombres propios: por derecha, Gary Medel, el central, salía y conducía el balón; Vidal, el interior, a una altura superior a la de Medel, se abría y se pegaba a la línea de banda; Matías Fernández, el enganche, por delante de Medel y Vidal, se recostaba a la derecha situándose en un eje distinto al de los dos compañeros más retrasados, y, el extremo, Alexis Sánchez, el más avanzado de todos, se cerraba un poco. Los cuatro intervinientes quedaban en ejes y alturas distintas, algo que facilita el pase y la circulación.

Así las cosas, esta distribución le permitía al portador del balón, en este caso Gary Medel, tener tres líneas de pase: a su derecha, a su izquierda y en profundidad. Además, tenía pase de seguridad y apoyo con Jara, el central, y Estrada, el mediocentro, para cambiar la orientación de la salida y el 'inicio' del ataque.

Un dato importante. Generalmente el primer sacador o iniciador en la Chile de Bielsa era el central por derecha e izquierda (habitualmente Medel y Fuentes, aunque también fueron utilizados otros nombres en esas zonas).

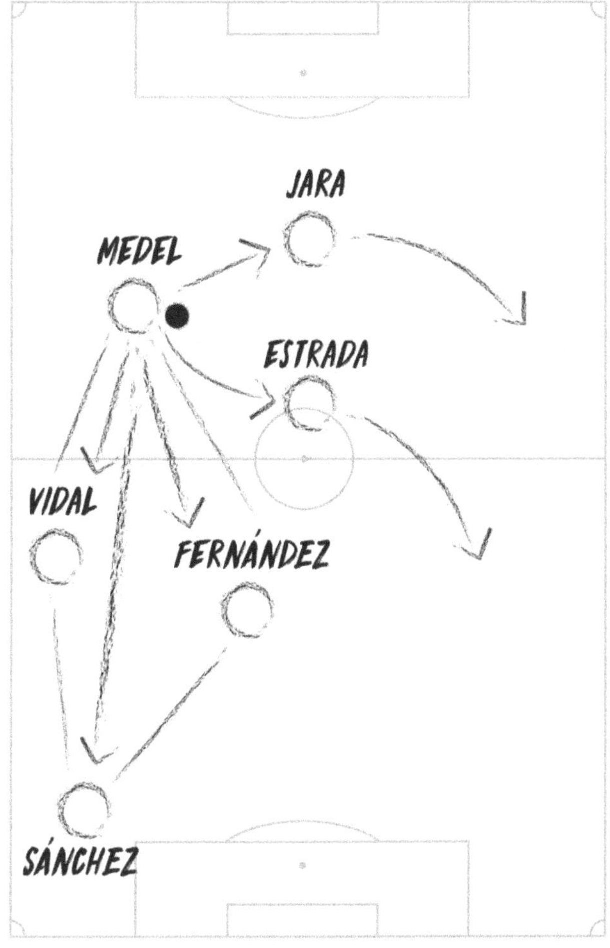

No obstante, el circuito exterior de progresión y ataque no siempre lo formaban el central, el interior, el enganche y el extremo. Hubo momentos en los que lo conformaron el interior, el extremo, el mediapunta y el punta. Cuatro intervinientes colocados a diferentes alturas y en distintos ejes formando el rombo.

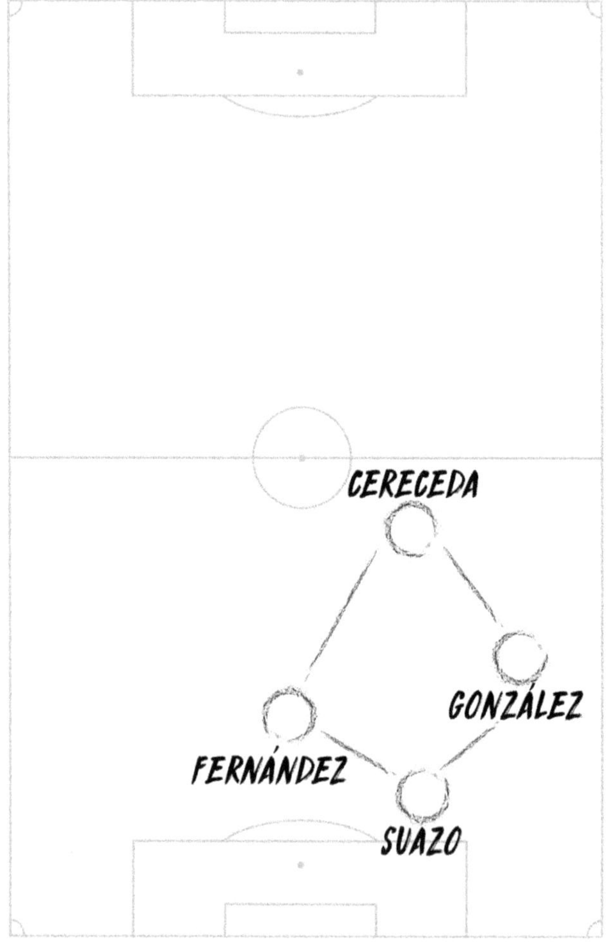

Una conducta predominante en el equipo del Loco fue que los de atrás servían de apoyo cuando era difícil progresar. Los del eje central (arquero, central centralizado, mediocentro e incluso el mediapunta y el punta) servían de apoyo a los de afuera y contribuían a cambiar la orientación del ataque mediante cambios de orientación (lanzamientos de balón cruzados, cortos o largos, a ras o por arriba).

Y los más avanzados (extremos y fundamentalmente centroatacante) eran buenos bases de espalda; es decir, aguantaban el balón para que se acercaran, llegaran, desdoblaran, salieran y pasaran la línea del balón sus compañeros y terminaran recibiendo descargas. Recordar que aguantar la pelota, sostenerla, permite darse un tiempo para apoyarse y darle un tiempo a los compañeros para que te apoyen.

Los medios más utilizados en el ataque exterior de Chile fueron las paredes, los pases a uno o dos toques, cambios de orientación, pasadas (pasar por la espalda del compañero), triangulaciones, pivoteos, tercer hombre.

Finalmente, en esa selección chilena vimos aplicados los conceptos de versatilidad táctica colectiva y polivalencia individual. Esto lo obtuvo gracias a la capacidad de los futbolistas de intervenir, ejecutar y hacer tareas en diversas zonas del campo y en diferentes sectores. Esto, de igual manera, le permitió al conjunto manejar diferentes estructuras (1-4-3-3, 1-3-3-1-3, 1-4-4-2) para ajustarse a las diferentes circunstancias y momentos que ofrecían los partidos (atacar más, cuidar o defender un resultado parcial a favor, remontar).

El proyecto Lille. Juventud, derroche, frescura e inmadurez.

Antes de llegar al Lille, Marcelo Bielsa pasa por Athletic de Bilbao y Marsella. En ambos lugares tuvo éxito (no por las copas levantadas, sí por los caminos recorridos, las formas, la conducta propia y la de sus dirigidos en el campo de juego). En Bilbao y Marsella, Bielsa dejó huella.

Bielsa llega a Lille y pone las cosas en su sitio. Apenas aterriza a su nueva casa, con la honestidad que lo caracteriza, habla, decide y hace sin amagues ni gambetas.

El juego: "Protagonismo, tratar de pasar todo el tiempo posible atacando, para eso es necesario defender bien en campo rival más que en campo propio. La pelota más a ras de piso que por arriba. Ah, y rivales que lo permitan".

Características de los fichajes: "Valoro mucho la capacidad creativa de los jugadores. Poder imponer los recursos técnicos exige un carácter que no debe descuidarse. Planteo una situación muy idealista: jugadores muy ricos técnicamente, de mucho carácter e inteligentes. El problema es encontrarlos".

Las pretensiones del proyecto: "Ofrecer un buen producto, hacer feliz al público y acercarse a las posibilidades que tiene el juego en cuanto a su belleza y a la necesaria producción de resultados".

¿Por qué aceptó Lille?: "Lo que puedo aportar articula con lo que la estructura y la organización requieren. El fútbol tiene algo de industria y mucho de pasión; las proporciones que he observado en los dirigentes de Lille se corresponden con mis sentimientos".

El trabajo precompetitivo: "La pretensión antes del comienzo de la Liga es que los jugadores conserven el peso ideal, que no pierdan una cualidad física que se puede conservar con poco esfuerzo, que es la cualidad aeróbica. Las seis semanas disponibles las dividiremos en dos segmentos parecidos; el segundo segmento contendrá cinco partidos amistosos y el primero será de una preparación general del equipo. La semana inicial será de evaluaciones y la última será la preparación del partido número uno de la Liga".

Obligado a dar resultados: "No tengo ninguna excusa para no ofrecer una productividad proporcional al material humano que el club ha puesto a mi disposición. Si bien entiendo que hay un margen de desarrollo importante, que de momento exige el avance de la competencia, esto no quiere decir que yo no esté obligado a ofrecer resultados".

Transformación inmediata del centro de entrenamientos

Luchin es el centro de entrenamientos del Lille. Bielsa, antes de comenzar el trabajo, hizo mejorar la infraestructura. Para las seis semanas de trabajo previo a la competencia, Marcelo solicitó hacer algunos ajustes al centro de entrenamiento. El club cumplió la solicitud del DT argentino. Mes y medio duraron los trabajos de construcción, que comenzaron a finales de abril. Bielsa decidió no trasladarse a otros lugares. Prefirió, antes de comenzar el campeonato francés, trabajar en casa. Una saludable decisión para el club, puesto que en vez de gastarse el dinero alquilando hoteles y sitios de entrenamiento en otros lugares, invirtió el dinero en la mejora y modernización de su centro de entrenamiento. Eso es aportarle al crecimiento del club.

Bielsa, para que su trabajo llegue a niveles elevados de efectividad, precisa de disciplina, voluntad, predisposición y concentración de los futbolistas y entiende que brindándoles las mejores condiciones, en cuanto a factor humano, metodología e infraestructura, los *players* se verán en la obligación de dar el máximo esfuerzo y potencial y no tendrán nada que objetar sino dedicarse a trabajar con denuedo. Si tienes comodidad y *confort,* debes rendir al máximo.

Once habitaciones dobles y 19 sencillas, sala-comedor, sala de ocio o relajación (juegos), sala de conferencia y estudios, fueron las cosas que se le agregaron en tiempo récord al centro de entrenamiento de *Luchin* por petición de Bielsa; todo junto, todo cerca, para ofrecer día a día a los jugadores y cuerpo técnico las mejores condiciones de trabajo, descanso y recuperación.

Las premisas fueron cargas duras, trabajo fuerte, bestial, con requerimientos máximos de exigencia, esfuerzo y perfección en las ejecuciones. Fatiga, también, máxima. Control de la alimentación y el descanso. El trabajo *light* o a media máquina no te permite llegar al alto nivel.

Gracias a la intervención de Bielsa, *Luchin* mejoró su infraestructura y se modernizó. Pero la idea es expandirlo y mejorarlo aún más. Este apenas fue el primer paso.

El club puso a plena disposición de Bielsa, el cuerpo técnico y los jugadores todos los recursos logísticos (instalaciones para el entrenamiento y el descanso-recuperación), técnicos (profesionales calificados, herramientas de entrenamiento), tecnológicos, para desarrollar el trabajo en "inmejorables condiciones", como subrayó el propio entrenador argentino, además del calor humano y afectivo.

Reestructuración y rejuvenecimiento del plantel

De la temporada 2016-17, treinta y tres jugadores abandonaron el club. Apenas permanecieron nueve. Por decisión de Bielsa se fueron del club once futbolistas con recorrido y trayectoria; la mayoría, veteranos.

La depuración del plantel, consistente en la salida de jugadores emblemáticos y veteranos, como el último capitán Rio Mavuba y el mundialista Vicent Enyeama, sorprendió al entorno. Bielsa justificó su decisión argumentando estudio, análisis, observación y su deseo de no engañar a los jugadores, reteniéndolos en el club sabiendo que no los iba a considerar dentro de su idea futbolística, razón por la cual su participación y aporte serían nulos.

Lille incorporó diez jugadores, todos jóvenes. Marcelo necesita juventud, derroche y jugadores proclives al aprendizaje. La juventud, además, bien gestionada garantiza la estabilidad deportiva y económica del club. Es decir, Bielsa, de nuevo, pensando en el futuro monetario y competitivo de la entidad.

La inversión en fichajes fue cercana a los sesenta y cuatro millones de euros. La dirección deportiva puso a disposición de Marcelo ciento diez jugadores para elegir diez. Armonía total, sin desconocer las diferencias de criterios y confrontaciones honestas que deben existir en todo colectivo. Ciento diez futbolistas estudiados minuciosamente respecto a sus capacidades técnicas, tácticas, físicas, humanas y profesionales.

La plantilla se redujo intencionalmente a 18 jugadores, más algunos juveniles que complementan el grupo.

BAJAS LILLE TEMPORADA 2017-18
Vincent Enyeama (34 años). Portero
Éder (29 años). Delantero. Campeón con Portugal de la Euro 2016.
Marvin Martín (29 años). Centrocampista. El jugador más costoso del plantel.
Stoppila Sunzu (28 años). Defensor
Naim Sliti (24 años). Centrocampista
Junior Tallo (24 años). Delantero
Rio Mavuba (33 años). Centrocampista. Capitán del equipo.
Julian Palmieri (30 años). Defensor
Marko Basa (34 años). Defensor
Eric Bauthéac (29 años). Centrocampista
Lemy Nangis (23 años). Centrocampista

ALTAS LILLE TEMPORADA 2017-18
Ballo Touré (20 años). Lateral izquierdo
Boukholda (21 años). Centrocampista ofensivo
Dabila (20 años). Defensor
Hervé Koffi (20 años). Portero
Luiz Araujo (21 años). Ofensivo izquierdo
Nicolas Pépé (22 años). Extremo derecho
Ezequiel Ponce (20 años). Delantero
Thiago Mendes (25 años). Centrocampista
Edgar Ié (23 años). Central
Kevin Malcuit (25 años). Lateral derecho
Boubakary Soumaré (18 años). Centrocampista
Thiago Maia (20 años). Centrocampista
Adam Jakubech (20 años). Portero

Como pueden ver, la mayoría, por no decir todos, jóvenes, proyectos de futbolistas (aunque con calidad), que con buen entrenamiento y buena formación se pueden convertir en grandes jugadores. Bielsa tiene el método y a través del entrenamiento, la competencia, la convivencia y exigencia, estos chicos con potencial se pueden convertir con el tiempo en jugadores de alto nivel. No ha tenido temor de fichar juventud para el proyecto Lille. Sabe Bielsa que los jóvenes carecen de experiencia, pero no de frescura, algo imprescindible dentro de su manera de concebir el juego. No teme trabajar para ayudarles a crecer. Asume un reto, que demanda paciencia y valentía.

Los jugadores incorporados son del gusto del entrenador y el director deportivo, el portugués Luis Campos, y aceptaron las condiciones del entrenador. Una de ellas, estar dispuestos a jugar dos o tres años en Lille.

De otra parte, la decisión de 'cortar' gente no es por capricho. La decisión de prescindir de los once jugadores mencionados obedece al análisis con denuedo, al estudio documentado y meticuloso que hizo Bielsa antes de comenzar el periodo preparatorio.

Lo propio aconteció en Bilbao. Bielsa, para conocer el medio y tomar las decisiones más convenientes para el proyecto institucional y deportivo, observó todos los partidos jugados por el Bilbao la última temporada. Entre Liga, Copa y amistosos fueron casi 50 partidos vistos (con repetición) por Marcelo. El DT, durante esa etapa de observación, conocimiento y pesquisa, estudió y analizó los partidos desde el punto de vista táctico, posicional, estratégico. Estudió, de igual manera, formaciones, novedades de la plantilla a lo largo de la temporada, posicionamientos tácticos colectivos. Así como los comportamientos individuales (aciertos, virtudes, características, errores, fallas, carácter, competitividad) de cada futbolista y los detalles respecto a los diferentes registros del juego (jugadas a balón parado, transiciones, iniciación, continuación y finalización de las acciones). Un completo y estructurado estudio que le otorgó al entrenador una gran cantidad de datos para tomar decisiones respecto a la confección de la plantilla atendiendo, naturalmente, a sus pretensiones y sentir futbolístico.

Exactamente el mismo procedimiento lo realizó con todos los jugadores que terminó fichando el club francés para el curso 2017-18.

Ama trabajar (mejorar, enseñar, instruir) con los jóvenes

Son varias las razones por las que Marcelo Bielsa prefiere trabajar con jugadores jóvenes, como en Lille:

-Al no estar consolidados aún y no ser grandes estrellas, los jugadores jóvenes son más fáciles de adquirir; se ajustan al presupuesto económico medio o bajo del club.

Coste fichajes Lille temporada 2017-18

Jugador	Coste
Luiz Araujo	10,5 millones de euros
Pépe	10 millones de euros
Thiago Mendes	9 millones de euros
Malcuit	9 millones de euros
Edgar Ié	5,5 millones de euros
Dabila	Libre
Boukholda	Libre
Koffi	Libre
Ponce	Préstamo Roma
Xeka	5 millones de euros
Thiago Maia	14 millones de euros
Adam Jakubech	1 millón de euros

-Representan una eventual y potencial ganancia económica para el club; si mejoran, crecen, maduran, se potencian, se pueden vender a clubes con economías ricas y altas por un valor muy superior al adquirido.

-Tienen hambre, ambición, sueños, deseos de surgir. Aún no han llegado a su punto más alto.

-Corren y transpiran como bestias. Para Bielsa, el esfuerzo máximo es innegociable.

-Tienen gran capacidad de aprendizaje. Adquieren conceptos futbolísticos más rápido.

-Pueden ser más y mejor manejables y orientables que los veteranos o 'vacas sagradas', que muchas veces se creen los dueños de los equipos y manejan un ego inmanejable. Su carácter es más moldeable e influenciable; en un joven se puede influir más en su carácter que en un veterano. Claro está que con los jóvenes hay que tener paciencia y ser valiente porque son inexpertos e inmaduros.

A la cancha

El plantel 2017-18, Bielsa lo confeccionó a partir de tres segmentos: los jugadores que estaban en el club en la temporada pasada y tuvieron el visto bueno para continuar del DT, los fichajes más algunos jugadores jóvenes promovidos al primer equipo. Los tres segmentos, con un factor común: juventud.

Del plantel profesional de la temporada 2016-17 permanecieron: Maignan (22 años), Amadou (24), Alonso (24), Benzia (22), El Ghazi (22), De Preville (26), Xeka (22), Bahlouli (22), Bissouma (20).

Los fichajes: Edgar Ié (23 años), Malcuit (26), Mendes (25), Araujo (21), Maia (20), Pepe (20), Ponce (20), Ballo-Touré (20), Jakubech (20), Koffi (20).

Los promovidos: Koumé (20 años), Pollet (20), Terrier (20), Faraj (18), Mendyl (19).

Se puede observar que en este plantel solamente dos jugadores llegan a los 26 años (Malcuit y De Preville). El resto, menores.

En los primeros partidos, Lille mostró sus intenciones respecto al estilo de juego:

1. Versatilidad táctica colectiva. Diversidad en los posicionamientos y ocupación de espacios. Dos retrasados por dentro (Ié y Alonso), los más cercanos al portero. Dos retrasados por fuera (Malcuit y Ballo-Touré ó Koumé). Dos centrocampistas a la misma altura: por dentro, uno más de cobertura y apoyo en la iniciación de las jugadas (Amadou), y otro de ida y vuelta (Mendes). Un centrocampista avanzado de fluctuación-movilidad y desmarque (Benzia). Dos extremos (El Ghazi, derecho, y Luiz Araujo, izquierdo). Y un punta (De Preville). También, dos centrales, dos laterales, un centrocampista centralizado de cobertura y apoyo en la iniciación del juego, dos centrocampistas más altos de ida y vuelta, dos extremos y un punta. Tres retrasados (Ié, Amadou y Alonso), anchos y angostos según las necesidades, como iniciadores. Dos laterales (Malcuit y Ballo-Touré o Koumé). Un mediocentro (Mendes), más posicional. Un centrocampista interior (Benzia) de fluctuación (movilidad y desmarque). Dos extremos (El Ghazi y Luiz Araujo). Y un avanzado (De Preville). La fluctuación de Benzia, su permanente movimiento y desmarque le permiten descender para situarse a la altura del mediocentro, ascender y aparecer como segunda punta, situarse a la espalda de los centrocampistas adversarios e inclinarse a las bandas e interactuar cerca con el lateral y extremo. De igual manera, los extremos y los laterales (El Ghazi, Araujo, Malcuit, Koumé, Ballo-Touré) se cierran y trabajan por dentro como centrocampistas interiores.

2. Polivalencia individual. Cambiaron el lugar, o espacio, de partida y ejecución (dentro del mismo partido o de partido a partido) Amadou (central, mediocentro; retrasado, avanzado), Alonso (central, lateral; cerrado, abierto), Mendes (interior, mediocentro; por dentro, alto, bajo), El Ghazi (extremo, interior; abierto, cerrado), Araujo (extremo, interior; abierto, cerrado), Malcuit (lateral, interior; abierto, cerra-

do... Debido a su gran capacidad para desmarcarse, Benzia ocupa varios lugares del centro del campo, incluso del tercio ofensivo (aparece como segunda punta).Un jugador de mucha fluctuación. Un solo jugador trabajando y cumpliendo tareas en dos o tres lugares del campo. Mendes tuvo más profundidad en algunos juegos y en otros jugó más posicional. Ié dentro de un mismo juego cambió su perfil (de derecha a izquierda).

3. *Pressing* ultraofensivo en las reanudaciones del portero rival o juego de los defensores adversarios.

4. Construcción a partir de los más retrasados a ras de piso. Se asume ese riesgo y si aparecen los problemas (por una pérdida), se deberán solucionar para evitar el contraataque y el eventual gol rival.

5. Presión incansable e insistente en todos los sectores del campo sobre el poseedor rival.

6. Ataque exterior, por banda, con dos elementos fijos (lateral y extremo) más el interior que se inclina.

7. Alta precisión en juego asociado a elevada velocidad del balón (jugarlo, pasarlo a uno o dos toques máximo).

8. Juego asociado a través del pase y el desmarque.

9. Ataque inmediato o progresión inmediata. Después de recuperar el balón más pase vertical medio o largo a un avanzado o conducción vertical veloz más gambetas y duelos uno contra uno, que aguantar, darse un tiempo y dárselo a los compañeros para que ganen alturas, juntando pases cortos en horizontal, reteniendo, disminuyendo la velocidad en la donducción. Araujo, El Ghazi, De Preville sienten este tipo de juego, tienen valentía, se juegan el uno contra uno, poco les importa si arrancan y estiran al equipo y unos metros más adelante se encuentran solos, sin ayudas y en medio de dos o tres oponentes y se tienen que jugar una gambeta para eliminar adversarios y seguir progresando. Eso sí, cuando el portero inicia la jugada, o los defensores (los más retrasados), y el rival tiene a todos sus elementos atrás y replegados,

así sí de manera colectiva, asociada, los jugadores del Lille buscan caminos seguros para progresar, intentan por un lado, por el otro, mueven el balón buscando el espacio para avanzar, junta pases hacia los costados, hacia el frente, elabora con paciencia, invita a salir a los oponentes.

> Hay quienes sostienen que después de recuperar la pelota lo saludable es dar un pase de seguridad, es decir, entregarle el cuero a un compañero que tenga ventaja espacio-temporal para recibir (que no esté marcado o pueda en el momento de intervención ser marcado por un oponente). La idea es jugar la pelota (pasarla) atrás, a los lados, retener (dar tres o cuatro toques), frenarse en la conducción o reducir la velocidad en la conducción... Todos estos quehaceres son los que permiten que los compañeros desdoblen, ganen alturas, avancen, se desarruguen, y el equipo se reorganice o redistribuya espacial y posicionalmente para avanzar juntos, con una buena cantidad de jugadores (en grupo).

Liderazgo y conducción

A Marcelo Bielsa se le identifica por su estilo. No por los resultados, sí por su método. Y eso es lo que precisamente siempre ha buscado el entrenador argentino. "Las evaluaciones no deben hacerse en función de lo que se obtiene, sino en función de lo que se merece. Desde muy pequeño aprendí a valorar a aquel que se compró un carro de baja gama a través del trabajo y el esfuerzo que aquel que compró un carro de alta gama porque se ganó la lotería. Y el que ganó la lotería no hizo nada malo, pero no merece lo que tiene. En mi barrio también había prostitutas que tenían un BMW", reflexionó Marcelo Bielsa. Rotundo.

Su estilo, su método, para conducir y liderar sus grupos se sustenta en una serie de valores que a continuación vamos a enumerar y a describir. Valores expuestos por el propio Bielsa.

1. Afecto: querer y perdonar: "Para conducir debes querer al que conduces. El querer y el perdonar mejoran al futbolista. Si quiero al futbolista y por quererlo lo perdono, eso es mejor que culparlo y castigarlo. Querer y ser querido es una de las cosas que más produce felicidad en el ser humano", reflexiona Bielsa.

2. Preparación anímica: "El discurso del entrenador debe producir ilusiones en sus jugadores. Hay que cuidar el discurso para evitar caer en lugares comunes que no tocan ni ilusionan al jugador", cree Marcelo.

3. Honestidad: "Desde siempre he creído que hay que conducir diciendo la verdad. El conducido quiere sentir que el que lo conduce no le miente. Engañar al que uno prepara no funciona", opina.

4. Autenticidad: "En el fútbol gana cualquiera (el protagónico o el especulativo, el defensivo o el ofensivo...), pero solo gana, o realmente gana (así pierda), aquel que se describe tal cual es".

5. Respetar al distinto: "Es imprescindible tolerar y respetar al distinto. Admitir la diferencia es vital. Hay que cobijar al que piensa distinto".

6. Estimular la vanidad y el ego: "El que conduce no debe ignorar la importancia del autoestima, del ego. Hay que estimular la vanidad y el ego porque el fútbol es una actividad creativa".

7. No ignorar al mejor: "Un equipo y un grupo humano no puede ignorar quién es el mejor. Eso sí, el mejor es el que tiene más obligación porque es aquel que recibió la bendición genética. Está más obligado".
    Pero Bielsa va más allá y nos regala una maravillosa visión sobre quién es el mejor en un grupo, que no necesariamente es aquel que recibió la bendición

genética, sino el que más ha progresado debido al trabajo y esfuerzo. "¿Quién es el mejor? El mejor es aquel que ha logrado a través del esfuerzo un mayor segmento o nivel de crecimiento. Ese es ejemplo y mejor para el grupo".

8. Esfuerzo colectivo: "Si todos corren, todos corremos menos". "Los equipos desarrollados son los que reparten el trabajo sucio. Todo aquello que no es lindo hacer (correr, marcar, tirarse al piso) lo hacemos entre todos, hasta los más talentosos, hasta el mejor". "Algunos jugadores ganan partidos, los equipos ganan títulos".

9. Zona de coincidencia de un colectivo: "Ponerse de acuerdo y soslayar las diferencias con el otro ayuda a crecer a un colectivo. Un entrenador con 20 jugadores debe decir al grupo: 'En estos comportamientos, valores y conductas debemos coincidir todos. Estos valores, comportamientos y conductas son innegociables. Pero de igual manera, cada quien tiene ciertas libertades y particularidades que se han de respetar".

10. Pasión: "Elemento indispensable en cualquier oficio. La pasión ignora todo lo desagradable y tolera todos los sufrimientos del oficio".

11 Resiliencia: "Superar el dolor, levantarse de la derrota".

12. Conductor como ejemplo: "Se pierde el principio de autoridad si no das ejemplo, si pides algo que no haces o no aplicas".

13. Lealtad: La patentó con sus compañeros de trabajo, siendo ellos (ayudantes) de inferior rango, en cuestiones tan delicadas como las relacionadas con el dinero. "Yo renuncié al Marsella (de Francia) porque tres días antes del comienzo de la competencia el abogado de la dueña del club y otro señor vinieron y me dijeron sin argumentos: 'A su contrato le vamos a quitar el 10%, pero no se preocupe que no es a usted, se lo vamos a quitar a sus compañeros de trabajo'. Entonces yo le dije: '¿Usted está seguro de lo

que hace? ¿Representa al presidente y a la dueña?'
Me dijo: 'Por supuesto'. Le respondí: 'Bueno, muchas
gracias', y me fui. Eso fue dos días antes del partido.
Después del partido renuncié y lo expresé por escrito. Por eso renuncié a Marsella".
Y también respeto por el trabajo de los demás. "En el
Bilbao le dije al presidente del club que yo no toleraba si tomaba alguna decisión con respecto a la gente
que trabaja conmigo. Le dije que quería terminar el
año de trabajo con la misma gente que había comen-
zado y que quería iniciar el segundo año de trabajo
con la misma gente con la que terminé el primero.
El doctor Lekue sabe la opinión que tengo de él en
lo ético, en lo personal y en lo profesional, porque
se lo dije. Así como le dije que ningún empleado del
club que trabaja conmigo se iba a ir a instancias
mías porque antes me iba yo. Nunca, en toda mi carrera, he tomado una decisión de esa naturaleza. La
tomé en mi primer año de trabajo con una persona
en Newell's y al día de hoy no me lo perdono", reveló
Bielsa, que muestra una vez más tolerar y aceptar
convivir y trabajar con personas con las que no
comulgue personal, ética y profesionalmente (como
por ejemplo el doctor Lekue).

14. Lado humano: reconocer errores: En su etapa como
entrenador del Athletic de Bilbao de España, cuando
sintió que estaban engañando al club y engañándole
a él, enfureció y reaccionó de manera inadecuada.
Cuando observó que las obras hechas al sitio de
entrenamiento del Bilbao para el trabajo de pretemporada estaban incompletas y mal realizadas, indig-
nado y afectado solicitó una reunión con el jefe de
la obra y le dijo que el trabajo estaba mal realizado.
"Consideré que el club, el que paga la obra, estaba
siendo engañado. Lo entendí como una estafa y robo.
Asumí la representatividad del club. El jefe de la obra
no reconoció lo evidente y comencé a manifestarme
de manera ofensiva. Yo lo ofendí y él me respondió
de la misma manera. Le dije que se fuera, lo tomé

del cuerpo y lo saqué a la fuerza del lugar. Cuando este señor salió del lugar dijo que yo lo había golpeado y que iba a reclamar por lo que yo le había hecho. Finalmente no hizo ninguna denuncia policial. Entonces, yo hice la denuncia y me autoinculpé de la cuestión porque pienso que este hombre tiene derecho a reclamarme por el trato que yo le di. Yo me hice responsable de la situación, opino lo peor de esa persona pero tiene sus derechos por eso me autodenuncié", reveló Bielsa. Reconocer el error, más allá de que las conductas erróneas hayan sido provocadas por los demás.

Y otro de sus defectos reconocibles por el propio Bielsa. "Soy intervencionista y termino intoxicando al equipo que dirijo. Soy muy invasivo y considero que eso es un exceso de mi parte".

15. Aprender de los demás (de sus dirigidos): "Un gimnasio tiene que estar entre el campo de juego y el vestuario para que el jugador funcione así: vestuario-gimnasio-campo de juego/campo de juego-gimnasio-vestuario. ¿Cómo lo aprendí? Me lo enseñó Javier Zanetti, un jugador que nunca se lesionó en su carrera deportiva. Él me decía: 'Cuando yo (Zanetti) salía del vestuario, pasaba por el gimnasio y hacía una rutina de prevención de lesiones y cuando volvía del campo pasaba por el gimnasio y hacía la misma rutina de prevención de lesiones. El problema fue cuando me sacaron el gimnasio del medio en un club".

16. Para Bielsa todo es posible: "Siempre llevo conmigo una foto de unos chicos africanos que están jugando billar (pool) en una mesa hecha de barro donde las bolas están hechas de pasto y los tacos son varillas afinadas. Esa foto la tengo porque cada vez que me toca dar una charla los que me escuchan inmediatamente dicen: 'Los planes que usted propone no los podemos desarrollar por ausencia de recursos'. Entonces, para evitarme palabras, saco la imagen y les digo: 'Estos chicos juegan billar de este modo, por lo cual considero que todo se puede hacer propor-

cionadamente. He trabajado en Argentina, que tiene el mejor predio del mundo, e igualmente en Chile, donde lo construimos de la manera más austera posible".

17. Dar antes de pedir. Perfeccionista: "Antes de pedir trato de dar porque dando después es más fácil pedir. Para exigirles a mis jugadores el máximo esfuerzo y rendimiento primero debo darles las mejores y adecuadas condiciones para el trabajo. Sí hay un campo en mal estado y un jugador, por ejemplo, se lesiona debido al mal estado de ese campo (se dobla un tobillo o se lesiona la rodilla) debo gestionar ante el club tener un mejor campo porque ese jugador es un activo del club que vale 30-40 millones de euros y cuesta 400 mil euros al mes, razón por la cual debo cuidar su salud. Así defiendo al jugador, al club y sus intereses. Por eso también peleo con los jardineros y los cancheros para que hagan las cosas bien".

18. Prudencia: "Hay verdades que aprendí a evitarlas porque dichas de manera contundente terminan ofendiendo".

19. No al control exagerado.

CAPÍTULO IV.
LOUIS VAN GAAL

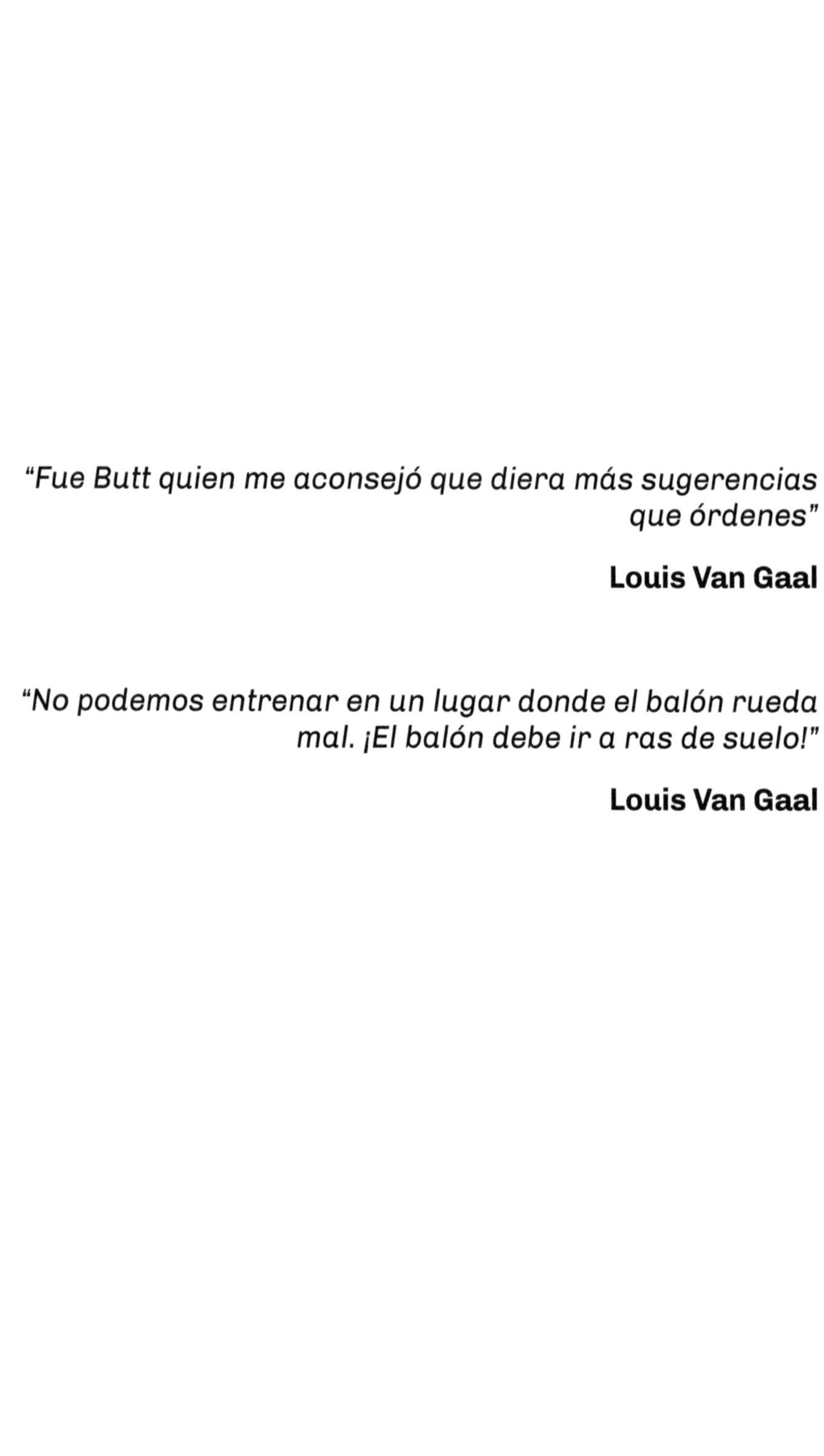

*"Fue Butt quien me aconsejó que diera más sugerencias
que órdenes"*

Louis Van Gaal

*"No podemos entrenar en un lugar donde el balón rueda
mal. ¡El balón debe ir a ras de suelo!"*

Louis Van Gaal

El 4, el punto de partida

Lo que hagas desde atrás condiciona lo que pasa adelante. ¿Será? Caminemos, o mejor, recorramos este capítulo y corroboremos si ello es cierto.

En el gran Ajax de Louis Van Gaal (1991-1997) todo comenzaba en el 4 y con los de atrás. Pero ¿quién era el 4? ¿Qué hacía? ¿Dónde se ubicaba? ¿Por qué todo comenzaba en él y sus cercanos? ¿Cuál era su influencia en el juego del equipo?

Vamos por partes. El 4 (vale la pena aclarar que no siempre el jugador encargado de esta tarea portó ese número en la camiseta) no era ni el goleador del equipo ni el gambeteador que dejaba regados a los rivales. No. El 4 no se movía en las zonas vecinas a la portería rival. Su campo de acción era cercano a su propia puerta. Es decir, en las zonas donde este juego con limitaciones espacio-temporales da, excepto ante equipos que ejecutan un *pressing* ultra-ofensivo, un tiempo más para acomodarse, levantar la cabeza, observar, divisar todo el panorama del juego (compañeros, rivales, huecos, espacios), pensar, decidir y ejecutar sin prisa como acontece en los espacios cercanos a la portería rival.

El 4, evidentemente, hizo pocos goles. Cobró seguramente menos (dinero) que el 9 o el 10. Pero fue junto a sus próximos, por cualquier circunstancia, el origen de muchas anotaciones y alegrías del Ajax hegemónico de los 90.

El 4 era una mezcla entre central y mediocentro. Tenía técnica, visión de juego e inteligencia posicional. Van Gaal, durante seis años de gestión, los tuvo derechos e izquierdos. El 4 construía y organizaba el ataque desde atrás, buscaba las vías y los caminos de salida de balón. El 4 era un cartero: llevaba la pelota desde bien atrás a los de arriba. Si no la podía llevar, colaboraba en esa tarea.

> Los más retrasados son los que más tiempo tienen o pueden llegar a tener el balón en sus pies, aparte de que disponen de más espacio. Los estudios dicen que un jugador tiene como máximo tres minutos por partido el balón en sus pies. En los análisis individuales es importante la relación entre el tiempo de posesión (de un jugador) en un partido y la calidad-productividad-relevancia de sus intervenciones con balón.

El 4, con el movimiento de entrada y salida permanente, modulaba la estructura colectiva del equipo que pasaba del 1-3-4-3 (cuando entraba al centro del campo) al 1-4-3-3 (cuando se colocaba a la altura del segundo defensor central).

Ese movimiento de entrada y salida le permitía, o mejor, le obligaba ejecutar dos tareas: la del central y la del mediocentro. Ese 2x1 (un jugador cumpliendo dos oficios) daba la sensación de que el Ajax no jugaba con once, sino con doce efectivos.

El 4, de igual manera, otorgaba amplitud y profundidad. ¿Cómo? Con el 4 en retroceso a la altura del segundo central (el 3), los laterales del Ajax (2 y 5) se abrían y se pegaban a una altura superior a la raya de cal, lo que traía como consecuencia una colocación alta, profunda, de los extremos. Así las cosas, los interiores, por obvias razones, perdían profundidad porque tenían que venir para mantener junto/compacto al equipo y recibir el balón.

Pero con el 4 de mediocentro, es decir, unos metros más arriba del central (3), los laterales (2 y 5) no se abrían demasiado (realmente tenían que cerrarse) y los extremos se veían obligados a venir, para juntarse, perdiendo profundidad. Los interiores sí ganaban metros en profundidad, porque el 4 con ese posicionamiento avanzado, primero, mantenía compacto y junto al equipo, y, segundo, los 'empujaba' (a los medios-interiores) hacia delante. Estos comportamientos, movimientos e interacciones debido a la dinámica del juego tuvieron matices y variables que más adelante, cuando escudriñemos el juego posicional del Ajax de Van Gaal, detallaremos.

El resto pasaba por decidir dónde querías, necesitabas o debías ser profundo, si con los de afuera (los extremos) o con los de dentro (interiores, mediapunta o punta). Lo que sí es cierto es que esta mixtura o alternancia le otorgaba un carácter indescifrable al ataque del Ajax.

Pero retomemos y finalicemos este apartado. Van Gaal tuvo de 4 a John Van Den Brom (derecho), Frank De Boer (zurdo), Danny Blind (derecho), Arnold Scholten (derecho), Wim Jonk (zurdo)...

Por ejemplo, con Blind, los pases a los costados partían del eje central, del medio. Con Frank De Boer, un zurdo descomunal, se multiplicaban los cambios de frente (pelota diagonal larga dirigida al costado derecho ofensivo desde el costado izquierdo defensivo) con una exactitud y calidad inigualable. Frank, igualmente, conectaba demasiado y con un alto nivel de precisión con el 9 o el punta, por abajo y por arriba. Es decir, en la fase de construcción, generalmente (no siempre era así), con Blind los pases eran más 'horizontales'; con Frank De Boer los pases eran más 'verticales'

Por todo esto, ¡bendito 4!

El magnífico juego de posición

La fórmula PCP (posición/control/pase) fue uno de los sellos identitarios del Ajax de Van Gaal. En estos conceptos tan elementales, pero tan complejos e infinitos a la vez, basó su juego el equipo de Ámsterdam. No sobra decir, antes de dar rienda suelta a este apartado, que todo lo que trataremos a continuación se presentó en la formidable fase de posesión del balón del equipo blanco y rojo.

A continuación, una rápida mención de cada uno de los insumos de la bautizada fórmula PCP:

1. Posición: Lugar en el terreno de juego donde se recibe y juega (conducir, pasar, driblar) el balón. No es sólo situarse en una zona determinada, también juega un papel trascendental la orientación del cuerpo y la visión de los demás elementos del juego (compañeros, rivales, balón).

2. Control: Hacer contacto con la pelota, recibirla o pararla, es un principio técnico básico. A través de un buen control del balón se consigue ganar tiempo y hacer económica la maniobra. Un buen control (los orientados sí que resultan eficaces) otorga buena orientación corporal y visual, que facilita la siguiente jugada, y permite eliminar y dejar fuera de acción a un oponente, atraer rivales... Entre menos toques se den al balón, la velocidad de juego aumentará (ritmo de balón), aunque hay veces que es necesario dar varios toques al balón (más de dos contactos) para conseguir determinadas situaciones; ya sabemos que en fútbol no hay reglas inquebrantables. Finalmente, colocar bien el cuerpo para recibir o controlar es determinante.

3. Pase: Es la herramienta más potente para que los jugadores se comuniquen e interactúen en el campo. Para pasar también es determinante, como en el posicionamiento y control, una adecuada postura corporal y visual, además de la capacidad de anticipación.

Un buen pasador es sin dudas el que elige la mejor opción entre las diferentes que puede llegar a tener, y pasa el balón a la pierna buena o hábil del receptor. También puede hacerlo al espacio.

Ahora, después de repasar de manera muy sucinta el concepto de posición, control y pase, vale la pena señalar que hay una serie de factores, tales como estructuras y/o posicionamientos colectivos (1-3-4-3, 1-4-3-3, por ejemplo), movimientos (dentro, fuera) y perfiles (derecho, izquierdo) que permiten que los tres elementos descriptos (PCP) se presenten, interactúen y retroalimenten de manera muy natural y armónica. Es decir, que las acciones no sean forzadas, lo que incluso da un toque de plasticidad y elegancia al juego colectivo. Bien dice Van Gaal: "Cuando el equipo está bien posicionado, los pases salen correctamente".

Así pues, posición, pase y control no actúan por separado. De ninguna manera. Interactúan y se retroalimentan. Podríamos decir, sí, que en determinada acción colectiva la prioridad la tiene el pase; en otra, el control, y en otra, la posición.

Y esto fue lo que precisamente aconteció con el Ajax de los 90. La estructura 1-3-4(1-2-1)-3, con ciertos matices, los movimientos de entrar-salir-ir-venir-subir-bajar-abrirse-cerrarse, y la utilización en su mayoría de veces y salvo excepciones de jugadores zurdos por la zona izquierda y diestros por la zona derecha facilitó el fluido juego posicional, fundamentado en la fórmula PCP (posición-control-pase), del Ajax orientado por Van Gaal.

Dice Van Gaal que el central por izquierda debe ser zurdo. Seguro, porque puede hacer cambios de frente, dar en salida pases con naturalidad hacia fuera, hacia dentro o en profundidad, y abrirse para pegarse a la raya y abrir al rival (si es derecho y juega por izquierda, la tendencia será cerrarse y cerrar el juego. Si es zurdo se abrirá hasta el límite, que es la línea de banda). Recordemos que en construcción es mejor abrirse que cerrarse o, mejor dicho, el objetivo es hacer lo más grande posible (ancho, amplio) el campo. ¿Por qué? Simplemente porque si tú te abres, lógico, te ensanchas, y, a los rivales, terminas por abrirlos, dispersarlos, alejarlos y hacerles perder su estructura compacta.

Entonces, para resumir, todo se basó en el posicionamiento individual/colectivo teniendo en cuenta los perfiles naturales (habitualmente zurdos por izquierda y derechos por derecha, salvo contadas excepciones), los movimientos e intercambios de posiciones de manera coordinada y sincronizada (inteligencia colectiva) más el pase y el control con pocos toques en progresión (hacia delante). Vale la pena aclarar que el Ajax de Van Gaal también hizo muchos pases hacia atrás: éste es un aliado para progresar y ganar alturas en el campo, así suene contradictorio.

Respetar el posicionamiento o las posiciones de la estructura era sagrado. Las fichas (los jugadores) eran puestas en el tablero (el campo de juego) y se movían con maestría bajo unos parámetros, podríamos decir reglas, de manera coordinada y sincronizada cual partida de ajedrez de alto vuelo. Pero vamos más allá: valoremos y mostremos las interacciones de unos con otros, los movimientos individuales y colectivos, la comunicación, las tareas, los haceres según la zona del campo ocupada.

Porque cierto es que el posicionamiento inicial colectivo no era lo más importante. El jugo del juego del Ajax estaba en su funcionamiento, es decir, en la manera coordinada como interactuaban y ejecutaban los movimientos los futbolistas. Era maravilloso verles abrirse, cerrarse, ir, venir... El posicionamiento a lo ancho y a lo largo les dio muchas ventajas y fue un aliado inmejorable para dominar el juego y al rival. El gran esquema posicional de los holandeses siempre les permitió llevar la pelota de línea de meta propia a línea de meta rival y de línea de banda derecha a línea de banda izquierda.

Posicionamiento colectivo inicial: 1-3-4(1-2-1)-3 o 1-4-3(2-1)-3. El primero consta de: un portero, un central, dos laterales cerrados, un mediocentro (a la altura del central), dos interiores, un mediapunta/tercer medio/segunda punta, dos extremos y un punta.

En el segundo hay variantes: un portero, dos centrales (uno de ellos gana altura entrando al centro del campo), dos laterales (cuando el 4 entra al medio campo, se cierran), dos medios-interiores, un mediapunta/tercer medio/segunda punta, un punta y dos extremos.

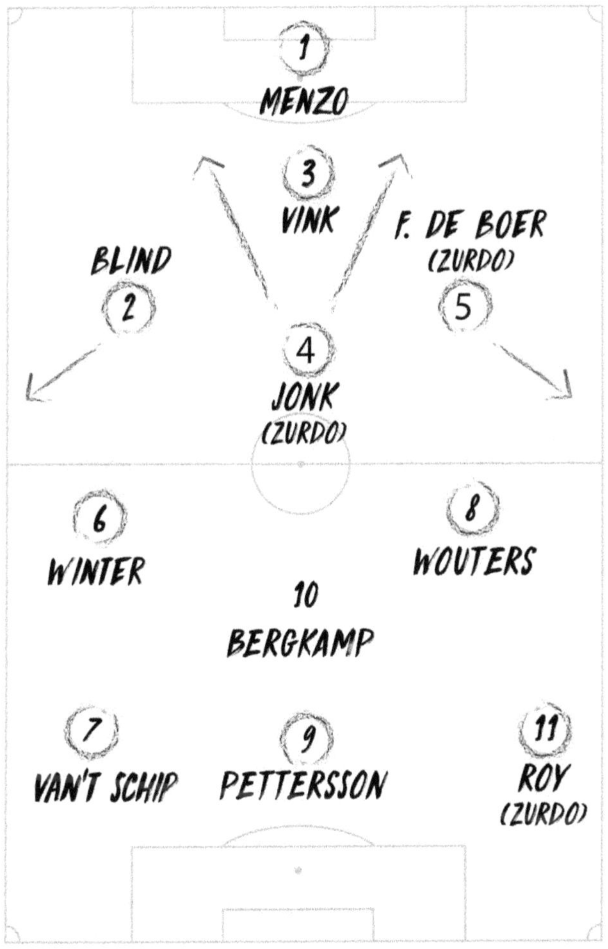

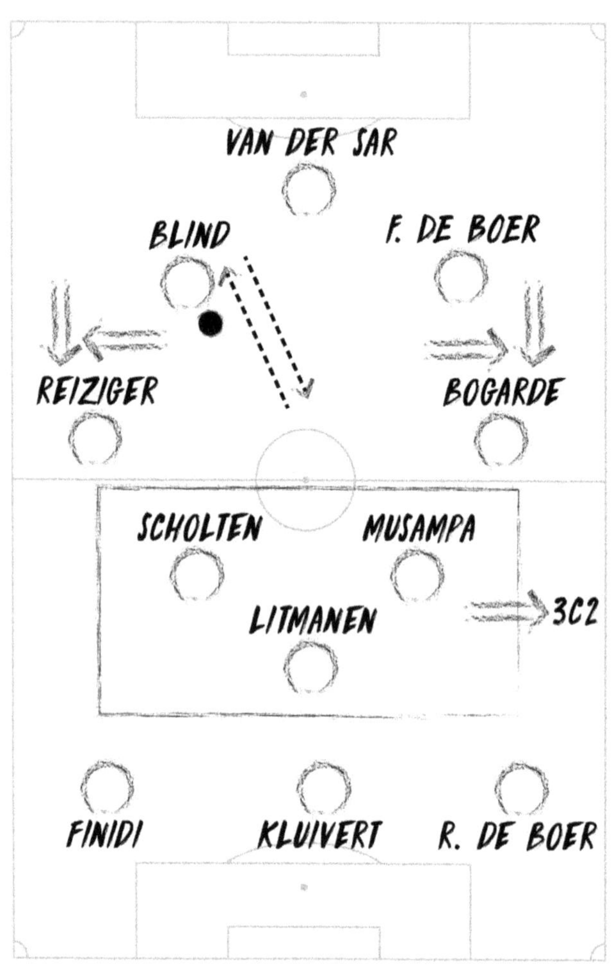
VAN DER SAR
BLIND
F. DE BOER
REIZIGER
BOGARDE
SCHOLTEN
MUSAMPA
LITMANEN
3C2
FINIDI
KLUIVERT
R. DE BOER

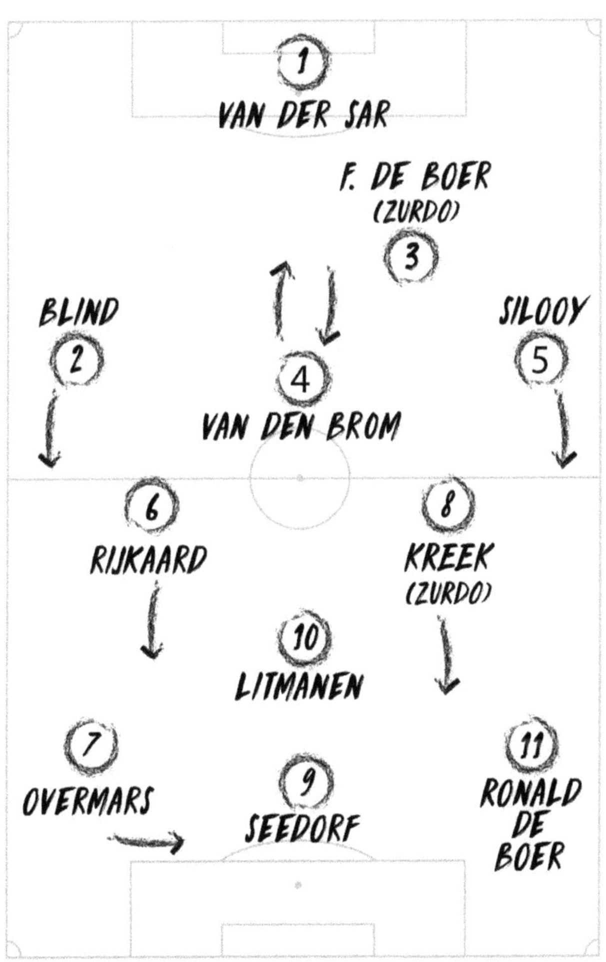

1
VAN DER SAR
F. DE BOER
(ZURDO)
3
BLIND
2
SILOOY
5
4
VAN DEN BROM
6
RIJKAARD
8
KREEK
(ZURDO)
10
LITMANEN
7
OVERMARS
9
SEEDORF
11
RONALD
DE
BOER

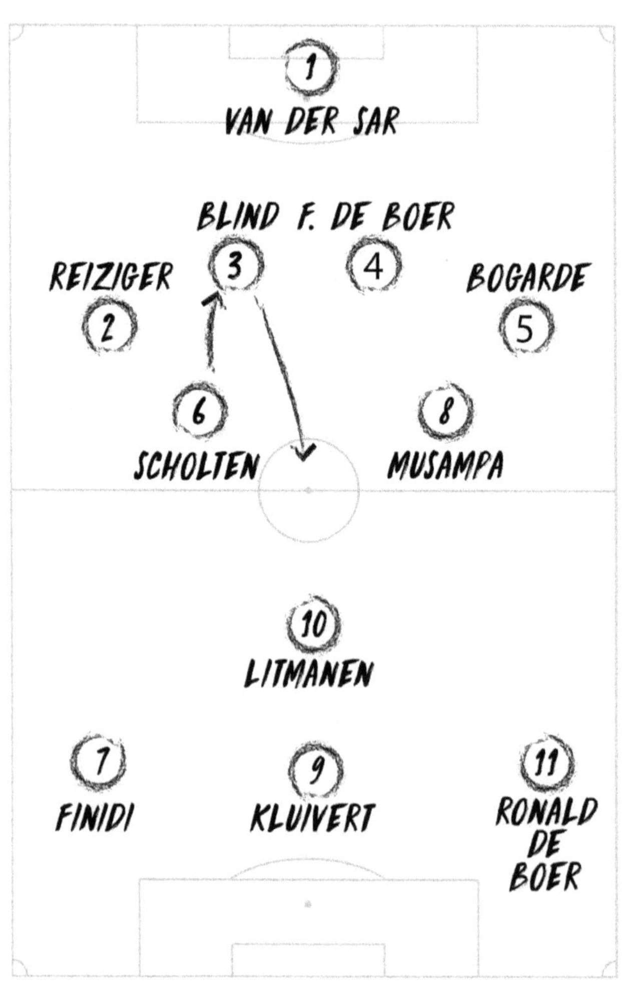

1
VAN DER SAR
BLIND
F. DE BOER
REIZIGER
3
4
BOGARDE
2
5
6
8
SCHOLTEN
MUSAMPA
10
LITMANEN
7
9
11
FINIDI
KLUIVERT
RONALD
DE
BOER

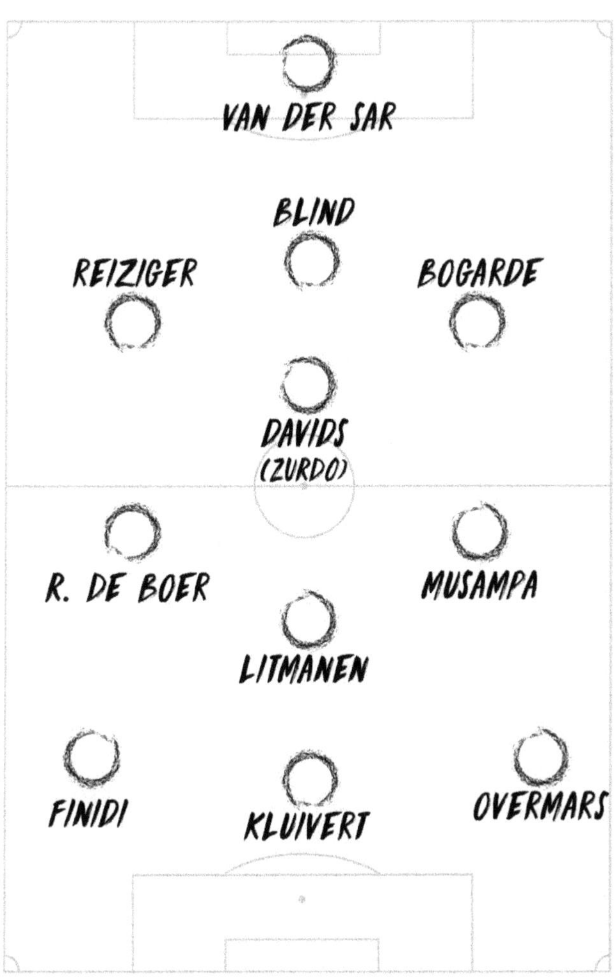

VAN DER SAR
BLIND
REIZIGER
BOGARDE
DAVIDS
(ZURDO)
R. DE BOER
MUSAMPA
LITMANEN
FINIDI
KLUIVERT
OVERMARS

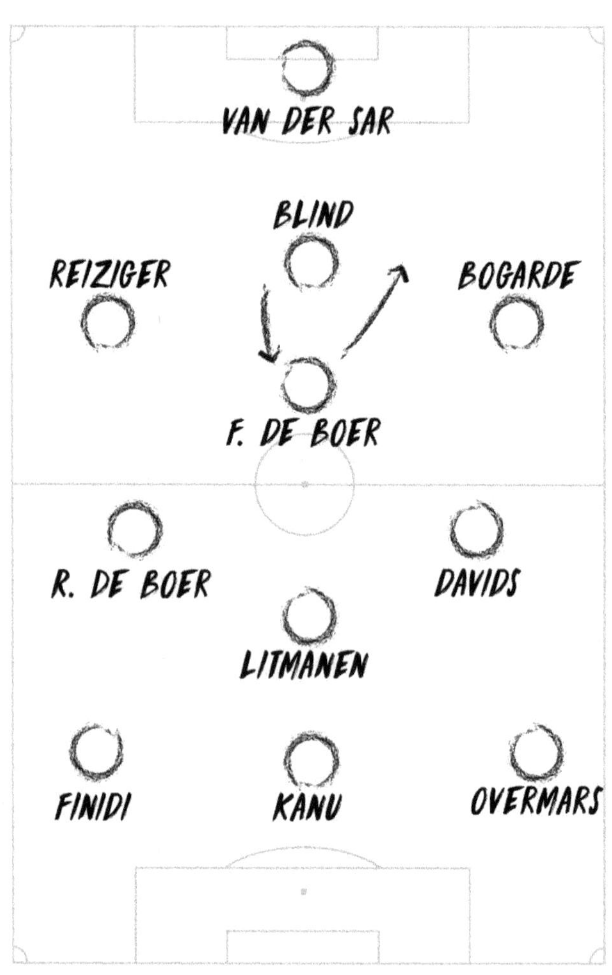

VAN DER SAR
BLIND
REIZIGER
BOGARDE
F. DE BOER
R. DE BOER
DAVIDS
LITMANEN
FINIDI
KANU
OVERMARS

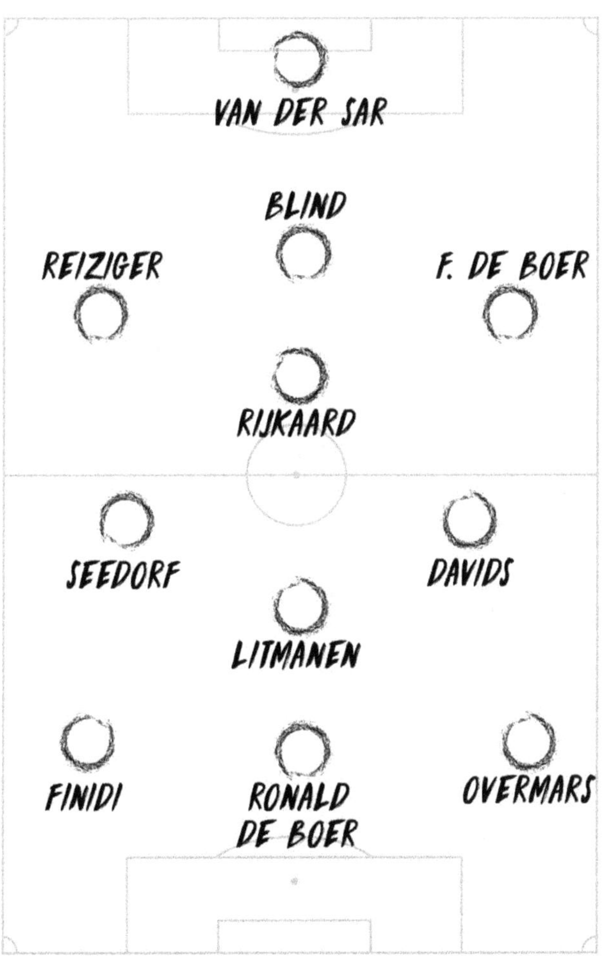

VAN DER SAR
BLIND
REIZIGER
F. DE BOER
RIJKAARD
SEEDORF
DAVIDS
LITMANEN
FINIDI
RONALD DE BOER
OVERMARS

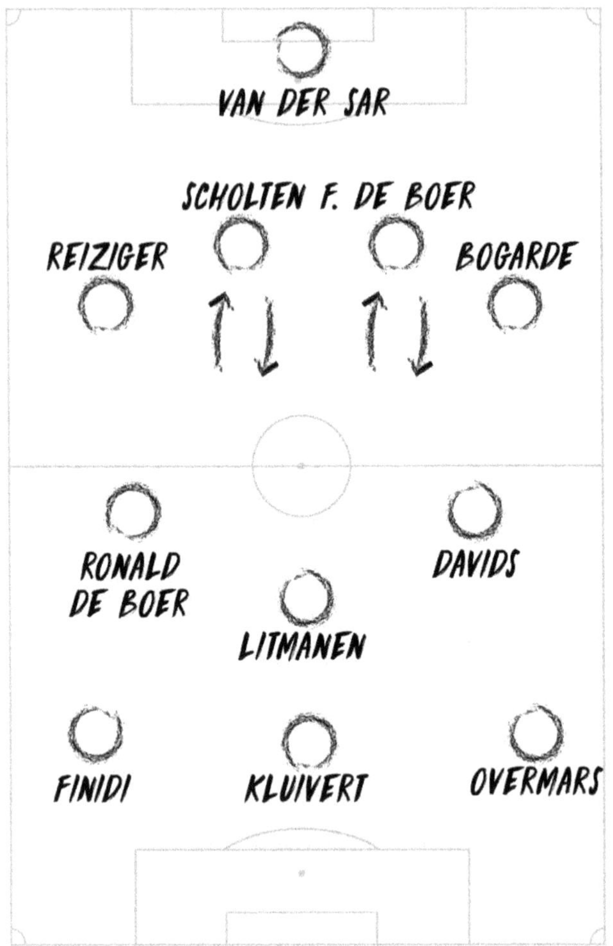

Transfiguración de la estructura: 1-3-4(1-2-1)-3 se convertía en 1-4-2-4 gracias a la inserción de Blind entre los tres más retrasados (Michael Reiziger, Sonny Silooy y Frank De Boer) y la llegada como segunda punta de Patrick Kluivert. Todo de la mitad hacia delante.

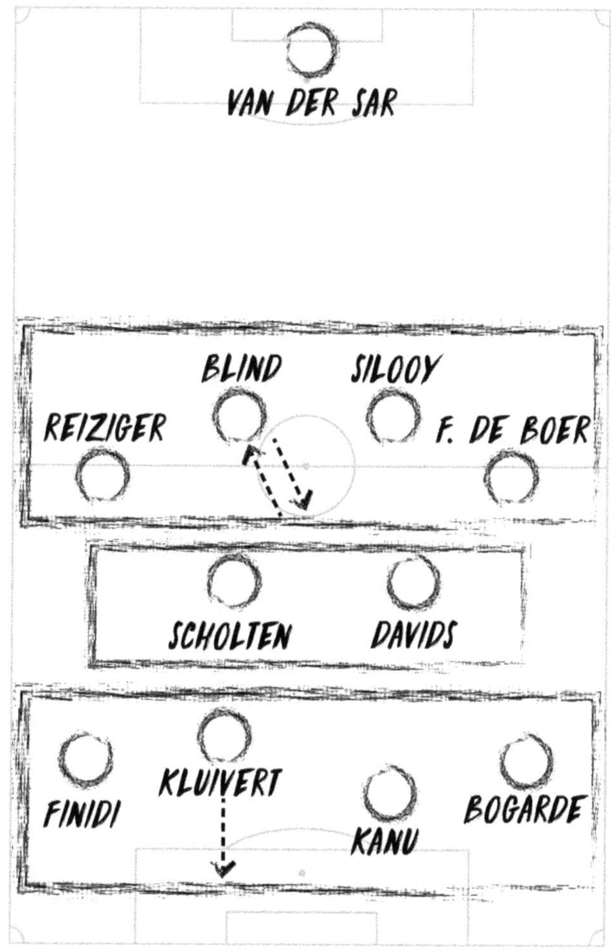

Extremos profundos: En la salida del balón, en propio campo, el central/mediocentro Blind se incrusta, abriendo y profundizando a los laterales (Reiziger y Winston Bogarde). Los extremos permanecen profundos, hacia delante, y los interiores se tiran para atrás (pierden profundidad), porque tienen que apoyar en la salida del balón a los dos más retrasados y conectar-juntar a los de atrás con los de adelante.

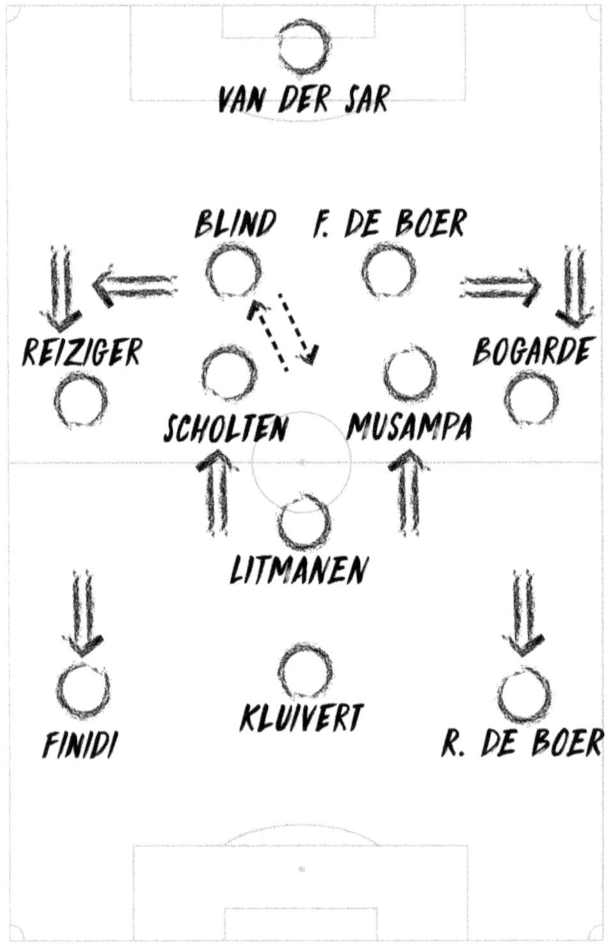

Interiores profundos: El 4, Blind, se coloca por delante del más retrasado (Frank De Boer) y empuja hacia delante a los interiores Scholten y Kiki Musampa. Los laterales Reiziger y Bogarde se cierran y los extremos Finidi George y Ronald De Boer pierden profundidad.

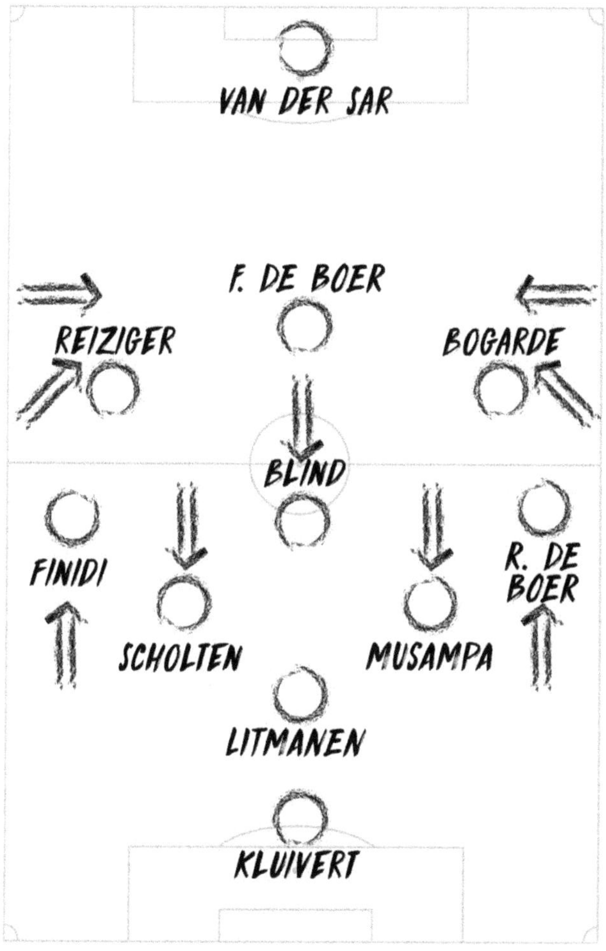

Cerrados, abiertos, profundos y salida por dentro: Edgar Davids, el interior izquierdo, se abre otorgando salida por dentro a Bogarde y el lateral izquierdo es el encargado de conducir y llevar el balón. Intercambio de pases (oblicuos, no perpendiculares) en progresión entre el lateral cerrado, el mediocentro, el interior abierto, el mediapunta y el extremo en profundidad. Es decir, entre Bogarde, Frank De Boer, Davids, Jari Litmanen y Marc Overmars. La salida es por dentro debido al primer pase de Bogarde (al mediocentro Frank De Boer).

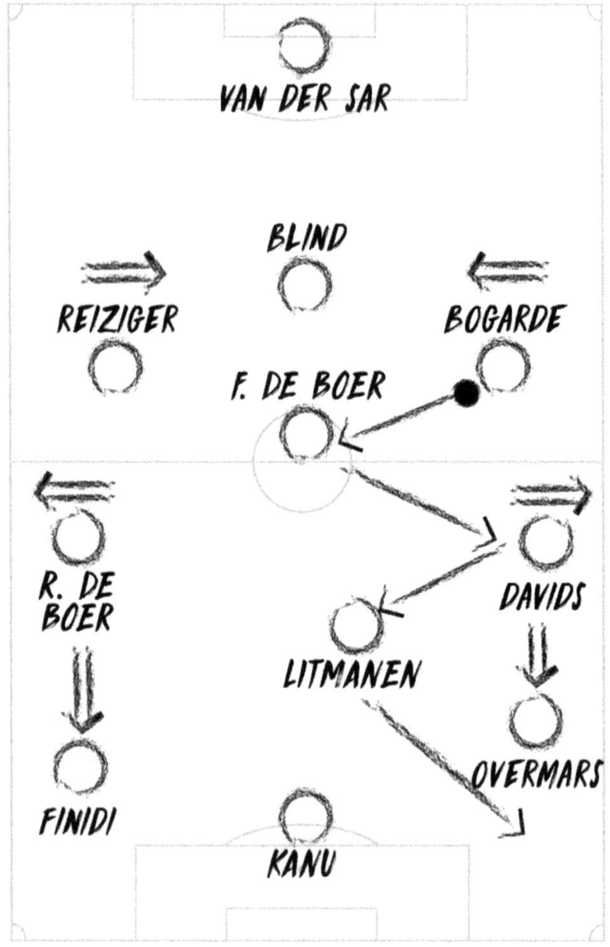

Cerrados, abiertos, profundos y salida por fuera: Davids, el interior izquierdo, se abre otorgando espacio por dentro a Bogarde (el lateral izquierdo encargado de conducir y llevar el balón) y profundidad a Overmars, el extremo izquierdo. Intercambio de pases (oblicuos) en progresión entre el lateral cerrado, el interior abierto, el mediapunta y el extremo en profundidad. Es decir, entre Bogarde, Davids, Litmanen y Overmars. La salida es por afuera debido al primer pase de Bogarde (a Davids, el interior abierto).

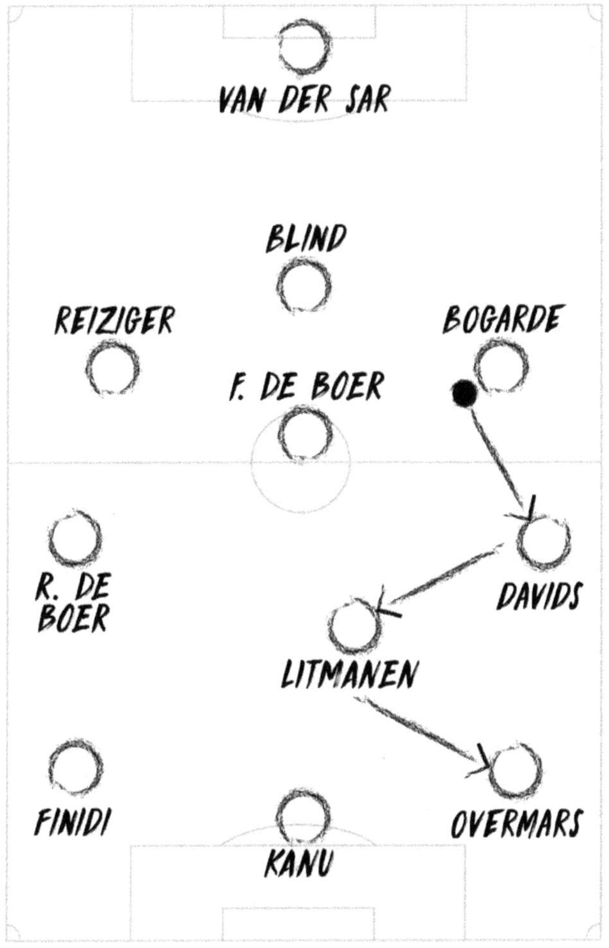

Abiertos, cerrados, bajos: El lateral izquierdo, Bogarde, se abre; el interior izquierdo, Davids, se cierra, y el extremo, Overmars, asume un posicionamiento bajo. Combinación de pases entre lateral abierto, mediocentro, extremo izquierdo e interior. Es decir, entre Bogarde, Frank De Boer, Overmars y Davids. La salida es por dentro debido al primer pase del zurdo Bogarde al zurdo Frank De Boer, aunque la salida también podría ser por fuera si Bogarde conecta con Overmars.

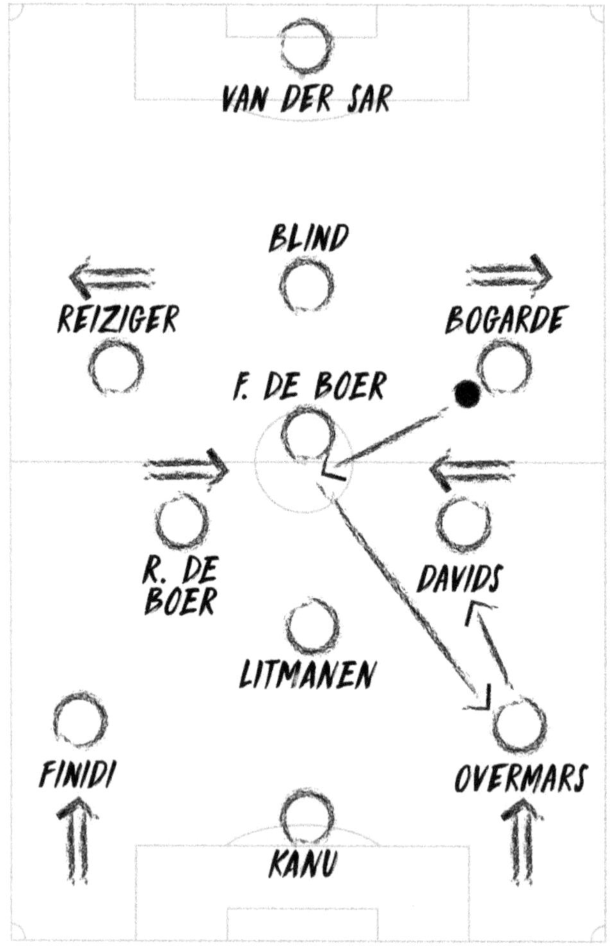

El defensa libre, la pared y el tercer hombre: El interior derecho, Ronald De Boer, está abierto y permite un callejón de salida interior al central Blind, un defensa libre en estado puro. Blind sale, controla, conduce y limpia la jugada orientando el juego con un pase a Davids a la zona menos congestionada y con más espacios libres. Davids, interior izquierdo, por dentro, pasa al extremo Overmars, que recibe bien pegado a la raya lateral. El extremo, un derecho jugando por izquierda, controla, gambetea eliminando al par, conduce hacia dentro y conecta de nuevo con Davids, que arma una pared, a un toque, con el punta Nwankwo Kanu y finaliza la jugada buscando a un tercer hombre (Litmanen).

Algo importantísimo: todos los pases fueron dirigidos al pie hábil o bueno del receptor; es decir, los receptores hicieron el primer control con su pie hábil (ver tabla 1). Y, de igual manera, la mayoría de los jugadores que controlaron la pelota lo hicieron con la pierna más alejada al pase.

En conclusión, pases bien dirigidos, controles con pie hábil y correcta ocupación de los espacios a lo ancho y a lo largo entregaron precisión y velocidad a las acciones y maniobras.

TABLA 1

PASADOR (TOQUES ANTES DE PASAR)	RECEPTOR/PIE DEL RECEPTOR AL QUE VA DIRIGIDO EL PASE/ PIE HÁBIL	PIE DEL RECEPTOR CON QUE HACE EL PRIMER CONTROL	SUPERFICIE DE CONTACTO DEL PRIMER CONTROL (DEL RECEPTOR)
1. FRANK DE BOER (2)	BLIND/DERECHO/DERECHO	DERECHO	ENTRE EMPEINE Y EXTERNO
2. BLIND (3)	DAVIDS/IZQUIERDO/IZQUIERDO	IZQUIERDO	INTERNO
3. DAVIDS (2)	OVERMARS/IZQUIERDO/DERECHO (AUNQUE MANEJA AMBAS PIERNAS)	IZQUIERDO	INTERNO
4. OVERMARS (4)	DAVIDS/IZQUIERDO/IZQUIERDO	IZQUIERDO	INTERNO
5. DAVIDS (1)	KANU/DERECHO/DERECHO	DERECHO	EXTERNO
6. KANU (1)	DAVIDS/IZQUIERDO/IZQUIERDO	IZQUIERDO	INTERNO
7. DAVIDS (1)	LITMANEN/DERECHO/DERECHO	DERECHO	EMPEINE

Intercambio de posición, interior abierto, salida de central, base de espaldas, uno contra uno, penetración: Intercambio de posición entre Blind y Reiziger. Blind, de lateral, y Reiziger, de central. Otra vez el interior derecho Ronald De Boer, que pasa el balón a Frank, está abierto. Blind, en ese momento lateral, sale, da un apoyo al mediocentro Frank De Boer, controla, conduce por dentro y pasa. La verdad es que Blind más allá de ser lateral o central era un auténtico defensa libre (el que tenía libertades para salir por donde creyera y cuando quisiera). Extensión de Blind a Ronald por derecha y conexión, a un toque (es decir, veloz) del interior derecho con el punta Kanu, que viene a jugar como base de espaldas, da dos toques al balón (el primero con la parte externa del pie derecho para orientar su cuerpo hacia fuera), se gira y pasa a ras de suelo al extremo Finidi, atacando la espalda del lateral rival. El extremo provoca una situación de uno contra uno, gana y centra. Igual que en la maniobra anterior, los pases son hechos al pie hábil del receptor y el primer control de estos es con su pie bueno, lo que, como ya sabemos, economiza tiempo y da velocidad a la acción.

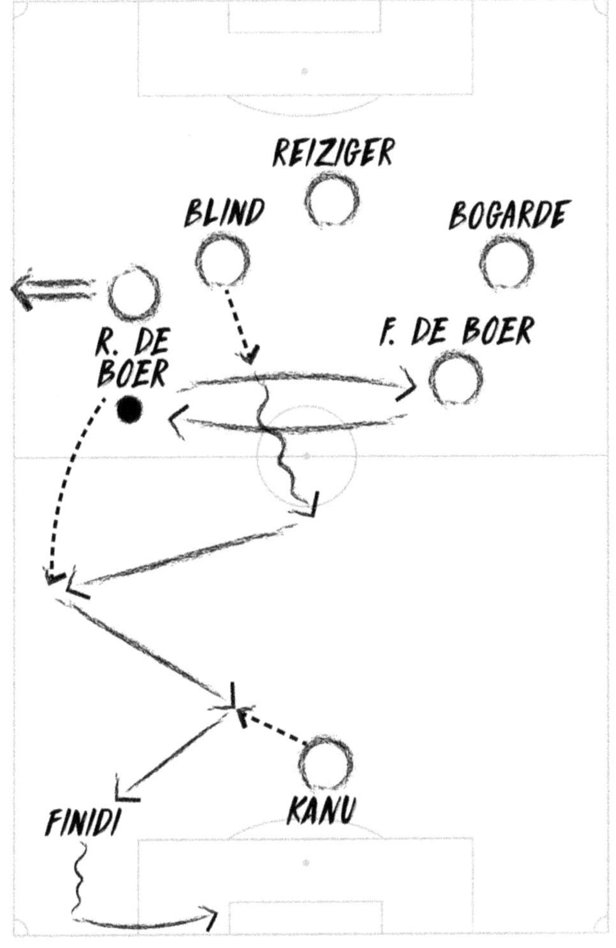

Mutación de estructura y superioridad numérica en el centro del campo versus el 1-4-4-2 rival: El mediocentro (el bendito 4) se pone a la altura del segundo central Frank De Boer. Los laterales, Reiziger y Bogarde, se abren y ganan altura en el campo. Estos movimientos mutaron la estructura 1-3-4(1-2-1)-3 al 1-4-3(2-1)-3 y permitieron encontrar superioridad numérica y un hombre libre (Litmanen) en el centro del campo, por dentro, ante un rival con estructura clásica 1-4-4-2. Los laterales (Reiziger y Bogarde), centrales (Blind y Frank De Boer), extremos (Finidi y Ronald De Boer) y punta (Kluivert) del Ajax están emparejados con elementos del rival. Sin embargo, en el centro del campo se presenta una situación de hombre libre a espaldas del adversario (Litmanen) y de tres contra dos (Scholten, Musampa y Litmanen versus los dos volantes centrales oponentes). Ahí está la ventaja numérica y posicional.

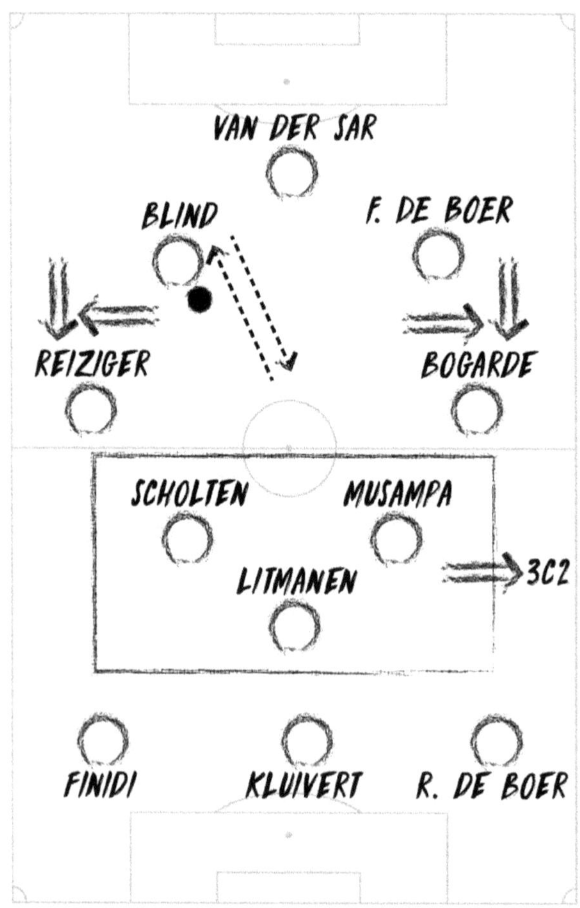

En salida: Si el lateral izquierdo está cerrado, el interior izquierdo debe abrirse; lateral e interior izquierdo en alturas y ejes distintos. Si el lateral izquierdo está bien abierto (pisando la línea lateral), el interior izquierdo debe estar cerrado. Por zona derecha, igual. El objetivo final es provocar o tener la mayor cantidad de líneas de pase para asegurar el movimiento y la circulación del balón.

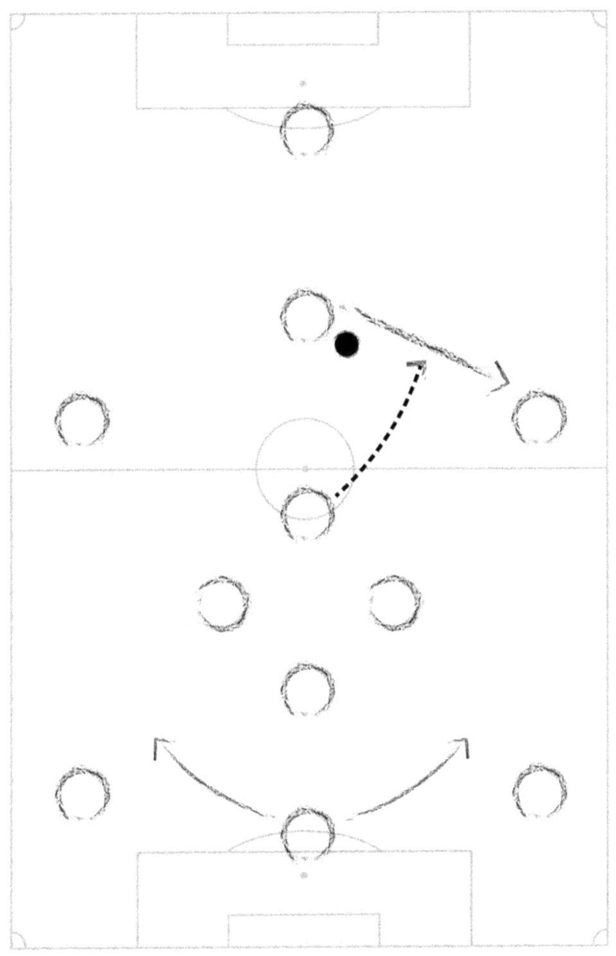

Salida y llegada por sector contrario mediante cambio de orientación: Reanudación de Edwin Van der Sar. Pase del portero a Reiziger, lateral derecho abierto. Reiziger entrega al central Blind y éste conecta con el mediocentro Frank De Boer, que cambia la orientación del juego buscando al extremo izquierdo Overmars. Pared final entre Overmars y Litmanen. Movimiento del balón dentro-fuera/fuera-dentro/dentro-dentro/dentro-fuera zona contraria/fuera-dentro/dentro-fuera.

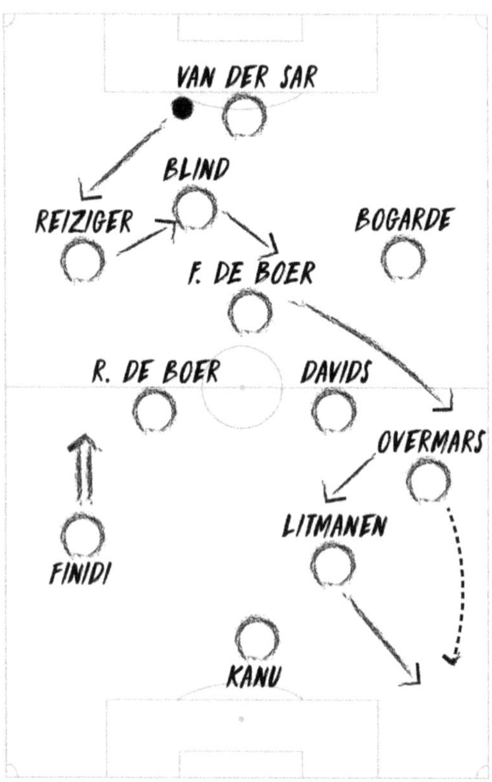

Salida lateral y llegada por mismo sector: interacción por zona derecha. El rival, el Milan, juega 1-4-3-1-2. Evidentemente el equipo italiano empareja en el centro del campo, por dentro, al Ajax (estructura 1-3-3-1-3), pero da espacios por fuera. Sucesión de pases arquero-central-lateral derecho-nueve-extremo-nueve-media punta. Pase de

Van ser Saar a Blind, que entrega a Raiziger, el lateral derecho abierto.

Seedorf, el interior derecho, está cerrado y su par (el volante izquierdo del Milan) lo suelta y se abre ante la salida con balón de Raiziger. El extremo Finidi sujeta por fuera a su par, el lateral izquierdo. Se produce entonces un callejón lo suficientemente amplio para que se comuniquen Raiziger y el nueve Ronald De Boer, que primero se acerca y de espaldas a portería rival extiende (juega de muro) para Finidi, para posteriormente recibir la pared a un toque de Finidi. Ronald conduce, desborda y centra para Litmanen, el media punta llegador. Movimiento del balón dentro-dentro/dentro-fuera/fuera-dentro/dentro-fuera/fuera-fuera.

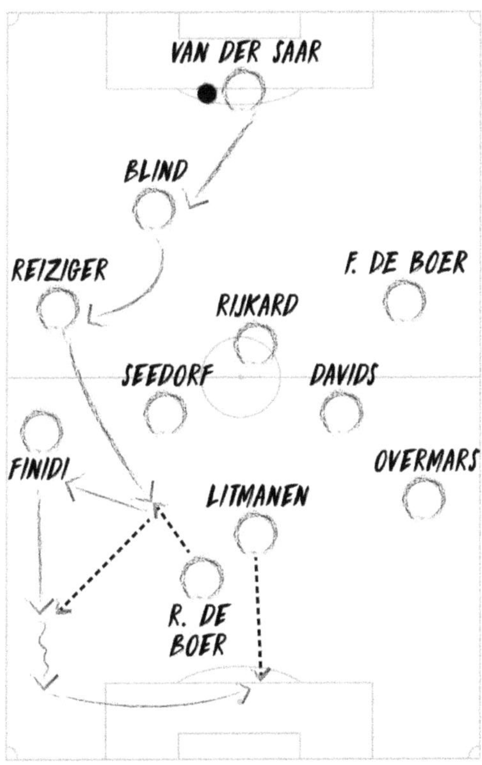

Salida lateral y llegada por dentro. El Milan con el 1-4-3-1-2, el Ajax 1-3-3-1-3: Reiziger, lateral derecho abierto, recibe del central Blind y conecta con el mediocentro Rijkard, controlado por el enganche del rival. El extremo derecho Finidi, por la franja derecha, se acerca y recibe la descarga central del 4 (Rijkard). A Finidi no lo persigue el lateral izquierdo del Milan. El volante izquierdo del Milan se abre para marcar a Finidi y suelta a Seedorf, que libre recibe por dentro de Finidi. Conexión final entre el profundo interior derecho Seedorf y el punta Ronald De Boer. Movimiento del balón dentro-fuera/fuera-dentro/dentro-fuera/fuera-dentro-dentro-más adentro.

Al respecto, algún día Juan Manuel Lillo dijo para el Mundo de España: "...En el momento con balón uno de los criterios que nos gusta a los que hacemos juego de posición, e insistimos, es en que haya los menos pases posibles banda misma banda -lateral y extremo- y dentro-dentro -de central a mediocentro- si no son limpios. Más pases diagonales permiten una buena velocidad de balón y un buen balance dentro-fuera-fuera-dentro..."

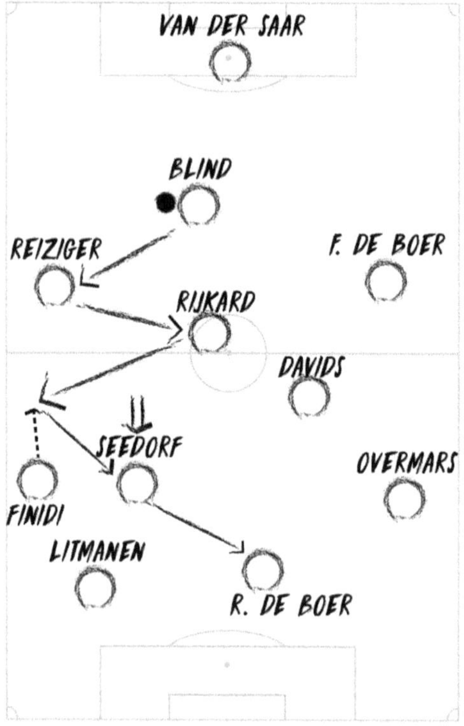

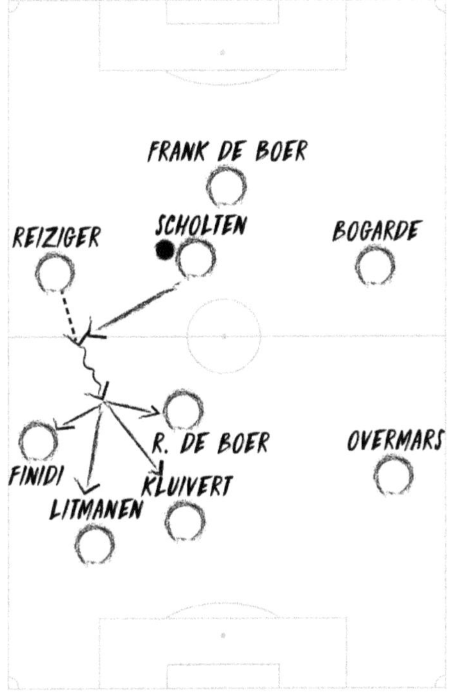

Reiziger, lateral de salida y pentágono: Reiziger, abierto pero sin pegarse a la raya (está en un eje distinto al del extremo Finidi), recibe del mediocentro Scholten y conduce superando la mitad del campo. Tiene cuatro líneas u opciones de pase hacia delante: Ronald de Boer, Finidi, Litmanen y Kluivert. Después, ya es cuestión de elegir el mejor pase o dársela al mejor ubicado, al libre, al que tiene ventaja espacial, posicional y/o temporal. Es decir que Reiziger debe levantar la cabeza, observar y evaluar lo que está al frente. Incluso podría meter un cambio de frente y jugar con los alejados Bogarde (más atrás) y Overmars (más adelante).

En la conexión con el punta, los laterales derechos e izquierdos del Ajax (Reiziger, Frank De Boer, Bogarde) encontraron en el 9 (Kluivert) un fenomenal base de espaldas, con capacidad para venir, recibir por abajo o por arriba (de pecho), sostener y proteger la pelota, controlar orientadamente, girar y quedar de cara, jugar de muro, extender el balón a la banda, prolongar en profundidad para la segunda punta o llegador.

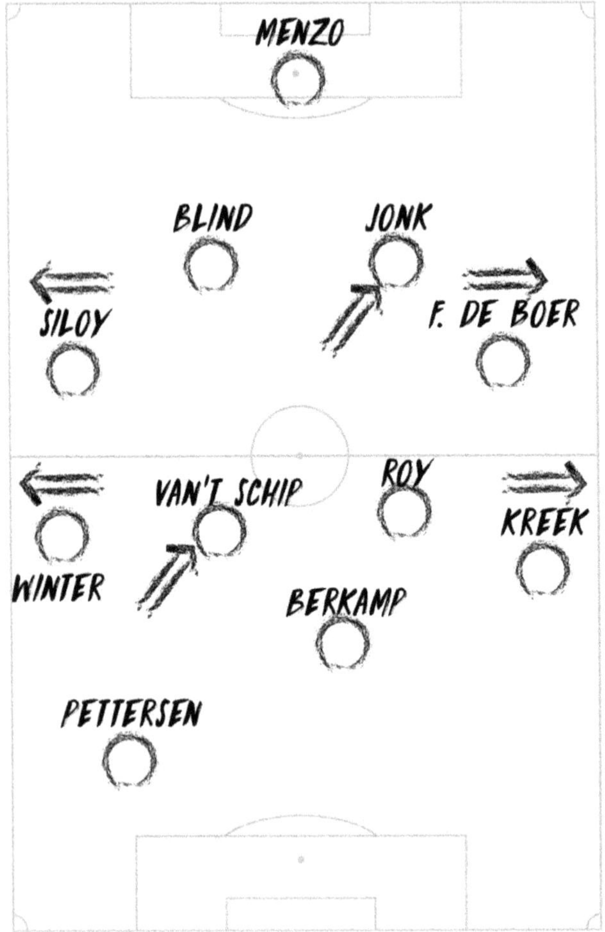

Intercambio posicional interior-extremo: Mediocentro (Jonk) bajo, a la altura del central Blind. Laterales abiertos (Silooy y Frank De Boer). Intercambio posicional entre medios/interiores y extremos: Aron Winter y Michel Kreek, los medios o interiores, se abren (van por fuera) y los extremos, John Van't Schip y Bryan Roy, se cierran y juegan de interiores, por dentro.

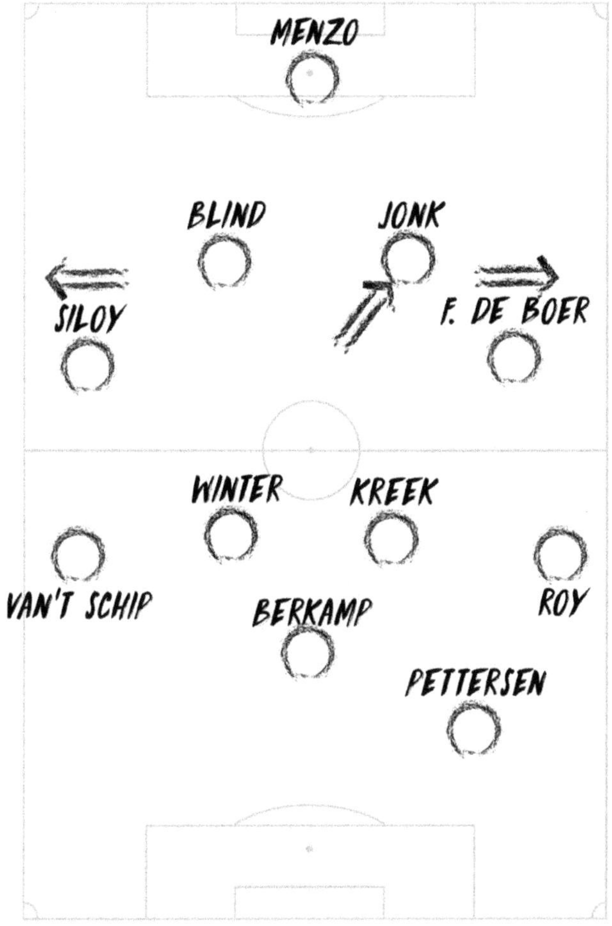

Vuelta al lugar de origen: En la imagen anterior vimos el intercambio posicional entre los interiores y extremos. A continuación, vuelven a su posicionamiento inicial: interiores cerrados (Winter y Kreek), por dentro, y extremos abiertos (Van't Schip y Roy), por fuera. No obviar a Jonk, mediocentro bajo, a la altura del primer central Blind, y laterales abiertos (Silooy y Frank De Boer).

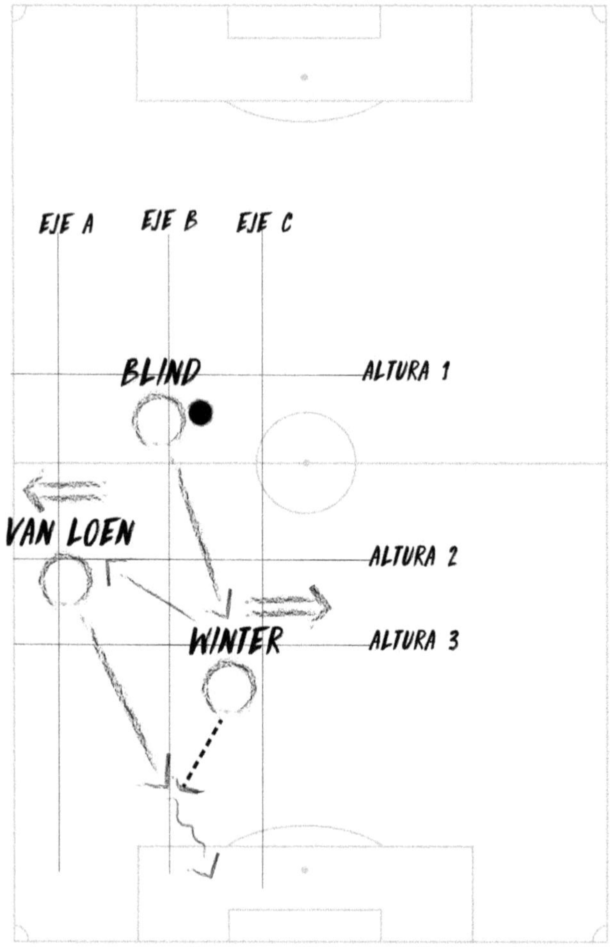

Triángulo, pared e intercambio posicional lateral: Lateral (Blind), interior (John Van Loen) y extremo derechos (Winter) situados en alturas y ejes diferentes. Intercambio posicional entre Van Loen, que se abre, y Winter, que se cierra para jugar por dentro. Blind, con balón, tiene un posicionamiento bajo (altura) e intermedio (eje). Pase de Blind a Winter, que viene y pasa o extiende de 'muro' (pase hecho de espaldas a la portería rival-generalmente hecho por los puntas cuando vienen-) para Van Loen, que juega de pared, al espacio, con Winter.

Un detalle: cuando los jugadores están situados en alturas y ejes diferentes, fundamentalmente el pasador y el receptor, por ejemplo, en esta acción, los pases son diagonales u oblicuos (no perpendiculares). Y siempre serán mejores los pases diagonales u oblicuos, independiente de si son cortos, medios o largos. En todas las imágenes mostradas y explicadas en este capítulo sobre la construcción y desarrollo del juego del Ajax de Van Gaal hemos mostrado cómo la ubicación de los jugadores en ejes y alturas diferentes da como resultado pases diagonales en las interacciones pasador-receptor.

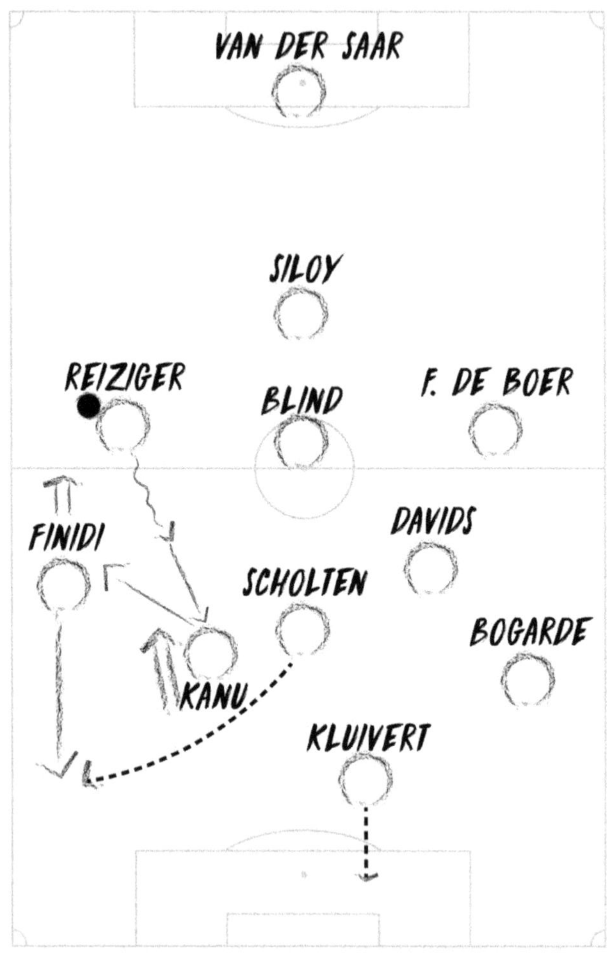

Tercer hombre lateral: Conducción del lateral derecho Reiziger. Pase a Kanu, el 9, que viene y juega de muro para el extremo Finidi, que sobre la banda, por fuera, pasa al espacio al tercer hombre, el interior Scholten. Todos los intervinientes están situados en ejes y alturas diferentes; una vez más, pases diagonales.

Otros detalles

Sin balón, muy sencillo: concentración defensiva (todos detrás de la línea de la pelota). Implicación de todos en la tarea de robar/recuperar el cuero. Prohibido para los once en el campo no correr, no marcar, no perseguir, no robar balón, no presionar y demás tareas sin balón. Ninguno tenía el derecho de no trabajar en fase de no posesión. Aunque suene una obviedad, que lo es, cuando defienden todos es más fácil robar/recuperar que cuando defienden algunos. Aplicación, de igual manera, del concepto recuperación inmediata a la pérdida en campo rival gracias a efectivos juntos y líneas adelantadas.

La calidad de Frank de Boer, impresionante. Zurdo, sacador, conductor, driblador y pasador de balón de lujo. Lectura e inteligencia de juego impecable. Siempre elegía la mejor opción de pase dentro de las varias opciones que tenía. Anticipaba todo. Y marcaba su posición, como hombre retrasado, en el centro del campo para acortar distancias con sus compañeros. Sus conexiones (pases) con el punta normalmente fueron efectivas.

Overmars, el rey de la doble fijación. Marc Overmars jugaba de extremo por izquierda siendo derecho. Es decir, jugaba con el perfil cambiado. Sin embargo, tenía buen manejo con su pierna izquierda. Sus conducciones hacia dentro, después de recibir por fuera, provocaban fijaciones dobles (al par y al impar). Su acción y movimiento fijaba, inicialmente, al par, el lateral derecho rival, y posteriormente al impar, el central derecho o centrocampista rival. Overmars recibía, conducía, retenía, se orientaba hacia el impar y lo fijaba (en el momento de la recepción ya tenía clavado al par). Incluso hubo situaciones en las cuales el rápido y habilidoso jugador fijó hasta un tercer elemento rival.

El engaño, el truco. Orientar la conducción del balón y la intención del pase hacia determinado sector u objetivo (los rivales bascularán a esa zona y los compañeros fijarán en ese sector), pero descargar a zonas y objetivos contrarios. Una jugada muy repetida: conducir hacia determinado espacio, provocar basculaciones en el rival hacia la zona elegida por el conductor, fijar rivales en ese sector y finalmente descargar al espacio o zona contraria, es decir, donde está el alejado y libre porque todo el juego se concentró en determinado sector.

Cosas como estas constituyen el verdadero engaño dentro de un campo de juego, no el de simular faltas y todo ese tipo de trampas ridículas y vergonzosas que algunas veces inventan los futbolistas.

Liderazgo y conducción

Louis Van Gaal, un jefe honesto, frentero y de personalidad altamente confrontativa. "Era directo y decía lo que pensaba, eso no le gusta a la gente. Decía las cosas a la cara y eso está bien", contó Carles Puyol

Al argentino Juan Román Riquelme no le fue bien con Van Gaal en el Barcelona. Sin embargo, el centrocampista lo supo valorar: "Van Gaal fue honesto y a mí cuando la gente me dice las cosas en la cara, me parece muy bien".

No negociaba con el desorden. Respetar las posiciones y las funciones era determinante para Van Gaal. Tan determinante como que todos los jugadores trabajaran para recuperar el balón cuando el rival dispone del mismo. No transaba, por más estrellas que fueran, con los jugadores que no corrían ni marcaban.

"Después de mi presentación en el Barcelona, Van Gaal me dijo que necesitaba hablar conmigo. Fuimos al vestuario y en una mesa grande tenía cualquier cantidad de vídeos. Me dijo: 'Todos estos vídeos son de usted (partidos jugados por Riquelme), y usted es el mejor jugador del mundo cuando tiene la pelota, pero cuando no la tiene jugamos con uno menos. El presidente lo trajo y acá tenemos un sistema en el que usted jugará de extremo izquierdo'. Le dije OK, yo no tengo problema", contó Riquelme.

"Cuando jugamos ante Racing de Santander y ganamos 2-1 yo me metí, porque ahí había jugado siempre y tocaba más el balón, por adentro, detrás del volante de marca del rival, y le di los dos pases de gol a Kluivert. Los diarios contentos, yo contento por haber metido los dos pases y al día siguiente del partido cuando íbamos a comenzar el entrenamiento, los jugadores de un lado y él del otro, me dijo: 'Usted es un desordenado, todo el mundo dice que jugó un partidazo, pero yo le dije que tenía que jugar de extremo izquierdo y te fuiste para otro lugar'. De ahí en adelante las cosas fueron complicadas porque yo no me aguantaba jugar por afuera y me iba para el centro para tocar más la pelota, y después de unos partidos me sacó del equipo", agregó el argentino.

"Un jugador no es nada, el equipo lo es todo. Tienes que jugar en equipo y no individualmente", manifestó Van Gaal en una muestra clara de la importancia que le da el holandés al concepto de equipo. De hecho, las diferencias entre Louis Van Gaal y el talentoso Rivaldo explotaron cuando el jugador brasileño quiso poner su interés por encima de lo que Van Gaal creía era lo mejor para el equipo. Van Gaal quería que la estrella brasileña jugara como extremo izquierdo en su sistema 1-4-3-3. Sin embargo, el atleta quería ir por el medio, como enganche clásico.

El Barcelona ganaba y rendía con el sistema 1-4-3-3 con Rivaldo de extremo hasta que cierto día el brasileño se rebeló. Van Gaal, naturalmente, no lo permitió y se le cobró. Antes de un entrenamiento del Barcelona, en diciembre de 1999, Rivaldo tomó la palabra y le dijo delante de sus compañeros a Van Gaal que se negaría a jugar como extremo porque ya llevaba dos años y medio, desde que llegó al Camp Nou, sacrificándose en ese puesto. Sus compañeros se quedaron perplejos y Van Gaal estupefacto. El jugador brasileño fue firme y se mantuvo en su postura. Faltaban apenas un par de horas para que se anunciara que Rivaldo había ganado el Balón de Oro. Al día siguiente, Rivaldo no apareció en la lista de convocados para el próximo partido del Barcelona y el propio Van Gaal se encargó de explicar a la prensa las obvias razones: " Rivaldo ha ganado cuatro títulos y el Balón de Oro en el Barca jugando en esta posición (de extremo). Rivaldo es un buen jugador, en las últimas semanas se ha erigido en el mejor y se ha merecido el Balón de Oro. Pero no tengo dudas cuando un futbolista pone sus intereses por delante de los del colectivo (eso no lo toleraba Van Gaal). La filosofía del club está por encima de todos", explicó el DT holandés.

El jugador terminó saliendo del club en el 2002 a instancias de Van Gaal, que dijo que el brasileño salía del club por falta de compromiso y profesionalismo. Eso sí, antes de partir, Rivaldo le tiró palos al entrenador holandés. "Se cree (Van Gaal) la única estrella y no le gusta escuchar la opinión de los jugadores. Es muy cabezota y obstinado, pero es un buen entrenador", señaló Rivaldo.

"Siempre hablaré bien de Van Gaal porque aunque fue el entrenador que me sacó del Barcelona para él todos los jugadores eran iguales. Es más, llegó a sentar (dejar en la suplencia) a Rivaldo, Guardiola, Luis Enrique, auténticos referentes del Barca porque consideraba que no estaban bien o no cumplían las tareas asignadas", manifestó Abelardo respecto al trato igualitario que daba el holandés a todos los integrantes del equipo. Es decir, no tenía trato especial ni preferencias con ciertos jugadores. A todos por igual.

Evidentemente la filosofía de Van Gaal se fundamenta en la teoría del rol y en el respeto del jugador por el rol que tiene en el equipo. La teoría del rol sostiene que los individuos, en las organizaciones de trabajo, ocupan puestos. Con dichos puestos (o cargos) se vinculan conjuntos de actividades, incluyendo interacciones con otros, que se requieren como parte del cargo. Este conjunto de actividades, incluyendo las interacciones, constituye el rol del individuo que ocupa ese puesto. Debido a la índole de las organizaciones como sistemas de actividad interdependiente, el ocupante de cualquier rol es interdependiente con otros en sus acciones. En el caso del fútbol, la ubicación de cada jugador del equipo sobre el campo de juego y su tarea o actividad a desarrollar.

"Cuando llego a un nuevo club, hablo con cada jugador de su demarcación, de su personalidad, del equipo y de cómo interactúa con sus compañeros. Tomo como referencia mi concepción del juego, y después qué jugadores se ajustan mejor a mi sistema, 1-4-3-3, porque siempre juego así. Si uno de los jóvenes es capaz de hacerlo, lo elijo a él. Si es uno de los veteranos, pues también, la edad no es el factor que más pesa para mí. La edad no importa", dice Van Gaal, a la vez que agrega: "Cuando un jugador no hace su trabajo en su espacio de juego no puede jugar en ese sistema. El entrenador es la referencia del equipo, pero la relación debe ser abierta, al igual que la mente de cada jugador. Todo el mundo debe hacer lo mismo, tirar en la misma dirección, para contribuir a alcanzar el objetivo que se persigue. La preparación táctica de la colocación es esencial, me refiero a la ocupación de cada jugador sobre el terreno de juego. Esa tarea exige una disciplina mental irreprochable. Pero también jugar en ese sistema es un placer", sentencia el entrenador holandés.

Señalamos que Louis Van Gaal les pidió a Riquelme y a Rivaldo en el Barcelona jugar en determinadas posiciones (roles), así también lo hizo con otros jugadores a lo largo de su carrera como entrenador: "Le expliqué a Alaba (en el Bayern Munich) que lo quería de lateral izquierdo. Él no deseaba jugar en esa posición. Se había formado como mediocampista, pero yo tenía el puesto libre y quería que lo ocupara él, por las lesiones que arrastrábamos en el equipo y por el hecho de que podía asumir esa labor. Después de largas conversaciones, al final jugó de lateral izquierdo porque quería ayudar al equipo. ¿Dónde juega ahora? ¡De lateral izquierdo!".

"Bastian Schweinsteiger, en mi opinión, no encajaba como extremo izquierdo. A Bastian le dije: 'Creo que debes colocarte en el centro del campo'. Entonces desempeñó labores de contención y resultó que disfrutó del fútbol más que nunca. Se dio cuenta de que en esa posición (rol) rendía mejor que nunca", expresó Louis Van Gaal.

Hristo Stoichkov, otro gran jugador de la época que ya había ganado la Champions League y el Balón de Oro, también se dio un baño de obediencia con el técnico holandés. Cierto día en un entrenamiento del Barcelona el internacional búlgaro se acercó a pedirle una botella de agua a un utilero y, desde atrás, escuchó el grito de Van Gaal: "Ya diré yo cuándo se puede beber. Ahora se entrena".

Hijo de Rinus Michels, Van Gaal copió de su maestro la disciplina, el trato a los jugadores (en el campo y en el entrenamiento no los consideraba como personas, para él no eran más que números con unas tareas asignadas), la credibilidad por los jóvenes, el respeto por los espacios, roles y funciones de cada uno, el esfuerzo y la implicación de todos para recuperar la pelota cuando el oponente disponía del balón, el control sobre todos los detalles dentro y fuera de la cancha...

De hecho, Michels, su maestro, le tiró flores. "(Van Gaal) funciona incluso más que Cruyff estructuralmente", escribió en su influyente libro *Teambuilding*.

En la juventud de su carrera como entrenador (Ajax, Barcelona) fue dogmático en cuanto al sistema de juego empleado por sus equipos. Dennis Bergkamp, que lo conoce de niño, se ocupó de definir a Louis Van Gaal: "El sistema es sagrado. Todos los jugadores son iguales para él. Los grandes nombres no existen para Van Gaal y todo está subordinado al equipo y al sistema. Su sistema".

Cierto es que con el tiempo fue más flexible y versátil, y se ajustó estructuralmente a las circunstancias propias y de los adversarios, como aconteció con la selección holandesa que dirigió en el Mundial de Brasil 2014.

Juan Carlos Osorio, entrenador colombiano, contó, después de reunirse con Van Gaal, que en Brasil el entrenador holandés decidió jugar con defensa de 3 centrales, y no de 2, porque entendía que sus hombres más retrasados carecían de jerarquía, es decir, no militaban en los grandes equipos de las mejores ligas de Europa e internacionalmente eran desconocidos. Y también compartió Osorio que en la semifinal ante Argentina, en el mismo campeonato, Van Gaal decidió modificar la estructura táctica de su equipo, eliminando un extremo muy ofensivo para agregar un centrocampista de equilibrio, debido al respeto que le profesaba a la Argentina de Lionel Messi.

Tipo arrogante, egocéntrico e impositivo. Tom Harmsen, presidente del Ajax, cuando lo contrató, dijo: "Hemos fichado a Van Gaal porque nos gustan las personas arrogantes. El Ajax es también un poco así". Cuando asumió las riendas del Ajax el propio Van Gaal declaró: "Los felicito por contratar al mejor entrenador del mundo (refiriéndose a él)".

Además, tenía un nivel elevado de autoconfianza. Un día, cuando las cosas no marchaban de la mejor manera en el Barcelona, dijo con rotundidad, agresividad y en tono elevado (casi siempre se dirigía así, otras a través de gritos y regaños): "Yo soy el mejor entrenador para entrenar este equipo (el Barça) porque conozco el club, el entorno, los problemas, los jugadores...", expuso. Y para completar la faena, en 2001, se atrevió a decir: "Van Gaal no tiene nada más que aprender".

Controlador al extremo como su padre, Rinus Michels, cuando estuvo en el AZ holandés les dijo a los futbolistas jóvenes de aquel club cómo debían ser sus fiestas. Y en el Manchester United insistía en usar aplicaciones para el rastreo de correos electrónicos para asegurarse de que los jugadores abrían los correos que les enviaba después de los partidos detallando los aspectos del juego que había que mejorar.

Recuerda, además, Oscar García, exjugador del Barcelona, que "durante los primeros días de pretemporada a la hora de la comida teníamos que estar todos sentados y él (Van Gaal) decía quién era el que se tenía que levantar para ir a buscarla. Hasta el nudo de la corbata te decía cómo lo debías llevar", relató Luis Enrique. Incluso se encargaba de ubicar a los jugadores para la foto oficial: ordenaba quién iba a la izquierda, quién a la derecha, quién sentado, quién de pie...

Autoritario. Antes de llegar al Barcelona exigió tener comunicación única y exclusivamente con el presidente del club, y ninguna otra persona. Gracias a su fuerte personalidad lograba proteger del entorno a sus jugadores, restando atención sobre ellos. Actuaba como escudo de sus dirigidos absorbiendo críticas, propiciando peleas con los medios de comunicación. "Sobre el carácter de Mourinho debo decir que he sido como él es. Yo soy así, es para proteger a los jugadores", comentó Van Gaal.

Creía en los jóvenes (fue campeón de Europa con la cantera del Ajax en 1996 jugando un fútbol de antología), les daba la oportunidad, pero los llevaba paso a paso, con palo y pan al mismo tiempo. "Trabajaba muy bien con los jóvenes, con los veteranos y cracks tenía más problemas que otros entrenadores", relata Patrick Kluivert, exjugador holandés. "Van Gaal fue profesor de Educación Física en la escuela y por eso era más fácil para él trabajar con jugadores que van a llegar que con jugadores que ya llegaron", dijo Michael Reiziger, uno de sus dirigidos en Ajax y Barcelona.

Con Van Gaal los jugadores iban al cielo y al infierno sin ningún problema. Lo relató el mismísimo Xavi Hernández, al que hizo debutar en Primera. "Y me voy a acordar de él toda la vida, pero para bien. Van Gaal era un tipo directo. Un día te hundía y te humillaba delante del grupo, y al siguiente me decía que era Zidane. Es así. Y con el tiempo, es positivo. Con él pasé de jugar en Old Trafford a ir al campo del Alcoyano cuando me bajaba al Barça B. Es algo que se ha perdido ahora. Si estás en el primer equipo, se presupone que no puedes bajar. Y no, un chaval de 18 años tiene que, sobre todo, jugar. Luego vas al primer equipo y te comes el césped literalmente", señaló Xavi.

Es más, "la edad no importa", dijo Van Gaal refiriéndose a su decisión de entregarle en el Barcelona la capitanía del equipo a Pep Guardiola, en aquella época un jugador sin la mayoría de edad para asumir semejante distinción y responsabilidad.

"Yo elijo al capitán, no los jugadores. Siempre soy yo el que nombra a los capitanes de mis equipos, porque tengo que colaborar con ellos y otorgarles responsabilidades. Debo admirarlos por su personalidad, por su identidad. Mis capitanes son todos muy profesionales, pero también muy ambiciosos y honrados. Se trata de cualidades que saltan a la vista en todos los capitanes que yo he tenido. Cuando llegué al Barcelona, Guardiola tenía 27 años. En España, por tradición, el brazalete de capitán se otorga a los jugadores de más edad. Quise que asumiera responsabilidades y además transmitirle mi filosofía. Tengo que congeniar con mis capitanes. A Pep le dije: 'Vas a ser mi capitán'. Él respondió: 'No, no'. Pero zanjé la cuestión: 'Yo elijo al capitán, y tú entiendes el fútbol exactamente como yo lo entiendo'. Por eso lo hice capitán. Miren dónde está ahora", señaló Van Gaal en una entrevista concedida a la FIFA. De igual manera, en el Barcelona, Louis Van Gaal le dio la capitanía a Carles Puyol siendo este muy joven.

Personalidad, un elemento que siempre ha priorizado Van Gaal. "Le doy más importancia a la personalidad de un jugador que a sus cualidades sobre el campo, especialmente su capacidad de darlo todo. Hay talentos extraordinarios que no tienen la mentalidad o el carácter que se necesitan para encajar en mi concepción. Jari Litmanen, por ejemplo, era un jugador diferente en el Barca que en el Ajax. Cuando se desembarca en un club nuevo, hay que adaptarse a la nueva cultura, y no todos los jugadores son capaces de hacer eso".

Infundía respeto en sus dirigidos. Tanto así que pocos se atrevían a trabajar a medias. "Con Van Gaal entrenando no se relajaba nadie. Te exigía desde el primer minuto. Todos daban el máximo en los entrenamientos y si la gente entrena bien, compite bien", manifestó Luís Enrique, exjugador del Barcelona, que no obstante repelaba el trato que daba a los futbolistas don Louis. "Es el entrenador con el que he tenido más enfrentamientos y/o diferencias. Tiene una obsesión con la ética del trabajo. Tal vez yo prefería un estilo más ligero al suyo. Eso sí, es una gran persona, entendía tus problemas personales...", detalló el hoy entrenador.

En el entrenamiento y en el trabajo era intransigente. No se andaba con medias tintas. Vociferaba, increpaba y hasta expulsaba del campo a los jugadores. "Sabías que si no hacías bien el pase te podía tirar una bronca, por eso el jugador estaba alerta y concentrado. Eso sí, cuando acertabas te felicitaba y te aplaudía", recuerdan jugadores orientados por Van Gaal.

Durante un entrenamiento del Barça en 1999, Louis Van Gaal mostró su cara más agresiva al abroncar públicamente a los jugadores que estaban entrenando a sus órdenes en el Camp Nou, y expulsar a Óscar García por defender a su hermano Roger de las durísimas críticas que le estaba propinando.

El diario *Mundo Deportivo* de España recreó aquella escena magistralmente:

Sucedió durante un rondo (ejercicio de entrenamiento). Van Gaal no estaba satisfecho con la intensidad de sus hombres, y poco a poco comenzó a elevar el tono de su voz. Primero se dirigió a Albert Celades, a quien recriminó su falta de trabajo y unas declaraciones a la prensa en las que decía necesitar más ritmo de partidos. "Yo he visto Lérida. Yo he leído periódicos. Yo no tengo ritmo, yo no tengo ritmo... Tú tienes que trabajar también", le espetó.

Su hermano Óscar salió a defenderle... Y acabó siendo expulsado

No se detuvo ahí el holandés, que llamó a filas a Roger García, a quien acusó de no haber demostrado nada, "ni siquiera en el Barça B". Fue entonces cuando apareció Óscar, el hermano de Roger, que salió en defensa de su hermano y compañero. Van Gaal, del que ya se hablaba de sus problemas con los dos García Junyent, explotó.

"Tú no quieres volver, tú puedes salir. ¡Tú puedes salir!", le gritó el holandés a Óscar, mientras le empujaba y le señalaba la salida del campo. La expulsión de aquel entrenamiento supuso el principio del fin para el centrocampista. Aquel verano, el jugador de Sabadell se marchó al Valencia. Su hermano Roger también cambió de club, aunque sin abandonar la ciudad. Se fue al Espanyol, donde acabó coincidiendo con Óscar un año más tarde.

Creyente de lo determinante que resulta para el éxito convencer a todos los estamentos del club sobre una idea y filosofía de trabajo y acción. "Transferir una idea y una filosofía, de juego y de acción, a los jugadores y a todos los estamentos de un club es lo primero que hay que hacer. Transferir eso a los jugadores, dirigentes y personal de la entidad toma tiempo. Todo el personal, desde los jugadores hasta los utileros, debe estar impregnado y seguir esa filosofía de juego y trabajo. Lo más importante es transferir la idea y la filosofía a todos los estamentos del club", reveló

Van Gaal en 1998 cuando ganó en su primera temporada el título de España con el equipo catalán.

De convicciones innegociables: prefería dar un paso al costado antes que modificar su estilo de dirección, incluso si ese cambio se lo demandaba la propia plantilla de jugadores. Aconteció en 2001, cuando pese a fracasar en las Eliminatorias de 2002 (no logró la clasificación a la Copa del Mundo con Holanda), la federación holandesa lo ratificó en el cargo y presentó la renuncia. "El detonante de mi decisión (renunciar al cargo de seleccionador nacional) ha sido el hecho de que la mayoría de los internacionales estaban en desacuerdo con mi forma de dirigir al equipo. En las conversaciones que mantuve con ellos, no para preguntarles si debía o no seguir, sino para que opinaran sobre mi trabajo, me pidieron una relación más distendida. Pero yo soy como soy y tengo mi manera de funcionar. No voy a cambiar y no quiero cambiar", aclaró Van Gaal.

Resistido por sus convicciones. Uli Hoeness, directivo del Bayern Múnich, club por el que también pasó Van Gaal, terminó peleado con el holandés. Al final declaró: "Van Gaal es resistente a los consejos y no entiende que el Bayern no es un show para un hombre. Con él al mando desapareció el placer por jugar al fútbol".

Pero Louis Van Gaal también fue, como jefe y líder, agradecido y despendido. El 24 de marzo de 1998, en su etapa en el Barcelona, tuvo un gesto que da fe de ello. Aquella noche aprovechó un partido de semifinal de Copa Catalunya (un torneo menor) ante el Lleida para darle la "palomita" de dirigir a uno de sus ayudantes de campo, el hoy famoso José Mourinho. Van Gaal, desde que llegó al Barca, le había tomado aprecio a Mourinho: "Vi cómo Mourinho se enfureció porque no fue consultado respecto a la elección del nuevo entrenador del Barça delante de todos, sin esconderse. Ese día supe que era especial, por eso lo quise tener conmigo", contó Van Gaal.

Pues bien, en el partido ante el Lleida don Louis valoró el trabajo, la lealtad y el gran aporte de Mourinho a su gestión y lo recompensó. Le hizo vestir de traje elegante, le cedió el protagonismo y le permitió dar las instrucciones en el banquillo. Eso sí, lo acompañó. Es más, Van Gaal llevó a Mourinho a la conferencia de prensa después del partido para que fuera él (Mourinho) el que hablara con los medios sobre el juego. El Barça ganó. Mou dirigió. Van Gaal acompañó. Jugaron los juveniles Puyol (19 años) y Xavi (18 años). Van Gaal le dio la oportunidad a quien seguro se la había ganado, a quien le había visto madera, carácter para dirigir, y le había ayudado en el trabajo en el Barça. Una demostración de gratitud, reconocimiento y desprendimiento.

El trabajo, por supuesto, siempre fue un amigo infaltable de Van Gaal. "Para tener en mi equipo a un jugador evalúo, obvio, su calidad, pero también su actitud en los entrenamientos", señaló Van Gaal. "Louis cogía a los jugadores titulares y entrenaba la estrategia (las jugadas a balón parado). Repetía, repetía y repetía hasta que saliera lo que ibas a hacer. Y siempre estaba encima y puntualmente. Al final, si repites un día antes del partido una jugada diez veces, pues el día del partido te acuerdas perfectamente de esa jugada", contó Luis Enrique.

"Cuando entrenaba al Barca era el primero en llegar y el último en irse", contó Abelardo.

Y retador con su gente. Cuenta Luis Enrique que comenzando la pretemporada en su primera charla individual Van Gaal le preguntó dónde podía y quería jugar, y el jugador le manifestó que podía jugar en varias posiciones. Finalmente Luis Enrique le dio dos posiciones y Van Gaal le dijo: "Pues va a estar difícil que juegues porque ahí están Saviola y Riquelme. Ve y dile a ellos que se preparen porque solo va a jugar uno. Pues durante la temporada jugué muchos partidos en esas posiciones y Van Gaal me miraba y me decía: 'Este tipo me dijo esto y al final lo cumplió'. Eso que me dijo Van Gaal comenzando la pretemporada me sirvió como reto y motivación", relató Luis Enrique.

CAPÍTULO V.
PEP GUARDIOLA

"El Barça de Pep, el fútbol total del siglo XXI"

Johan Cruyff

"Lo de Guardiola fue un huracán devastador. Arrasó con toda la trampa y la mentira, las aniquiló de tal manera que ahora hasta los italianos quieren tener la pelota y jugar"

César Luis Menotti

El Barça de Pep fue contracultural. Hizo todo lo contrario al resto de los equipos de su época: defendía adelante y atacaba desde atrás. Y de igual manera, todos defendían (no algunos) y todos atacaban (no algunos), es decir, todos trabajaban con y sin balón. Los más retrasados atacaban con maestría y los más avanzados defendían como los dioses.

El fundamento del Barcelona orientado por Pep Guardiola (es oportuno decir que Frank Rijkaard fue quien sembró la semilla) estuvo en el juego de posición.

En 2014 tuve la fortuna de entrevistar, mejor, de conversar, con Oscar Cano Moreno, entrenador, escritor y gran pensador español, sobre esta idea de juego que a través del Fútbol Club Barcelona liderado por Pep encantó al mundo entero.

Oscar Cano es una de las personas que más ha estudiado este modelo de juego y, en consecuencia, una de las que más lo entiende. Por esta razón siento oportuno compartir en las siguientes páginas algunos conceptos que Oscar señaló en aquella enriquecedora conversación futbolera.

¿Qué es el juego de posición?

"Es muy difícil sintetizar a nivel conceptual lo que es esta idea, este tipo de querer. Se puede decir que su objetivo es la consecución de superioridades posicionales en pos de desordenar la organización defensiva rival.

Muchas veces se confunde porque realmente no se entiende tal y como es y se considera que simplemente se trata de intercambiar el balón de zona y de pie. Y no es así. No es una simple sucesión de pases porque cada pase tiene que llevar consigo, o el desorden inminente o la posibilidad de ir desordenando, es decir, el pase debe tener una intencionalidad. Para que tenga esa intencionalidad tenemos que contar con una serie de condiciones a nivel estructural y con una serie de condiciones o de objetivos a nivel de funcionamiento. En definitiva, es ir consiguiendo superioridades posicionales y con ello ir ordenándonos a medida que vamos desorganizando al rival. El medio estrella de este estilo de juego es el pase. Los pases no pueden ser pases vacíos de contenido, no pueden ser pases que no supongan nada. Deben ser pases que supongan una inmediata progresión o una preparación para llegar juntos y junto a la pelota al campo rival. El producto final, como en cualquier modelo o estilo de juego, no es otra cosa que ser mejor que el equipo rival y conseguir, aunque sea una obviedad, un mayor número de goles".

No es cuestión de geometría

"Soy de los que piensa que con cualquier sistema se puede desarrollar el juego de posición. Pero antes de hablar sobre los espacios que vamos a ocupar y el tipo de líneas u objetos que se van a formar, que si son triángulos, rombos, o todo este tipo de figuras geométricas, tenemos que hablar de los quienes. Es decir, quiénes van a ser y hacer.

Son varios los conceptos y principios: el inicio de la jugada debe ser limpio y para que sea limpio se tiene, no solo que saber ocupar los lugares y separarse convenientemente de los distintos oponentes, sino que además es necesario respetar las distancias óptimas de relación, separarnos para poder separar al equipo contrario, estar situados a diferentes alturas, a diferentes ejes. Todo esto va a desproporcionar lo que son las distancias del adversario y las seguridades que puedan llegar a tener en relación a la proximidad de sus diferentes líneas. Pero para que estos conceptos se puedan llevar a la práctica, tenemos que tener en cuenta quiénes son los que pueden llevarlo a la realidad y ajustarlo. Es decir, en función de quiénes son qué se puede hacer.

Por lo tanto, más que una cuestión geométrica, tiene mucho más que ver con los sujetos, porque realmente se necesitan buenos pasadores en todas la zonas del campo, buenos receptores, gente que entienda que el pase es un regalo y que el pase tiene que procurar que se pueda seguir pasando, es decir, que el juego no acaba en mí. Además, gente que juegue por fuera y sepa perfectamente discernir esa dualidad que hay entre me quedo quieto y fijo o intervengo. Es decir, cuando es el momento en el que mi posición va a fijar a determinados rivales para que puedan jugar los demás, y cuando es el momento en el que yo me puedo aprovechar de lo que previamente he procurado o he facilitado para los otros. En definitiva, se requiere de gente inteligente y de jugadores capaces de saber que el balón es un instrumento que hay que compartir y saber hacer llegar a los lugares determinantes. Evidentemente todos los estilos persiguen lo mismo pero sí que es cierto que el juego de posición lo persigue de diferente manera".

El inicio

"El juego de posición no tiene un comienzo. El juego es un continuo en sí, por lo tanto, puede iniciarse en cualquier reanudación, saque de portero, propio saque de banda, a partir de una recuperación de balón, a partir de un encadenamiento de acciones y de pases que deben llevar intrínsecamente todos los conceptos, o muchos, de este tipo de juego. Entonces, no tiene un inicio ni tampoco tienen porque estar separados los centrales. Nosotros, muchas veces, por copiar el juego de los ganadores y el juego, por ejemplo, bello y plástico que hizo el Barcelona de Pep, terminamos haciendo el más absoluto de los ridículos. Es decir, yo prefiero hablar de conceptos, prefiero hablar de que la gente tiene que estar bien separada en función de las circunstancias, que son las que te van a ir demandando si la línea tiene que estar compuesta de dos o tres jugadores, si tengo que estar a treinta metros, a veinte, a quince o a uno, si debo tener muchos jugadores próximos a la pelota y otros muy alejados. Repito, van a ser las circunstancias del juego las que van dictaminando cuáles son las necesidades en relación a ese juego de posición. Prefiero hablar de conceptos más que de formar líneas de tres, de cuatro, de cinco, de dos o que estemos muy separados o poco separados, porque realmente eso lo van a ir dictaminando y aconsejando las propias circunstancias del juego.

El juego de posición tiene como otra de sus máximas el jugar con la defensa del equipo rival. Me explico: para otro tipo de estilo de juego, la presión del equipo adversario representa una amenaza. Para el juego de posición, si está bien ejecutado, la presión o el *pressing* avanzado, te da la posibilidad y te anuncia cómo puedes superar al contrario. Es decir, en función de cómo es la organización defensiva elegida por el equipo adversario, eso te va a ir dando los caminos y los itinerarios que tiene que ir recorriendo el balón. Lejos de ser un elemento caótico o que reste posibilidades de progresión en el campo, la presión del oponente es utilizada dentro del juego de posición como un elemento a favor, que va a ayudar a construir tu propio juego. Realmente lo que más daño le hace a este tipo de juego precisamente son los equipos absolutamente replegados y los que son difíciles de sacar de esas zonas donde se amontonan los diferentes jugadores.

Ahora, es necesario tener en cuenta que todas las intervenciones con balón, ya sea a través de conducciones o retenciones (en el propio Barcelona muchas veces Andrés Iniesta tiene la posibilidad clara de pasar a algún compañero y prefiere retener la pelota. La retiene uno, dos, tres segundos, para amontonar gente alrededor de él y liberar de oposición a otros compañeros), se hacen precisamente para atraer al adversario, es decir, es una invitación continua a desajustarlos, es una invitación continua a separarlos, es una invitación continua a que mi intervención con la pelota tiene que conseguir que el contrario se sienta atraído y abandone determinados espacios, que son muy significativos para poder progresar. Por eso siempre hay jugadores que yacen escondidos o visibles no solo detrás de las líneas enemigas, como decimos nosotros, sino también en el lado débil de las mismas. Es decir, recibir a la espalda de las líneas de presión, en el lado débil de las propias líneas de presión, y que eso vaya provocando situaciones ventajosas para los jugadores que tienen en sí el mayor poder de desequilibrio.

Todo este tipo de objetivos son los que persigue el juego de posición. De igual manera, cada jugador siempre debe reconocer cuáles son las referencias posicionales, saber más o menos dónde puede andar anclado y dónde pueden andar ubicados los diferentes compañeros y a partir de ahí, evidentemente atendiendo a las circunstancias, a los movimientos, a todo lo que son las fijaciones y cómo vamos moviendo el sistema defensivo rival, ir encontrando eso de lo que tanto se habla, el libre de oposición.

La idea es que el equipo tenga un avance simultáneo junto a la pelota. Sabemos que hay muchísimos equipos en los que la pelota llega a campo contrario y nunca se llega de manera simultánea (la pelota y los jugadores). Y de eso también se trata el juego de posición: de arribar, de llegar, de ocupar el campo contrario a medida que vamos avanzando, es decir, que no llegue la pelota antes ni después, sino que viajemos juntos y lleguemos a la vez".

Los principios

1. Inicio y salida: "Es construir superioridades numéricas y posicionales, sobre todo posicionales, desde tu propia línea de fondo. Es decir, es vital que los primeros jugadores (portero, centrales, algún mediocentro que se pueda incrustar e incluso los laterales) tengan un buen sentido del pase, es decir, deben saber que el balón y el pase tienen que ir colectivizando el juego. El pase no puede dispersarme, no puede dispersar a nadie, sino que con el pase estamos indicando que este juego les pertenece y hace participes a todos. Este es un proceso muy controlado, que requiere de mucha precisión. Es un proceso que requiere gente que, más allá de tener una gran calidad técnica, reconozca perfectamente cuál es el mejor pase entre la gama de posibilidades que tiene en frente; saber cuál es el pase más óptimo o idóneo para que se pueda seguir circulando de manera eficiente la pelota. El objetivo es que desde los primeros pasadores se vayan generando ese tipo de superioridades y se vayan eliminando las primeras líneas de oposición".

2. Hombre libre: "Es precisamente al que hay que ir buscando con cada pase y acción. Muchas veces no es buscarlo porque muchos de los jugadores que yacen detrás de las diferentes líneas de presión o que yacen en un costado sin oposición, no se reconocen, no saben que son los beneficiarios de toda esa circulación de balón. Es decir, se trata primero de reconocerse como hombre libre. Otra de las cosas claras que tiene este tipo de juego es que el jugador tiene que empezar a olvidar ese topicazo que hoy invade al fútbol y que es la falta de movilidad. En el fútbol, no hay una falta de movilidad ni mucho menos. Lo que hay es un exceso de movilidad, lo que hay es un exceso de carrera irreflexiva, lo que hay es un exceso de protagonismo, de invasión del espacio del compañero y de desmarques simultáneos al mismo espacio con el objeto simplemente de entrar en contacto con la pelota cuando realmente el objetivo, más que yo entre en contacto con la pelota, es que el equipo pueda ir pasándose el balón y pueda ir desorganizando la organización defensiva rival. Pues el hombre libre es eso, es decir, saber que cuando yo conduzco, conduzco sobre alguien o hacia el espacio de alguien al que quiero atraer para ir liberando a determinados compañeros de la oposición y si no hay una liberación absoluta por lo menos que esa oposición se separe de determinados jugadores. Por ejemplo, en el Barcelona de los primeros años de Guardiola continuamente el gran beneficiado de la circulación de balón entre Iniesta, Xavi, Busquets y algún otro compañero, era Lionel Messi, que siempre encontraba, cuando la pelota le llegaba, a su par a una distancia que le permitía desenvolverse con holgura. El maestro de ser hombre libre continuamente y de saber que no siempre a través de la movilidad se puede ser receptor de esos pases es Andrés Iniesta: siempre está bien ubicado, es capaz de aguantarse y estar veinticinco o treinta segundos a la espalda de una línea sin ni siquiera

moverse, sin ni siquiera pedir el balón, sin ni siquiera invadir espacios que no le competen, porque él sabe y reconoce que el sentido de esa circulación puede llegar a hacerle hombre libre. Se trata de eso, de ir liberando de oposición, de ir sacándole la oposición a los compañeros".

3. El tercer hombre: "Si hay una línea de pase impedida entre tú y yo, necesitamos un tercero. Si tú eres el que porta la pelota y vas a pasarle a un segundo, y esa línea de pase está impedida, necesitamos un tercero. Se puede dar tanto en profundidad como en anchura. Como explicación sencilla es la necesidad de un tercer elemento ante una línea de pase impedida entre el elemento A y el elemento B, es decir, el apoyo del elemento C".

4. Distancias de relación: "Nosotros tenemos que separarnos óptimamente para separar. Y para eso evidentemente hablamos de las situaciones de emplazamientos de jugadores. Tiene que ver con situarse a diferentes alturas y a diferentes ejes porque eso es lo que realmente va a desproporcionar o va a ir desproporcionando".

5. Recibir a la espalda del oponente: "Muchas veces vemos a muchos equipos que son acosados permanentemente por diferentes líneas de *pressing* de los adversarios y que evidentemente no saben superarlas o que rara vez las superan a no ser que sea con un pase de larga distancia. Estar bien ubicados a la espalda de la línea de presión es básico".

6. Atraer: "Es concentrar jugadores oponentes sobre determinados espacios para poder encontrar a los jugadores propios alejados. Jugamos entre cercanos para atraer un buen número de adversarios alrededor nuestro y que los alejados sepan que tienen que seguir alejados porque después van a ser beneficiarios de ese intercambio de pases sobre un mismo espacio".

El juego es indivisible

"El fútbol es un todo y no se puede separar. La recuperación inmediata en equipos, como se bautizan ahora de transiciones muy verticales, no se puede hacer. ¿Por qué? Porque los jugadores se separan. Entonces, si los de arriba se separan y no le otorgan tiempo a los de atrás para que se vayan juntando con ellos, es imposible juntar las líneas en campo contrario e iniciar una recuperación inmediata una vez que se pierda la pelota.

Sin embargo, a medida que tú vas juntando pases, que vas sumando pases, vas otorgando tiempo para que los hombres y las líneas de tu equipo se vayan aproximando entre sí y vayan llegando al campo rival. También evidentemente a medida que tú vas juntado pases y que vas sumando esos pases, estás condicionando al equipo adversario para que se repliegue y se vaya situando cerca de su propia portería. De esta manera, el contrario quedará cerca de su portería con pocos efectivos delante de la pelota, y como le has dado tiempo y calidad a la circulación, lo resultante será que en pocos metros estarán tú y el equipo oponente. Entonces, cuando el adversario es capaz de recuperar, dispone de pocos elementos por delante para pasarle el balón y tú estás absolutamente condensado y bien dispuesto en las inmediaciones del área rival. Con todos estos elementos, hay una pregunta clave: ¿para qué venirnos hacia atrás si ellos, cuando la recuperan, no pueden transitar bien porque no tienen jugadores por delante de la pelota? Pues bien, si estamos aquí y ellos no pueden pasar la pelota hacia adelante, es un momento idóneo para intentar recuperarla. Repito, no se puede separar defensa y ataque, es decir, lo que hagas con el balón te va a ir condicionando, te va a ir diciendo y te va a ir anunciando lo que puedes hacer cuando lo pierdes. Ahora, si mi equipo se separa, si mi equipo quiere llegar muy rápido a la portería rival o con pocos efectivos, en el momento de la perdida, el elenco contrario estará escalonado (no le ha dado tiempo de replegarse) y dispondrá de jugadores por delante de la pelota, razón por la cual sería un suicidio salir a por ellos, porque ni somos los suficientes ni estamos bien organizados y evidentemente eso no va a tener éxito".

La presión alta del rival es un aliado

"La manera de cómo ejecute la presión el rival (en número, movimiento y organización), te irá anunciando cómo puedes salir. Es decir, si van de una manera, habrá unas soluciones, y si van de otra, habrá otras.

Como antes he dicho, es una alegría aquellos equipos que van a buscarte a tu campo. ¿Por qué? Porque este tipo de juego te educa mucho a saber encontrar por dónde puedes salir en función de por dónde ellos están intentando impedir que salgas. Y bueno, si atendemos a esa vertiente estructural, tenemos que saber separarnos, tenemos que saber también a qué distancia están los delanteros, a qué distancia está la siguiente línea, si los receptores pueden ser los jugadores de primera línea (centrales), si los laterales tienen que hacer algún tipo de movimiento, si los laterales se tienen que retrasar para que sean los mediocentros los que reciban... Mira, el verdadero hombre libre cuando Juanma Lillo entrenaba al Almería, en este tipo de *pressing* del equipo contrario, era Soriano. Era un increíble receptor, pero previo a ser un increíble receptor de cualquier tipo de pase con cualquier tipo de trayectoria, era un muy inteligente jugador que iba reconociendo cuáles eran las necesidades y en función de eso se iba ubicando en el terreno de juego. Muchas veces recibía cerca del arquero, otras veces recibía a las espaldas de los primeros que presionaban y otras, recibía a la espalda hasta de una segunda línea puesto que el portero, Alves, era capaz de pasar con soltura y eliminar dos líneas de presión. Cuando el *pressing* es muy alto, seguramente alguien va a quedar libre, y seguramente alguien, si está bien educado, va a saber reconocer el espacio que tiene que ocupar para ser él la solución. En definitiva, es una oportunidad única para este tipo de juego el hecho de que haya equipos que vengan a buscarte porque esa misma búsqueda por la recuperación del balón te va a otorgar las soluciones que tienes que ir planteando.

Ahora, cuando el oponente no viene a buscarte, en primer lugar, hay que tener mucha paciencia; saber que si no quieren salir, hay que invitarles a salir. Ya que están juntos, si con esas invitaciones permanentes a salir, no somos capaces de sacarlos, porque realmente no quieren venir a bailar, hay que juntar a muchos en determinado espacio. Es decir, ya que no quieren salir, ya que quieren estar juntos, vamos a juntarlos más. Muchas veces la desproporción entre las distancias de los diferentes jugadores que conforman el equipo adversario no tiene que ver con separarlos sino con juntarlos en determinado espacio y saber que ahí juegan un papel fundamental los jugadores exteriores. Son elementos que van a permitir darle amplitud al campo.

Esos exteriores no deben tener ningún tipo de prisa por intervenir, no tienen que tener ningún tipo de obsesión por entrar en contacto con la pelota. Tienen, además, que saber fijar a la gente de fuera para permitir espacios por dentro para el beneficio de sus compañeros y entender perfectamente que en algún momento de la circulación, cuando el equipo defensor, o los opositores, se junte y trate de cerrar los espacios interiores, ellos van a ser determinantes para generar peligro.

Es importante también la llegada de jugadores de segunda línea, porque ante este tipo de equipos, las jugadas son prácticamente de balonmano. Los rivales están muy replegados, casi pertrechados en las inmediaciones de su área, parecen equipos de balonmano que están defendiendo esa línea de siete-nueve metros. Ahí la llegada de jugadores de segunda línea, como, por ejemplo, Dani Alves en el Barcelona, es determinante. También hemos visto en los primeros años del Barcelona ese tipo de acciones en Keita, Xavi...".

Los medios: conducción y retención

"Cada conducta (retenciones, conducciones, pases) debe invitar a que el equipo adversario tenga la necesidad y la urgencia de salir en búsqueda de la pelota. Por eso decíamos que la presión del equipo contrario es realmente un medio utilizado por los poseedores de la misma, más que para la recuperación del equipo que decide ir en búsqueda de robar la pelota.

La conducción es un medio evidentemente muy práctico, pero el jugador que conduce tiene que saber que sus conducciones deben provocar algo, no sólo cerca sino también lejos y en espacios intermedios. Algo está pasando, algo está ocurriendo mientras él conduce y tiene que ser consciente de ello. No es lo mismo el jugador que juega a conducir, que el jugador que utiliza la conducción para poder jugar mejor. Por lo tanto, te encuentras ejemplos de ese uso exagerado de la conducción, o de conducir por conducir, o de conducir sin tomar consciencia y sin tener en consideración lo que vas provocando. Igual efecto tienen las retenciones y la sumatoria de pases sobre determinado sector entre cercanos. No se trata de hacer las cosas por hacerlas, sino de ser consciente de que cada conducta propia tiene consecuencias a nivel colectivo y en el rival".

El entrenamiento

"La mejor manera de poder entrenar el juego de posición es reproduciendo en el entrenamiento aquello que pretendes hacer en competición. Evidentemente, tienes que jugar con la complejidad para que el jugador vaya tomando consciencia de lo que puede hacer, pero no puedes desvirtuar el juego. El medio elegido puede ser un rondo, una situación con más o menos jugadores, una situación reglada de alguna manera para que vayan sucediendo o apareciendo toda esta serie de conceptos, pero realmente nosotros lo que tenemos que saber, como punto de partida, es que los conceptos tienen que estar insertados en los jugadores. Nosotros no le vamos a introducir al jugador ningún concepto. Nosotros sabemos que el jugador es capaz de hacerlo, que tiene potencial para hacerlo y por eso lo ponemos para que lo haga porque magia es lo que no hay en el fútbol.

Nosotros tratamos de que la palabra entrenamiento y la palabra juego se parezcan lo máximo posible. Es decir, la gente no puede ir a entrenar como una mera reproducción de conductas, de hábitos o de mecanismos, sino que tiene que ir a enfrentarse con lo que es la complejidad intrínseca de este juego y que a partir de ahí vayan apareciendo los conceptos. Si juegas al fútbol de una determinada manera, con una serie de requisitos, con una serie de información, acaban apareciendo los conceptos. Por eso el entrenamiento tiene que parecerse muchísimo a lo que después va a ocurrir en la competición.

Se puede entrenar, como dije, a través de cualquier tipo de situación de entrenamiento, ya sea en forma de rondo, ya sea en forma de partido, ya sea en forma de partido condicionado, ya sea a través de una situación mucho más real... Pero más que tener que ver con la forma de entrenarlo, que es importante, tiene que ver con los jugadores que van a entrenarse. Nosotros tenemos que ser observadores, analizar cuáles son las posibilidades de aprendizaje de la plantilla y de los jugadores que conforman el equipo. Realmente todos los conceptos que hemos diseccionado aquí están dentro de los propios jugadores, aun no sabiendo ellos que les pertenecen.

Voy a poner un ejemplo: si fuese cuestión de entrenamiento, Puyol dominaría este juego mejor que Piqué, porque el primero tiene más edad y más entrenamientos que el segundo, que es más joven y estuvo en el Manchester United. Sin embargo, este juego lo domina mejor Piqué, porque este juego le pertenece a él. ¿Qué quiero decir con esto? Que nosotros somos simples recolectores de lo que los jugadores son capaces de hacer. Nosotros le podemos dar forma a nuestra organización, o a nuestro equipo, en función de lo que seamos capaces de descubrir y de inventar a partir de la naturaleza propia de nuestros jugadores.

Muchas veces más que el juego, o más que la situación de entrenamiento en sí, es cómo están relacionados los jugadores y lo que emerge de esas interacciones. Por ejemplo, si yo propongo una situación de contraataque muy bien reglada en la que dejo conscientemente unos espacios deshabitados para poder ser aprovechados y el que tiene que percutir por esos espacios es Riquelme, pues el enganche argentino siempre va a venir al pie por más que yo le indique y le deje espacios a la espalda de la línea defensiva. Siempre la tendencia de Riquelme será jugar al pie. Por lo tanto, quiénes son los jugadores y cómo están relacionados entre sí es realmente el jugo de este deporte. Es lo mismo si nosotros ponemos a Di María, Benzema y Cristiano Ronaldo sobre determinado espacio y les decimos que tienen que juntar pases, que deben hacer un número determinado de pases. Evidentemente ellos no lo van a hacer, van a buscar inmediatamente la portería porque es su forma natural de jugar. Sin embargo, si yo no le digo nada a Xavi, Busquets e Iniesta, ellos sí van a ser capaces de conseguir un número elevado de pases. Generalmente estamos condicionados y contaminados por coger el ordenador y diseñar la mejor situación de entrenamiento posible y nunca tenemos en cuenta quiénes son los que la van a ejecutar y si son capaces de desarrollar aquellos conceptos que yo pretendo introducirles en su cerebro.

Hablé de interacciones y mezclas... Muchas veces no se trata de tener buenos pasadores en primera línea, sino que hay que tener en cuenta los siguientes, es decir, los que van a ser los receptores de esos pases: si son jugadores capaces de perfilarse bien, de orientarse bien, de darle la salida conveniente, de recibir y dar continuidad. No podemos fijarnos en una sola línea, ni en una sola posición, ni en una sola demarcación, porque lo que realmente tenemos que ver es que todo eso fluya con absoluta normalidad, con absoluta naturalidad.

De otra parte, la propia técnica está educada por la capacidad de decisión. No es que Víctor Valdés tenga unos pies privilegiados. Estoy absolutamente convencido de que cualquier portero de alto nivel es capaz de pasar con precisión a diez, veinte o treinta metros. Sin embargo, Valdés sabe elegir a quién pasar la pelota para que a partir de ese pase puedan seguir sucediendo cosas. La técnica está educada para tu capacidad decisiva y yo tengo un ejemplo muy claro: cuando me tocó dirigir al Polideportivo Ejido, hace unos años, teníamos al portero menos goleado. Sin embargo, él no quería ser partícipe de la circulación del balón porque según su opinión no tenía la precisión, la calidad, ni el nivel suficiente como para pasar con absoluta facilidad a diez, veinte o quince metros. A través de una serie de situaciones de entrenamiento, él poco a poco fue descubriendo que más que tener esa calidad para controlar y pasar, la clave de su éxito tenía que ver con saber, o con decidir, a quién le tenía que pasar el balón para que su equipo pudiese seguir manteniendo la posesión de la pelota. Quiero decir con esto que evidentemente muchas veces el mínimo para pasar y controlar lo tienen casi todos los jugadores que están en la élite. Sin embargo, la diferencia es que unos saben discriminar perfectamente los estímulos relevantes y decidir hacia dónde pasar; saben, además, que ese pase debe tener esa sustancia para que el que lo reciba pueda continuar proponiendo cosas.

Uno de los grandes maestros de este tipo de juego, en su época de futbolista, era Pep Guardiola. Cada pase de él, te anunciaba el resto de la jugada. Y Pep no era un virtuoso, no tenía un dominio extraordinario, ni tampoco disponía de una gran variedad de pases. A nivel de superficie, sólo utilizaba el interior del pie. Pero siempre le pasaba la pelota al jugador conveniente para que su equipo pudiese ser superior o pudiese seguir construyendo las jugadas de manera mucho más fácil".

Las conductas: los miedos y los complejos

"Todo el mundo piensa. Los jugadores van pensando lo que van haciendo. Lo que pasa es que muy pocos saben verbalizarlo o tomar consciencia de lo que han hecho. Que Messi no sepa decir qué ha hecho no indica que no sepa hacerlo: una cosa es el conocimiento declarativo y otra cosa es el conocimiento conductual o comportamental. Ahora, hay jugadores que son mucho más reflexivos, que van tomando conciencia clara de lo que van provocando, de lo que son sus conductas. Evidentemente no podemos ir en contra de esos jugadores diferentes o de esos jugadores que esporádicamente enseñan cosas maravillosas. Sin embargo, es nuestra obligación conformar una organización en la que cada jugador pueda poner de manifiesto lo que son sus mejores atributos y entender que cada jugador tiene unas capacidades y que su relación con las capacidades del resto da origen a una serie de cosas que pueden ocurrir dentro del campo. La obligación es saber relacionar a esos genios dentro de la consciencia colectiva. El gran poeta granadino, Luis García Montero, decía que hay gente que entiende la libertad como una forma de participación en el todo. A mí me parece genial esa reflexión.

Respecto a los miedos, por ejemplo, cuando un central ante una inminente presión del oponente decide tirar la pelota larga, tiene un montón de miedos. Pero no solamente el que tiene el balón, sino también sus compañeros. Es decir, son miedos heredados, y al final eso se hace hábito. Terminan creyendo que su seguridad es mucho mayor haciendo eso, tirando la pelota larga. Pero no es solo una cuestión individual porque, precisamente, los jugadores que tiene alrededor tampoco se acercan, los más adelantados se alejan de la pelota y están solicitando el pase en profundidad y el arquero no quiere volver a ser receptor, es decir, el arquero te la da pero no quiere volver a recibirla porque realmente considera que el riesgo es excesivo. Eso tiene que ver con la confianza de la persona que en este caso está como entrenador y tiene también que ver con una organización de origen colectivo.

Todo es cuestión de educación. Por ejemplo, nosotros tomamos una decisión en el Granada, cuando yo dirigía este equipo. Teníamos dos puntas, dos delanteros muy altos, muy fuertes, referentes y realmente buenos receptores de espalda a portería, que cualquier envío eran capaces de hacerlo bueno. Ahora, no teníamos una segunda línea muy potente, entonces muchas de las jugadas morían ahí.

Decidimos pues jugar con un solo punta e incluso hubo alguna época en la que yo le decía al delantero referente que nunca mirase al central, es decir, que mirase a otro lado cuando el defensor tenía la pelota porque era muy sugestivo para el central tirársela al grande para alejar el problema, porque sabía que el grandote era capaz de bajar la pelota y retenerla en campo contrario. En definitiva, a dicho central le quitamos un delantero y le pusimos otro mediocentro, es decir, le fuimos acercando las referencias y con todo este tipo de organización lo educamos para que buscara soluciones en corto y no en largo, para que no quedara expuesto y fracasara la acción".

El fútbol es un juego indivisible. No es posible fragmentarlo por más que se quiera. A medida que se van sumando pases a través de la circulación, se van juntando los hombres y las líneas propias, circunstancia favorable para, en el momento de la pérdida, saltar por el rival e intentar robar la pelota en menos de siete segundos. Mejor aún si el rival, a través de la circulación y progresión propia, ha replegado y perdido metros en profundidad. Las vigilancias estrechas, los anticipos, los bloqueos son medios necesarios a la hora de aplicar este principio.

La recuperación de la pelota se puede presentar en cualquier zona del campo. Lo ideal, para equipos protagónicos como los de Guardiola, es que la reconquista del balón se presente en campo rival. Para esto es necesario juntar las líneas y los hombres después de una buena sucesión de pases (circulación) y achicar el campo, es decir, que los más retrasados (defensores) marquen la línea de ubicación en el centro del campo y los más avanzados (centrocampistas y delanteros) tiren para adelante como efecto dominó. En otras palabras, defender hacía delante facilita la recuperación inmediata del balón y ganar las segundas jugadas o rebotes.

Ejercitar situaciones reales de juego

Entrenar situaciones reales de juego que impliquen y mezclen aspectos tácticos, técnicos, fisiológicos, volitivos, estratégicos, cognitivos, individuales y colectivos debe ser una máxima.

El Barça de Guardiola siempre expuso en el campo de juego el día de la competencia, el día del partido, los rondos y juegos de posición que ejercitaba/entrenaba toda la semana, incluso desde chicos los criados en La Masia (Xavi, Iniesta, Messi, Valdés, Piqué, entre otros). En todos los encuentros de este maravilloso equipo fuimos testigos de una gran cantidad y variedad de rondos y juegos de posición. Es decir, el Barça ejercitaba situaciones reales de juego y en los partidos aplicaba aquello que practicaba. En resumidas cuentas, entrenar como se juega y jugar como se entrena.

Un juego de posición demanda y da, a la vez, las siguientes habilidades o elementos:

1. Seguridad (al pasar el balón).
2. Riesgo (al pasar el balón).
3. Convicción.
4. Decisión.
5. Anticipación (velocidad mental; saber qué hacer antes de recibir el balón).
6. Velocidad del balón (jugar a uno o dos contactos).
7. Movilidad.
8. Quietud o inmovilidad.
9. Interacción (cambio de roles, cambio de puesto; si uno entra, el otro sale).
10. Calibrar, medir o ajustar los tiempos (para entrar, salir, ir, venir, intercambiar posición, ascender, descender).
11. Inteligencia y discernimiento (si este va allá, yo voy allí, o me quedo aquí).
12. Apoyos (mostrarse, venir para recibir).
13. Desmarcación.
14. Pases firmes, fuertes, al pie hábil del receptor.
15. Pases cortos, medios o largos.
16. Cambio de orientación buscando a los alejados.

17. Intercambio de pases entre cercanos para atraer adversarios y juntarlos en determinada zona.
18. Cabeza levantada y buena colocación del cuerpo del receptor y/o poseedor para ampliar su campo visual (que tenga en su campo visual la mayor cantidad de elementos posibles: balón, rivales, compañeros, espacios).
19. Posicionamiento colectivo (simetría en la distribución en amplitud y longitud).
20. Lectura rápida de la situación. En el momento de la pérdida, ir en presión (uno, dos, tres efectivos) con la intención de recuperar de manera inmediata el balón y evitar que el adversario arme y construya una salida de contragolpe.
21. *Pressing* o presión colectiva con un elevado nivel de esfuerzo (para los que deben recuperar el balón).

Todo lo anterior se debe tener para realizar una acción de juego de posición y, de igual manera, todo lo anterior lo proporciona una acción de juego de posición. Como pueden ver, los elementos cognitivos, técnicos, tácticos y fisiológicos hacen muy poderosa esta herramienta a la hora de jugar y/o entrenar.

Las ejercitaciones

A continuación, compartimos diez acciones de juego posicional del Barça, extraídas de partidos, que se pueden ajustar para convertirlas en ejercitaciones posicionales para el entrenamiento. Es decir, situaciones reales de juego que se presentaron en los encuentros, que se pueden transferir al entrenamiento a través de ejercicios de juegos de posición y viceversa

Es cuestión de tomar los videos de los partidos del Barça de Guardiola, estudiarlos y extraer las acciones de este tipo (situaciones reales de juego), que se reprodujeron en cantidades innumerables en los diferentes sectores del campo y ajustarlas, estableciendo unas reglas, para convertirlas

en ejercitaciones. Es cuestión de dejar volar la imaginación y ajustar las situaciones reales de juego, que son infinitas, innumerables y variadas, para convertirlas en ejercicios de entrenamiento.

Pero ¿qué tipo de reglas? Tiempo disponible para cumplir el objetivo (hacer gol, terminar la jugada con un remate a puerta), cantidad de oponentes, espacio y zonas de acción, limitar el número de contactos al balón, movimientos permitidos y no permitidos, maneras de progresar y penetrar por fuera y por dentro (a través de pases y/o conducciones), número de jugadores propios implicados, tareas a realizar.

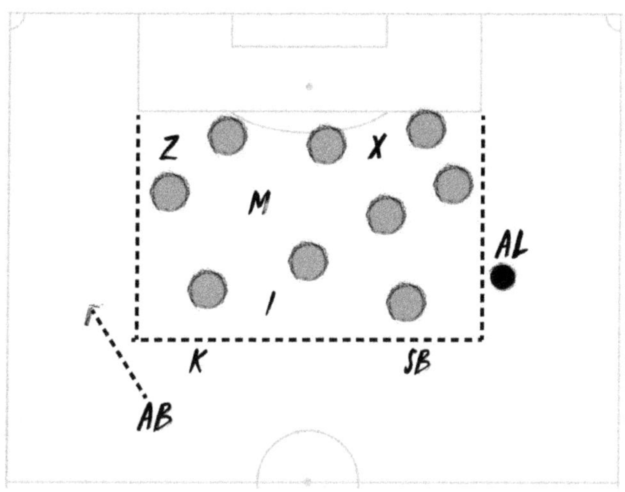

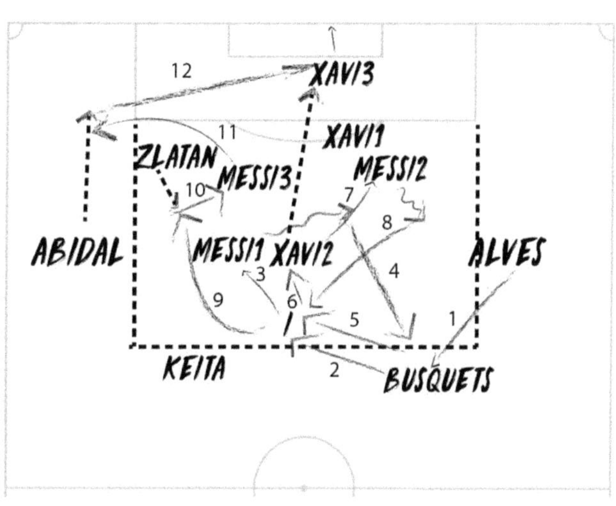

1. Juego de posición en tercio ofensivo ocho vs. nueve (inferioridad numérica). Circulación, amplitud (cambio de orientación) y penetración/profundidad.

Espacio: 40 metros de ancho x 20 metros de largo. Por fuera, cuatro jugadores (Alves, Busquets, Keita y Abidal), por dentro, otros cuatro (Zlatan, Messi, Xavi e Iniesta). Los primeros son posicionales, mientras que los segundos combinan posición y movilidad (Messi y Xavi ocupan diferentes lugares por dentro durante los 29 segundos que dura la acción). En total hay doce pases y la jugada comienza con un pase de Alves a Sergio Busquets. Hay una penetración por fuera mediante pase rasante dentro-fuera (Messi) y desmarque al espacio (Abidal).

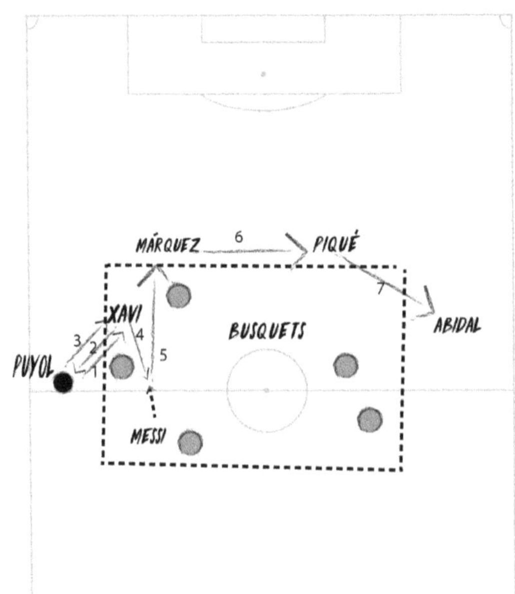

2. Juego de posición en tercio medio siete vs. cinco. Circulación, amplitud (cambio de orientación) y progresión/salida por fuera.

Espacio: 40 metros de ancho x 20 metros de largo. Por fuera están Puyol, Márquez, Piqué y Abidal, mientras que por dentro quedan Xavi, Messi y Sergio Busquets. La acción se inicia con Puyol-Xavi. Si los de afuera (Puyol o Abidal), después de recibir, conducen para superar el objetivo, alguno de los defensores puede salir del rectángulo. Los de dentro pueden superar el objetivo, es decir, progresar en conducción.

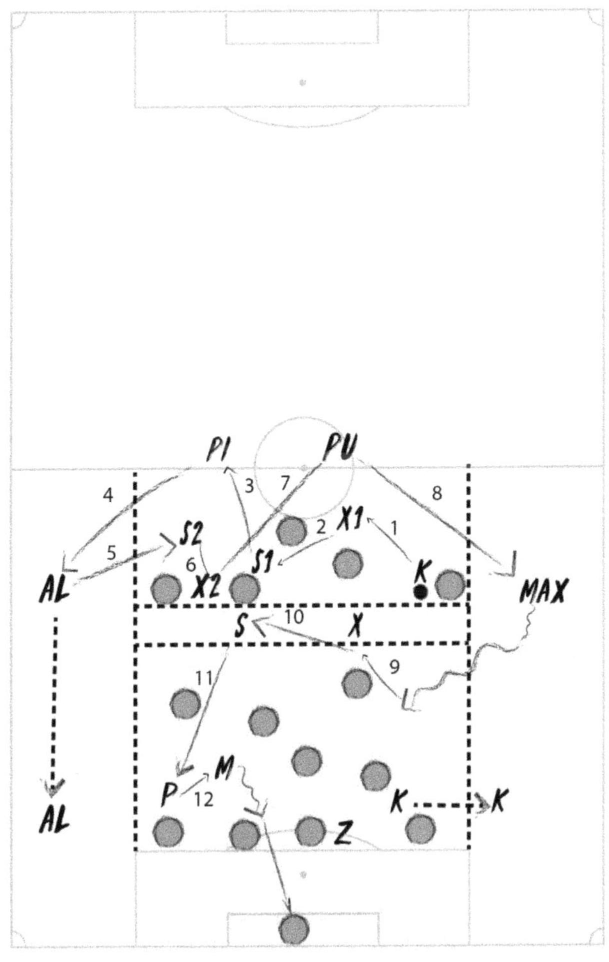

3. Doble juego de posición. El primero, en tercio medio, y el segundo, en tercio ofensivo. Circulación, progresión, amplitud (cambios de orientación) y penetración/profundidad.

Primer juego posicional (en tercio medio): por fuera quedan Alves, Piqué, Puyol y Maxwell, y por dentro se ubican Sergio Busquets, Keita y Xavi. Enfrentan a cinco defensores (parten dentro del rectángulo).

Segundo juego posicional (en tercio ofensivo): abiertos se ubican Alves, Sergio Busquets, Xavi y Keita, en tanto que por dentro están Pedro, Zlatan, Messi y Maxwell. Enfrentan a nueve defensores.

El espacio es aproximadamente de dos rectángulos de 40 metros de ancho x 18 metros de largo. Se juega en continuidad. Para acceder del tercio medio al tercio ofensivo, o del primer juego de posición al segundo, hay tres opciones: un defensor puede salir del rectángulo para provocar un duelo uno contra uno si el atacante que está por fuera intenta una conducción (por afuera); que la pelota pase entre el vértice del área de penalti y la línea de banda derecha o izquierda (pase por dentro), o con un pase dentro-dentro del rectángulo del tercio medio al rectángulo del tercio ofensivo. En este caso, la jugada finalizó con un remate a puerta, por dentro, de Messi de media distancia.

Los cinco defensores que están en el primer rectángulo, al avanzar el equipo en posesión al siguiente rectángulo, se pueden replegar/descender y entrar a defender al rectángulo del tercio ofensivo junto a los cuatro defensores que esperan allí, como finalmente aconteció en esta acción.

Cinco atacantes pueden ascender del rectángulo del tercio medio al rectángulo del tercio ofensivo, por dentro y por fuera. En esta acción entraron a participar en el segundo rectángulo Alves, Maxwell, Keita, Sergio Busquets y Xavi.

4. Juego de posición cinco vs. cinco. Amplitud (cambio de orientación), penetración

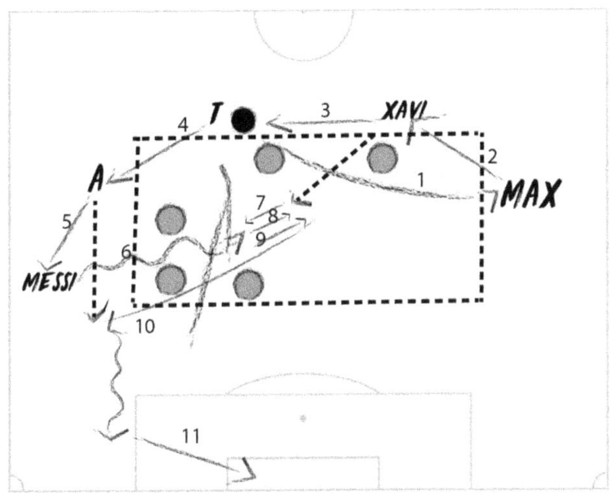

Cinco por fuera (Messi y Alves, por derecha; Touré y Xavi, por el centro, y Maxwell, por izquierda), dos por dentro (entrando al rectángulo, Xavi y Messi). Enfrentan a cinco defensores (dentro del rectángulo)

Espacio: 40 metros en amplitud x 15 metros en profundidad entre tercio medio y tercio ofensivo. La jugada apenas duró 22 segundos: comenzó con el cambio de orientación de Touré a Maxwell, Maxwell pasó a Xavi y Xavi a Touré, Touré conectó con Alves y Alves con Messi. Todo por fuera. Lionel entró en conducción al rectángulo (también había ingresado Xavi).

5. Juego de posición siete vs. seis. Construcción y desajuste al rival con los más atrasados.

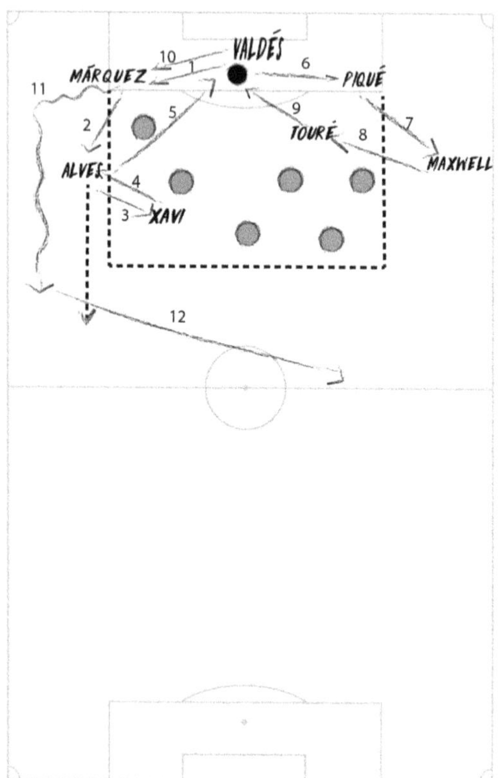

Espacio: 40 metros de ancho x 20 de largo en tercio defensivo. Participación del portero.

Cinco por fuera (Valdés, Márquez, Piqué, Maxwell y Alves), dos por dentro (Xavi y Touré). Enfrentan a seis defensores (están por dentro). Si los de afuera, después de recibir, conducen, un defensor puede salir del rectángulo. Uno de los de afuera puede entrar al rectángulo. Si esto sucede, los cuatro restantes han de reubicarse.

6. Juego de posición siete vs. seis en tercio ofensivo. Circulación, amplitud (cambio de orientación), profundidad/ penetración.

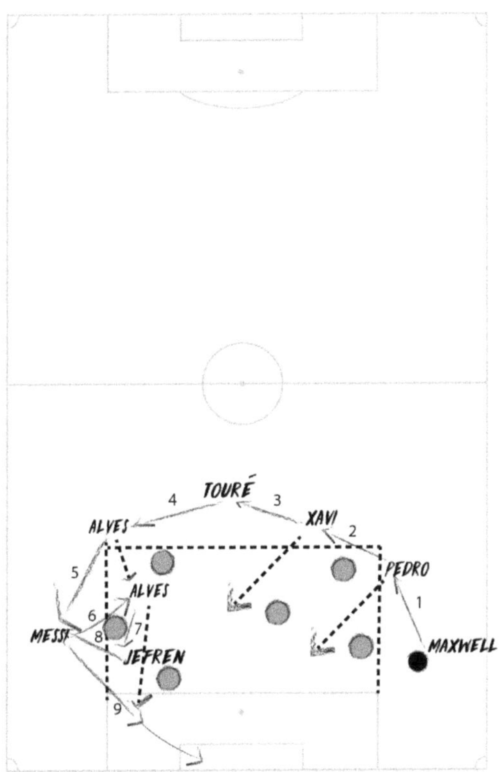

Los que van por afuera son seis (Messi, Alves, Touré, Xavi, Pedro y Maxwell), de los cuales hasta tres pueden entrar al rectángulo. Uno (Jeffrén), fijo por dentro (más los que entran). Cuando los exteriores entran al rectángulo, los que permanecen por fuera han de reubicarse. Enfrentan a seis defensores (por dentro). El espacio es 40 metros de ancho x 25 metros de largo en campo rival, como muestra la gráfica.

7. Juego de posición seis vs. seis con prolongación. Circulación, amplitud (cambio de orientación), profundidad/penetración.

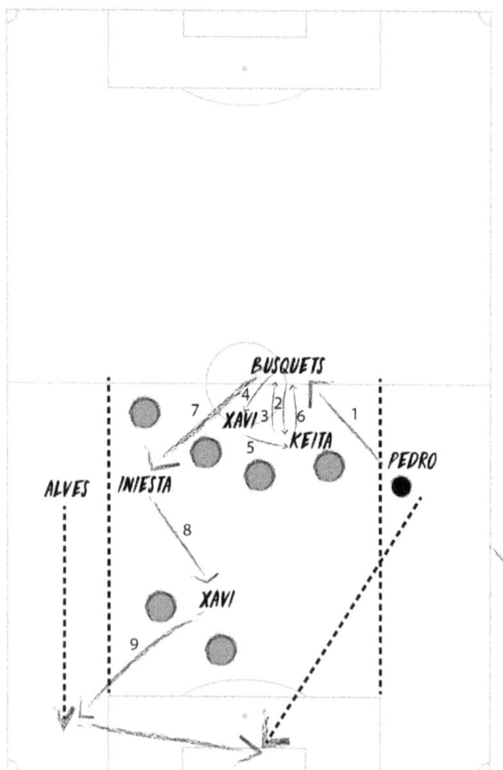

En la circulación del balón hay paredes, tercer hombre, cambios de orientación. El espacio del primer rectángulo: 40 metros x 25 metros. En ese rectángulo se enfrentan seis atacantes (cuatro por fuera y dos por dentro) contra cuatro defensores. El primer objetivo es llevar o poner el balón en el perímetro del área de penalti rival, donde esperan otros dos defensivos.

8. Juego de posición ocho vs. nueve en tercio ofensivo. Amplitud (cambio de orientación), penetración, finalización.

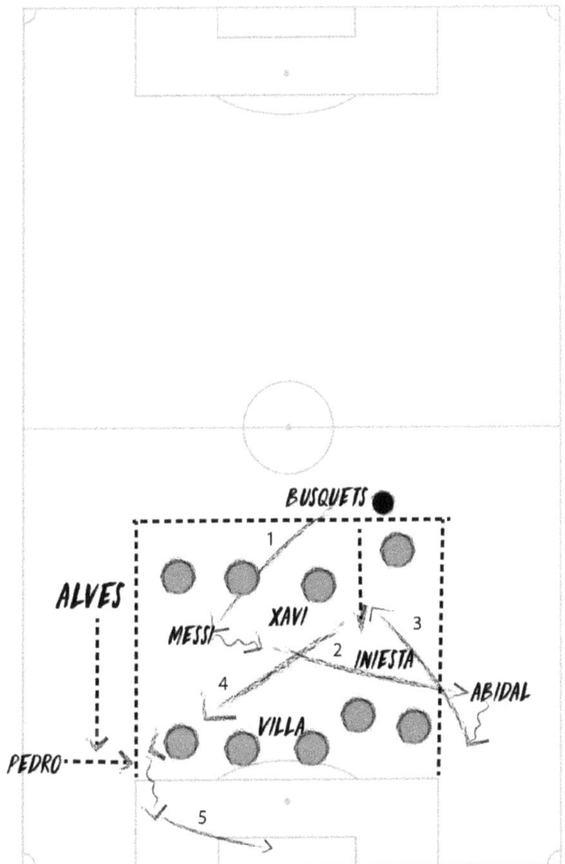

Van cuatro por afuera (Pedro, Alves, Sergio Busquets y Abidal) más un quinto que puede salir. Otros cuatro quedan por dentro (Messi, Xavi, Iniesta, Villa) más dos (en este caso, Sergio Busquets y Pedro) que pueden entrar al rectángulo. Así como entran, pueden volver a salir.

9. Juego de posición ocho vs. nueve en tercio ofensivo. Amplitud, profundidad/penetración.

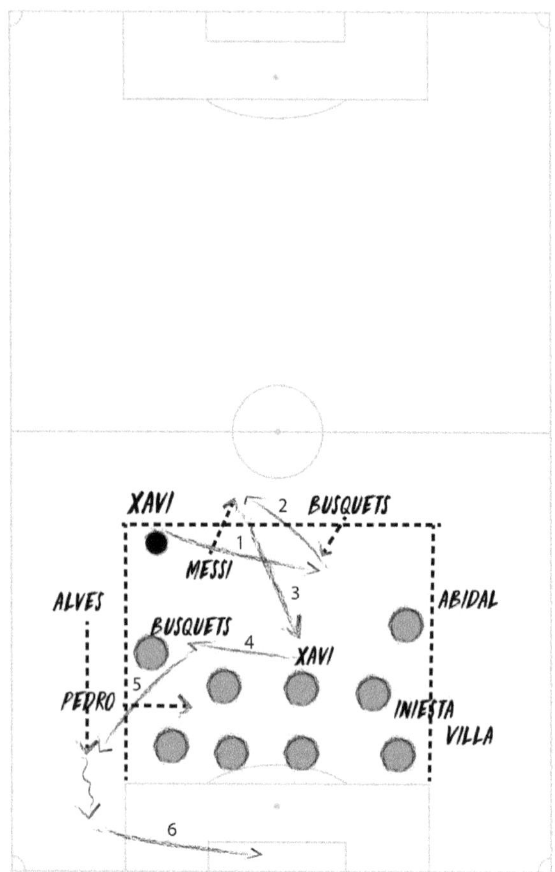

Seis por fuera (Pedro, Alves, Xavi, Sergio, Abidal y Villa) y dos por dentro (Messi e Iniesta). De los de afuera, tres pueden entrar al rectángulo (en este caso, lo hicieron Xavi, Sergio y Pedro). Además, hay un intercambio simultáneo: Messi sale del rectángulo y Sergio Busquets entra en él.

10. Juego de posición ocho vs. nueve en tercio ofensivo. Doble amplitud (cambio de orientación), finalización a través de tiro a puerta de media distancia.

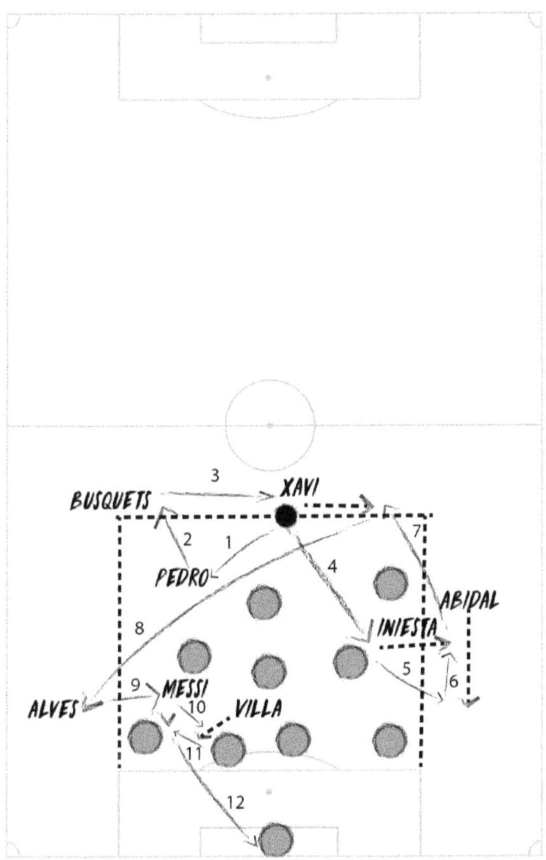

Cuatro por fuera (Alves, Sergio, Xavi y Abidal) más uno que sale (Iniesta en este caso) y cuatro por dentro (Messi, Pedro, Iniesta y Villa). Todo acontece en un espacio de 40 metros de ancho por 20 metros de largo, como aparece en el gráfico.

Nota: Todas estas acciones de partido/ejercitaciones de entrenamiento tienen, obviamente, continuidad ante la pérdida del balón. Es decir, si el equipo en posesión pierde el balón por cualquier circunstancia, la obligación será reconquistar en el menor tiempo posible la pelota. El objetivo es que el oponente (los que están defendiendo) no libere el balón y salga de la cárcel (el rectángulo) en la que está. Si el rival sale, o mejor, si saca el balón del rectángulo, el contragolpe será inevitable y los problemas serán mayúsculos. Por esta razón, estas acciones de partido y ejercicios de entrenamiento deben tener continuidad en el momento de la pérdida del balón.

En el Barcelona de Guardiola, Xavi, Iniesta, Busquets, Messi y todos tenían como principio cuidar el balón, protegerlo. Para cualquier equipo es saludable y vital tener jugadores que cuiden el balón, que lo protejan, que lo guarden, que deseen no perderlo, que lo cuiden como a la niña de su ojo. Porque si lo cuidas, no lo vas a perder y si no lo pierdes, no te expondrás a un contragolpe.

Quiero cerrar este capítulo con dos artículos que escribí para diferentes medios de comunicación cuando Guardiola dirigía al Bayern Munich, en los que retrato al Pep táctico. Me aparto del juego de posición y expongo al Guardiola de la pizarra.

Guardiola, transgresivo

La definición de transgresión señala que la palabra significa actuar en contra de una costumbre. Así es Pep. Un técnico transgresivo. Se apoya en la rotación, la polivalencia individual y la versatilidad táctica colectiva. Modifica el posicionamiento y las zonas de gestión de sus jugadores y la estructura del conjunto dentro del juego cuantas veces lo considere y sea necesario. Comienza posicionalmente de una forma, varía a otra y es capaz de terminar con una distinta a las anteriores. Es, en suma, un revolucionario del juego y la táctica. Siempre buscando lo mejor de los suyos y para los suyos.

La gran revolución del Barça de Pep fue con el balón, todo basado en el cuero. Pep, como Cruyff y Lillo, entre otros, cree que a un equipo lo desordena y desequilibra perder el balón, ser impreciso, en otras palabras, no saber administrar-gestionar el cuero.

La gran revolución de Guardiola en Bayern Munich pasó por lo táctico. Su último invento en el equipo alemán fue el 3-3-4 o 4-3-3 invertido, al que le agrega una gran cantidad y variedad de elementos y matices funcionales que provocan una enorme riqueza en el juego del equipo.

Vamos por partes. El posicionamiento iniciático es 1-3-3-4. Ejemplo real: partido ante Stuttgart por la Bundesliga. Manuel Neuer; Rafinha, Jerome Boateng, David Alaba; Joshua Kimmich, Arturo Vidal, Douglas Costa; Arjen Robben, Thomas Muller, Robert Lewandowski y Kingsley Coman.

En movimiento, interacción y dinámica ese 4-3-3 invertido (3-3-4) se traduce en lo que yo llamo 226 (dos atrás respaldando, dos abiertos pegados a la raya para dar amplitud y seis por dentro a diferentes alturas y ejes) o el 325 (tres atrás, dos abiertos y cinco por dentro). La cantidad de delanteros que tenga el rival determina si son dos o tres los que respaldan atrás; si el rival tiene un único delantero, dos respaldarán. Si tiene dos atacantes, tres respaldarán.

Ahora miremos lo más importante, la gran variedad de matices funcionales. Los tres más retrasados no son todos centrales. Uno es central (Boateng, el que va por la mitad) y los dos restantes, Rafinha y Alaba, son laterales naturales. En este caso, laterales cerrados (no por la raya según la costumbre y la regla). Laterales en posiciones de centrales, sin ser centrales, para tener mucha más salida de balón. Laterales en posiciones de centrales con naturaleza para ir a campo rival con o sin balón, por dentro o por fuera. Eso es atrevido y permite tener más llegadores desde posiciones retrasadas a zonas contrarias.

Sin balón, e incluso con el cuero, el mediocentro Kimmich se sitúa a la altura de los tres de atrás (se incrusta) para ampliar la línea defensiva. Esta conducta era muy propia del Dream Team de Johan Cruyff.

Por dentro, en el centro del campo, un mediocentro, un interior-llegador (Vidal) y un extremo puro reconvertido en interior (Douglas Costa).

Extremos con perfiles cambiados para cerrar el juego, entrar al área, finalizar, conseguir combinaciones fuera-dentro-dentro-fuera... Robben, zurdo natural, a la derecha, y Coman, derecho de origen, en banda izquierda. Y un falso nueve, Muller, que entra y sale para generar huecos en la línea defensiva rival, dar apoyos a los centrocampistas, provocar superioridades numéricas por dentro, jugar de espaldas. Por último, un 9 clásico, Lewandowski, que permanece y otorga profundidad y pegada.

Demasiada polivalencia y versatilidad táctica. Tanto movimiento, tanta variante, tanto recurso, termina por confundir al oponente y multiplicar tus fuerzas y posibilidades. Lo mejor de todo es que tanto movimiento no es producto del capricho ni el exhibicionismo del DT. Cada cambio (posicional, nominal o estructural), cada movimiento, tiene una intencionalidad implícita.

Otro ejemplo del 1-3-3-4 o 1-4-3-3 invertido. Frente a Augsburg también por la Bundesliga 2015/16: Neuer; Rafinha, Boateng, Alaba; Xabi Alonso, Vidal, Thiago Alcántara; Philipp Lahm, Muller, Lewandowski y Douglas Costa.

Un matiz sobre este equipo: Lahm, que se posicionó de extremo, fue menos profundo que Robben. En el segundo tiempo hubo una variante nominal y posicional. Entró Coman en el extremo y Lahm tomó el lugar de Vidal, quien fue reemplazado. Otra variante para terminar de enloquecernos (a los que le vemos y a los rivales) fue ubicar a Lahm y Alaba de laterales, derecho e izquierdo, respectivamente; a Rafinha y Boateng de centrales; a Alonso de mediocentro con Vidal y Thiago de interiores; Costa se posicionó de extremo derecho, mientras que Muller y Lewandowski fueron las referencias de área. Se preguntarán: ¿Quién de extremo izquierdo? ¡Alaba! El austríaco fue el encargado de hacer toda la raya zurda (marcador-lateral y extremo).

Pero Pep no se olvida de su amado 1-4-3-3. Lo utiliza y lo revoluciona a la vez. Frente a Olympiakos, en Munich, por Liga de Campeones, colocó el siguiente once: Neuer; Lahm,

Boateng, Holger Badstuber, Rafinha; Vidal, Muller, Costa; Coman, Lewandowski y Robben.

En este esquema hay dos jugadores que son multiposición y multifunción: Lahm y Muller. Cuando el delantero se mete de 9, el capitán se cierra y hace las veces de interior derecho, en tanto que Muller se mueve constantemente. Cuando viene, su tarea es de interior, mientras que cuando va, lo hace de centrodelantero.

Sin embargo, el recital táctico no termina aquí. Todo lo anterior permite que si en algún momento expulsan a un jugador, el equipo no lo sienta y sepa suplir el hombre de menos. Frente a los griegos, se dio esta situación. Tras la expulsión de Badstuber en el segundo tiempo, Guardiola reestructuró el equipo. Ingresó Mehdi Benatia en la última línea, Kimmich entró para ser el mediocentro, pero quedó sin interior derecho. Esa función la cumplieron Lahm, Muller y también Coman.

Cada partido y cada momento del Bayern de Pep fue un show de rotaciones, polivalencia individual y versatilidad táctica colectiva. Guardiola tiene el mundo en la cabeza.

Versatilidad táctica y polivalencia

En el fútbol actual, si es que se puede hablar de fútbol moderno, hay dos conceptos que se han convertido en máximas. Versatilidad táctica del conjunto y polivalencia o flexibilidad posicional de los jugadores.

Viendo al Bayern de Guardiola y al Manchester United de Van Gaal corroboré esta teoría.

El Munich dio cátedra todos los fines de semana con Pep en la banca: partió del 4-2-4 con dos extremos, uno de ellos falso (Franck Ribery), un 9 y un falso nueve (Robben). Pasó por el 226 y por el 3-3-4 (o 4-3-3 invertido). Cerró con el clásico 4-3-3. Y como si fuera poco, Robben y Ribery jugaron más por dentro, de interiores, que por banda. Por ejemplo, en el 3-3-4, el lateral izquierdo fue de extremo y Ribery pasó de interior izquierdo. Lo de Guardiola y el Bayern es un ejemplo que invita a salirse del molde. Un ejemplo que reconfirma la teoría: dos conceptos del fútbol actual, versatilidad táctica y polivalencia.

De otro lado, el Manchester United. Atención al movimiento de la pizarra. Christopher Smalling, central y lateral; Valencia y Young, extremos reconvertidos en laterales (ya no parten adelante, parten atrás); Rojo, lateral en el Mundial con Argentina, de central. Michael Carrick, mediocentro y central. Mucha polivalencia, flexibilidad posicional de los jugadores.

Así amplias la plantilla, parecen más jugadores, se multiplican las posibilidades, las opciones y el uso y ocupación de zonas y espacios en el campo.

En otras palabras, parece que jugaras con más de once porque estoy aquí cumpliendo una tarea y después allá cumpliendo otra y los compañeros igual. Y mientras hago una tarea, de un compañero, lo libero para que él cumpla otra y a su vez libere a un tercero. Hago lo mío y puedo hacer y hago lo de otro(s). Multiplico las fuerzas. Y de paso, el DT tiene muchas posibilidades a la hora de mover la pizarra.

Liderazgo y conducción

La pasión para jugar y entrenar es para Pep Guardiola el gran secreto. En cuanta aparición pública tiene, Guardiola no duda en afirmarlo. "Mi gran suerte es que desde muy pequeñito encontré la pasión: golpear la pelota".

"He vivido por mi pasión, de mi pasión y con mi pasión que es jugar fútbol".

"Las personas deben intentar descubrir lo que realmente les gusta (la pasión). Esa es la clave de todo. Cuando la encuentras, todo es más sencillo. Cuando haces lo que te gusta, sale solo".

"La cultura, la educación, el aprendizaje diario sirven para descubrir la pasión".

"¿Cuál fue el secreto de tantos éxitos y repetidos del Barça? Solo hay uno: la pasión. Les gustaba jugar al fútbol. El entrenamiento era a las 11 de la mañana y ellos (los jugadores) a las 10.30 o 10.45 ya estaban solos pasándose el balón en el campo de juego".

"A través de la pasión se puede llegar y conseguir el máximo nivel competitivo".

Son algunas de las tantas reflexiones que ha regalado Guardiola con respecto a lo que para él es todo, la pasión. Cierto día fue mucho más gráfico y describió la manera cómo lograba el clímax siendo entrenador del Barcelona:

"Amo mi oficio, tengo pasión por mi oficio, lo adoro. Uno o dos días antes de cada partido que jugamos me voy al subterráneo de Can Barça. Allá no hay luz exterior, hay un pequeño despacho que he acondicionado. He puesto una alfombra, una luz que está bastante bien, y allá me encierro. Me encierro hora y media, dos horas. Allá voy con dos o tres DVD's que Carles, Dome y Jordi, que son la gente que me echan una mano como tantos otros en esta aventura, me dan sobre el equipo con el que tenemos que jugar dentro de uno o dos días. Me siento, cojo folios, un bolígrafo y pongo el DVD. Comienzo a ver al equipo contrario con el que jugaremos y apunto: 'Coño, el central derecho juega mejor que el izquierdo; el extremo derecho es más rápido que el izquierdo; aquel juega todo con pelotas largas; aquel juega así o asá; aquel sube por este lado y baja por el otro'. Y voy apuntando todo lo que se me ocurre de las cosas buenas que hacen los contrarios. Mientras escribo, apunto también las debilidades del contrario y pienso: 'A éste le podemos hacer daño por aquí si este tío juega aquí, si Messi juega por aquí o por allá probablemente lo encontraremos'. Pero llega un momento acojonante, fantástico, lo que da sentido a mi profesión. Creedme que soy entrenador por ese instante. Es el momento mágico cuando te das cuenta y dices: 'Ya lo tenemos, mañana ganamos'. A veces dura un minuto veinte, a veces un minuto treinta, a veces dura un minuto, a veces llegan dos partidos de un mismo contrario. No sabes por qué, hay una imagen, unas cosas que has visto que te hacen darte cuenta que mañana ganaremos. No penséis que tengo la fórmula mágica, no, porque lo he pensado y hay días en que hemos perdido. Pero os lo digo por la pasión que siento por mi oficio, que me imagino es la misma que tienen ustedes por sus profesiones, los médicos, panaderos, doctores, profesores de escuela, albañiles como mi padre, cualquier persona afuera. Hay un momento de su oficio. Yo reivindico el amor de este oficio, yo amo mi trabajo por este instante. Entonces ya me encargo de transmitir a mis chicos y decirles: 'Nanos, tenemos que hacerlo así'. A veces sale o no sale, pero aquel momento es el que da sentido a mi profesión", retrató Guardiola en un evento de condecoración en Cataluña en el 2011.

"No saben el placer que representa para un entrenador imaginar un partido o acciones de un partido y que ellos (los jugadores) lo hagan posible en el campo de juego", apuntó después.

De hecho, Guardiola entiende cuándo debe irse de determinado lugar: cuando se pierde la pasión y hay desgaste. Pasó en el Barça después de lograr todos los títulos y de manera repetida con un estilo de juego único y reconocido a nivel mundial. "Antes cuando ganaba estaba feliz y cuando perdía estaba triste. En los últimos tiempos en el Barca perdí eso, ya no sentía lo mismo ni cuando ganaba ni cuando perdía. Cuestión del tiempo, ya necesitaba otras cosas. Me he vaciado y necesito llenarme. Cuatro años como entrenador del Barça es una eternidad, es mucho tiempo y el tiempo desgasta, vas perdiendo la vida y la fuerza inicial", señaló Pep cuando anunció su salida del equipo catalán. "El tiempo nos derrota a todos", manifestó después de haber abandonado Barcelona.

Sin duda, Guardiola tiene claro que un líder debe estar a tope y no medio. "El entrenador debe estar fuerte, tener la pasión y la energía necesaria para contagiar a los jugadores", tiró. Pero el catalán no es solo pasión, es más que eso. Entiende que el ser humano busca ser querido. Procura hacer sentir querido al otro, al jugador o a la persona que lidera. "Todo lo que hacemos en esta vida es para que nos quieran, para que nos digan que lo hemos hecho bien", dijo.

Y compartió la siguiente anécdota: "En el Barça tenía un jugador fantástico. Gran persona. Sentía que lo necesitaba y el equipo también. No estaba por esos días en su máximo rendimiento. Me acordé de las enseñanzas de Julio Velasco y

Paco Seirulo y terminando un entrenamiento me le acerqué y le dije que en la tarde nos reuniéramos en el bar del hotel. ¿Un bar? Sí, un bar. Llegó la hora, nos sentamos y empezamos a hablar de la vida, la familia, los hijos... Nada de táctica, nada del juego. Finalmente le dije que el equipo lo necesitaba. Al día siguiente ganamos el partido 4-0 y él marcó tres goles. Ese chico se sintió querido, con esa invitación y esa charla lo toqué".

A propósito de tocar a las personas, Pep Guardiola aplica con sus dirigidos un trato diferencial y particular. Lo aprendió del argentino Julio Velasco. "De todos he aprendido, los he buscado a todos. De Julio Velasco, entrenador argentino que ganó todo con la selección italiana de voleibol, me quedó una cosa maravillosa. Me dijo Velasco durante una conversación: 'Cuando dirijas y lideres personas, te aconsejo que no intentes cambiar lo que ellos son. El error de los técnicos y la gente que lidera es que quieren que todos los de abajo sean igual que nosotros y ahí la cagamos. Lo que tienes que hacer es buscarle a cada uno el botón. Y el botón de uno es distinto al botón del otro. Ahí está la clave de todo, saber tocar la tecla', me dijo Julio. Esa es la gran maravilla de dirigir porque esto no está en los libros. Y lo que hoy le sirve a este quizá mañana no porque las circunstancias han cambiado. Por eso entrenar o dirigir es tan intuitivo. Y en la relación con los jugadores el que dirige o está por arriba debe entender que no hay nada prefijado. La dificultad pasa por descubrir a cada quien, lo que le gusta y no le gusta. También me decía Julio Velasco: 'Yo tengo jugadores a los que les encanta que les hable de táctica, cuatro o cinco horas del bloqueo y tal y tal, pero hay otro al que después del minuto no le hables más porque no le interesa. A unos les encanta que les hables delante del grupo para sentirse fuertes, con carácter y personalidad, y hay otros a los que mejor llévatelos a tu despacho y diles lo que le tengas que decir privadamente", detalló el propio Guardiola.

Pep, de igual manera, es un tipo agradecido. Reconoce el valor y el aporte de todos. No es reduccionista en los elogios. "Siempre se habla del entrenador y de los jugadores, pero es imposible ser campeones sin el esfuerzo de todos los trabajadores del club", opinó Guardiola tras el título conquistado por el Manchester City en la Premier League. Lindo detalle del catalán reconocer que los grandes logros no solo son producto de los jugadores y el entrenador, sino que también contribuyen a conseguirlos todos aquellos que hacen parte del staff técnico, médico y administrativo del club (conductores, cancheros, mensajeros, contadores).

Humildad de Pep, así muchos digan lo contrario, reconocer que de todos ha aprendido. Todos le han enseñado, hasta sus dirigidos (jugadores). Nunca ha tenido temor para homenajear a quien le ha transmitido ideas. "Sé que lo que transmito a mis jugadores no pertenece a mí, todos me han aportado algo. Los conocimientos al final les pertenecen a todos los entrenadores que he tenido, unos más que otros evidentemente, pero todos me han aportado alguna cosa. De todos los compañeros con los que jugué aprendí mucho y los jugadores que ahora tengo la gran suerte de dirigir, de todos ellos he aprendido", señaló Guardiola.

Sobre el deporte, Guardiola tiene una visión trascendental. "A mí mis padres me han educado bastante bien, diría que muy bien. La escuela me ayudó, por supuesto. Pero lo que me ha educado es el microsistema que es un equipo de fútbol, un equipo de gente que están junto, allá me han dado todo eso que yo ahora soy como persona, ahí me he formado. Allá he aprendido lo que significa ganar y valorarlo con muchísima moderación. Me ha enseñado lo que es perder, y que duele de verdad. Porque perder es lo que te hace aprender a levantarte y valorar lo que cuesta después ganar. He aprendido a entender al entrenador cuando decidía que yo no jugaba tal día porque él pensaba en todos y yo solo pensaba en mí. He aprendido que un compañero es mejor que yo y se merece jugar. He aprendido que los reproches y las excusas no sirven absolutamente para nada. Que cuando pierdes es tu responsabilidad, que cuando las cosas no funcionan es tu responsabilidad. El deporte, de bien pequeño, es lo que me ha formado como persona y lo que hoy soy", compartió Guardiola en una condecoración en Cataluña.

Y tiempo después, en una conferencia, reafirmó: "El deporte me lo ha enseñado todo en el día a día, viviéndolo, estando ahí jugando, compitiendo. Me ha hecho entender la vida, lo que significa respetar a un compañero, respetar a un superior, respetar la decisión de un entrenador cuando no me pone porque no estoy bien y el otro está mejor que yo, aceptar que ante las injusticias no hay que rebelarse de manera equivocada, hacer las cosas lo mejor posible para que la injusticia y el azar no intervenga, aceptar que los rivales son o están mejor que yo, valorar la derrota y la victoria con humildad".

Aunque lo tilden de falso modesto, Pep Guardiola no tiene problema en manifestar que su mérito en el Barcelona pasó por ser el escogido. "Mi único mérito es que yo fui el escogido para dirigir al Barça. Ser el escogido por la dirigencia del club fue mi gran suerte, nada más. El presidente pudo haber escogido a otro. Tuve el gran honor de ser el entrenador (en el Barça) de unos jugadores irrepetibles, que hacen la profesión de entrenador más placentera".

Finalmente, en su gestión la persuasión también es clave. "Procurar convencerles (a los jugadores) de una idea común. Pero hacerles entender a ellos que se esfuerzan no por su compañero, sino para sí mismo. Muchas veces te dicen: 'Esfuérzate por tu compañero', y no es así. Hazlo para que te beneficie a ti mismo", señaló Guardiola. Y añadió: "Siempre he intentado convencerles sobre la idea de juego, porque al fin y al cabo esto es un juego. Si sienten la idea de juego como el entrenador la siente, pues el talento que tienen hace lo demás".

Tres frases finales que regala a Pep Guardiola sobre su estilo de conducción y liderazgo. La primera tiene que ver con las convicciones, la segunda con la arrogancia o autoestima y la tercera con ser buena persona para conseguir logros.

"Las convicciones sirven para cuando uno tiene ciertas inseguridades y dudas".

"Tener autoestima y algo de arrogancia es vital para competir a alto nivel".

"Es imposible conseguir lo que habéis conseguido (el título de la Premier League 20017-18) sin ser buenos seres humanos, sin ser buenas personas, si no os aceptáis los unos a otros", dijo Pep a los jugadores y personal del Manchester City.

Matizamos con el siguiente artículo del *Daily Mail* inglés sobre la gestión de grupo de Pep Guardiola en el Manchester City.

Así formó Pep Guardiola a sus campeones: Un camerino circular, inglés obligatorio, comidas comunitarias, cultura local... los pequeños detalles del español que construyeron un gran equipo.

Cuando el Manchester City construyó un nuevo camerino circular en el Etihad el verano pasado, una frase del poeta mancuniano (mancuniano es el gentilicio de las personas provenientes de Manchester) Tony Walsh se escribió en la pared sobre las cabezas de los jugadores.

"Algunos nacieron aquí, otros se atrajeron aquí, pero todos lo llamamos hogar". Las palabras del poema *This is the place* (Este es el lugar), que Walsh leyó en una vigilia por las víctimas del atentado del Manchester Arena en mayo del 2017, tocaron la fibra sensible de Pep Guardiola.

La esposa del técnico de Manchester City, Cristina Serra, y sus dos hijas, Valentina y María, se vieron envueltas en la atrocidad del concierto de Ariana Grande cerca de su apartamento en el centro de la ciudad. Guardiola volvió con su familia al sitio cuando se reabrió con el concierto benéfico "We are Manchester" (Somos Manchester), por invitación del cantante de Oasis, Noel Gallagher, y luego visitó a su amigo famoso en el Green Room.

Para entonces se había convertido en parte del ritual del día de los partidos del City, que el éxito de Oasis, *Wonderwall*, se pusiera cuando el equipo entraba al vestuario en todos los partidos sin excepción. Guardiola sentía la necesidad de forjar un lazo más fuerte entre sus jugadores y el club al que representan. En medio de las devastadoras secuelas del bombardeo, él vio algo muy característico de los mancunianos en la respuesta de la ciudad y su gente.

Él quería las palabras de Walsh y la música de Gallagher para inspirar a sus jugadores, para hacerlos apreciar lo que City significa para sus hinchas. Esto ofrece una visión de la mente de Guardiola que va más allá de la percepción de un obsesivo del fútbol y controlador que no puede ver más allá de las líneas blancas del campo. Esa reputación está bien ganada. La atención al detalle del español es como la de ningún otro entrenador en el fútbol mundial.

Cuando asumió al equipo por primera vez en el verano de 2016, Guardiola convocó una reunión con el jardinero del campo y estipuló que la hierba del Etihad y los campos de entrenamiento en la City Football Academy (CFA) deberían ser exactamente de 19 milímetros, como lo habían sido en Barcelona y Bayern.

Fue persuadido a ceder a esa demanda porque la hierba no crece tan rápido en Manchester, por lo que la superficie en el estadio ahora puede crecer hasta 23 milímetros.

En el CFA, una cancha fue dedicada al 'medio espacio', con el canal entre el lateral y el zaguero central por los dos lados del área penal marcada para que City pueda perfeccionar su estrategia de ataque.

En la sede de entrenamiento en sí, Guardiola se siente tan cómodo que a menudo lo ven caminando por los pasillos descalzo. El wifi se desconectó en unas partes del edificio del primer equipo para motivar a los jugadores a interactuar en lugar de desaparecer en sus celulares. Por la misma razón, Guardiola insiste en un vestuario más inclusivo y de forma redonda cuando el Etihad fue remodelado para incorporar el nuevo Tunnel Club el verano pasado. La unión fuera del campo se reflejaría en ella.

Las dietas de los jugadores fueron escrutadas. Aquellos que regresaban para la pretemporada con sobrepeso, fueron mandados a entrenarse aparte. El plantel recibió órdenes de cenar juntos después de los partidos y también con frecuencia antes de los entrenamientos, contratando a la exnutricionista de Guardiola en Barcelona, Silvia Tremoleda, para supervisar todos los aspectos de la ingesta de alimentos de los jugadores, incluso de Kevin De Bruyne, Ilkay Gundogan y Kyle Walker, que emplean un equipo de cocineros privado.

A los jugadores extranjeros se les dijo que aprendieran inglés -Nicolás Otamendi y Aymeric Laporte están entre los que trabajan para sus exámenes-, por lo que el técnico pudo hablar con su equipo en un solo idioma y el equipo fue vestido por los amigos de Guardiola en la compañía de modas, Dsquared2.

Mientras esto puede dar la impresión de ser un entrenador más preocupado por la microgestión -y no de la gestión de personas -, no necesariamente es así. Tras el nacimiento prematuro de su hijo Mateo, a David Silva se le otorgó permiso compasivo para viajar a Valencia durante la temporada por un entrenador que prefiere que sus jugadores se queden en casa con sus familias la noche anterior, en lugar de dormir en el hotel en el CFA.

Después de que City quedara eliminado de la FA Cup en febrero del 2018 a manos de Wigan de la tercera categoría (League One), Guardiola les otorgó un día libre para ir al paintball. La temporada anterior, después de perder por goleada 4-0 con Everton, los llevó a ver la película La La Land en el cine.

En la fiesta de Navidad, en el restaurante y bar Menagerie, el mánager y su cuerpo técnico bailaron hasta altas horas de la noche con 500 miembros del personal, mientras que el jugador de £55 millones, Benjamin Mendy, jugó beer pong pero usando cerveza sin alcohol con un grupo de jóvenes graduados de las oficinas del equipo en Londres.

Un técnico que ha ganado 21 trofeos en siete años en Barcelona y Bayern podría haber sido perdonado por no dejarse llevar por el levantamiento de la Copa Carabao, pero Guardiola organizó una recepción de champaña para el personal en la sede de entrenamiento después de la victoria del equipo sobre Arsenal para agradecerles por ayudarlo a levantar su primer trofeo en Inglaterra.

SOBRE EL AUTOR
JORGE ANDRÉS BERMÚDEZ HERNÁNDEZ

Periodista y analista de los canales RCN y WINSPORTS en Colombia. Más de quince años de experiencia con cubrimiento de campeonato mundial de mayores, con sub-20, Copa Libertadores, Copa Sudamericana, sudamericanos juveniles y todo el fútbol profesional colombiano. Entrenador de fútbol graduado. Conocedor de la lengua italiana y portuguesa. Ha escrito el libro La libreta de Osorio junto al prestigioso entrenador Juan Carlos Osorio, en la que el DT colombiano desmenuza su estrategia. Ha sido autor de las obras "Secretos de campeón", "ADN del fútbol ofensivo", "Lillo y Pep" y "Caso de éxito en fútbol femenino".

Lightning Source UK Ltd.
Milton Keynes UK
UKHW020632250121
377629UK00014B/1413